장재집 張載集

Annotations and Translations of Works of Zhang Zai

【五】

장재집張載集 【五】
Annotations and Translations of Works of Zhang Zai

—

1판 1쇄 인쇄 2023년 3월 17일
1판 1쇄 발행 2023년 3월 31일

—

저   자 | 장재張載
점교자 | 장석침章錫琛
역   자 | 황종원
발행인 | 이방원
발행처 | 세창출판사
　　　　신고번호 제1990-000013호
　　　　주소 03736 서울시 서대문구 경기대로 58 경기빌딩 602호
　　　　전화 02-723-8660 팩스 02-720-4579
　　　　이메일 edit@sechangpub.co.kr 홈페이지 www.sechangpub.co.kr
　　　　블로그 blog.naver.com/scpc1992 페이스북 fb.me/Sechangofficial 인스타그램 @sechang_official

—

ISBN 979-11-6684-184-2 94910
　　　　979-11-6684-179-8 (세트)

—

이 역주서는 2019년 대한민국 교육부와 한국연구재단의 지원을 받아 수행된 연구임.
(NRF-2019S1A5A7068514)

—

이 책은 한국연구재단의 지원으로 세창출판사가 출판, 유통합니다.
잘못 만들어진 책은 구입하신 서점에서 바꾸어 드립니다.

장재집張載集

Annotations and Translations of Works of Zhang Zai

【五】

장재張載 저

장석침章錫琛 점교

황종원 역주

세창출판사

목차

문집일존 文集佚存

습유 拾遺

부록 附錄

총 목차

1권

2권

횡거역설 橫渠易說

5권

문집일존 文集佚存

문집일존
文集佚存

1

범손지에게 답하는 서신
答范巽之書

1.1 所⁽¹⁾訪物怪神奸, 此非難說, 顧語未必信耳. 孟子所論知性知天, 學
　　至於知天, 則物所從出當⁽²⁾源源自見, 知所從出, 則物之當有當無
　　莫不心喩, 亦不待語而知. 諸公所論, 但守之不失, 不爲異端所⁽³⁾刼,
　　進進不已, 則物怪不須辨, 異端不必攻, 不逾期年, 吾道勝矣. 若欲
　　委之無窮, 付之以不可知, 則學爲疑撓, 智爲物昏, 交來無間, 卒無
　　以自存, 而溺於⁽⁴⁾怪妄必矣.[1]

|번역| 문의한 괴물이나 귀신에 대해서는 설명하기 어려운 것이 아니나,
말해도 반드시 믿지는 않는다. 맹자의 본성을 알아 하늘을 안다는
논의에서, 배움이 하늘을 아는 데 이르면 사물이 유래한 바가 끊임
없이 자연히 보일 것이니, 그것들이 유래한 바를 알면 사물 가운데
마땅히 있어야 할 것과 마땅히 없어야 할 것이 마음속에서 분명해
지지 않음이 없게 되어, 말해 주지 않아도 알게 될 것이다. 여러 공

---

[1] (1)訪, 문의함. (2)源源, 끊이지 않고 이어지는 모습. (3)刼(겁), 위협하다, 으르다. (4)怪
妄, 기괴함. 황당무계함.

들이 논해 온 것을 다만 지켜 잃지 않고 이단에 의해 위협당하지 않아 그치지 않고 전진한다면 괴물은 분별할 필요도 없고 이단은 공격할 필요도 없어져 1년이 못 되어 우리의 도는 승리할 것이다. 만약 무궁한 데 기대고 알 수 없는 데 내맡긴다면 배움이 의심스러운 것에 의해 교란되고 지혜는 외물에 의해 어두워져 내게 와 교감하는 것이 쉴 틈이 없어 결국은 자기를 보존하지 못하고 틀림없이 황당무계한 데로 빠지게 될 것이다.

| 해설 | 장재는 제자 범육에게 보낸 서신에서 괴물이나 귀신과 같은 문제에 관심을 두지 말고 만물이 궁극적으로 어디에서 온 것인지 철학적인 사색을 하고 그 답을 찾아내는 데 힘쓸 것을 당부했다. 그런 철학적 사색을 통해 만물의 궁극적 근원이 무엇인지 알게 된다면, 그 근원에 대한 생각으로부터 세상에 있을 수 있는 것, 그리고 있을 리가 없는 것이 합리적 기준에 의해 정해진다는 것이다. 그런 원칙을 지켜 나갈 수 있다면 괴이한 것이나, 이단은 연구하고 비판할 필요도 없어진 다고 했다. 하지만 반대로 그런 괴이한 것에 계속 관심을 가지면 정신세계는 혼란스러워지고 결국은 황당무계한 생각으로 빠지고 만다고 했다.

1.2 朝廷以道學[(1)]政術爲二事, 此正自古之可憂者. 巽之謂孔孟可作, 將推其所得而施諸天下邪? 將以其所不爲而強施之於天下歟? 大都君相以父母天下爲王道, 不能推父母之心於百姓, 謂之王道可乎? 所謂父母之心, 非徒見於言, 必須視四海之民如己之子. 設使四海之內皆爲己之子, 則[(2)]講治之術, 必不爲秦漢之少恩, 必不爲[(3)]五伯之假名. 巽之爲朝廷言, 人不足(於)[與][2(4)]適, 政不足與間, 能使吾君愛天下之人如赤子, 則治德必日新, 人之進者必良士, 帝王之道不

2 〈중화 주석〉 '與'는 『맹자』에 근거해 고쳤다.

必改途而成, 學與政不殊心而得矣.³

|번역| 조정에서는 도학(道學)과 정치의 방법을 두 가지 일로 여기는데, 이것이 곧 자고 이래로 우려할 만한 점이다. 그대는 공맹의 방법을 행할 수 있다고 말하는데, 거기서 얻은 것을 밀고 나가 세상에 실행하겠는가, 아니면 그들이 하지 않은 것을 가지고 세상에 억지로 실행하겠는가? 대부분의 군주와 재상은 세상의 부모 노릇 하는 것을 왕도(王道)라고 여기나, 부모의 마음을 백성에게 밀고 나가지 못하니, 그것을 왕도라고 할 수 있겠는가? 부모의 마음이라는 것은 비단 말에만 나타나는 것이 아니고, 반드시 사해의 백성을 자기 아들처럼 보아야 하는 것이다. 가령 사해 안의 백성을 모두 자기 자식으로 여긴다면 다스림을 추구하는 방법이 틀림없이 진나라나 한나라처럼 은덕이 적지는 않을 것이고, 틀림없이 춘추오패처럼 인의의 이름을 거짓되게 빌리지도 않을 것이다. 그대가 조정을 위해 진언을 할 때는 조정의 사람을 나무랄 필요는 없고 정사에도 간여할 필요는 없으니, 우리 임금께서 세상 사람들을 어린아이처럼 사랑하실 수 있도록 한다면 정치적인 덕행이 틀림없이 날로 새로워질 것이고, 조정에 나아간 사람도 틀림없이 현량한 선비일 것이다. 제왕의 도는 경로를 바꿀 필요가 없이 완성될 것이고, 배움과 정치는 마음을 달리하지 않고도 얻게 될 것이다.

|해설| 조정에 진언을 하려는 제자 범육에게 장재가 조언을 하고 있다. 골자는 유학의 진리인 공맹의 도를 군주에게 직접 간언함이 제일 좋다는 것이다. 장재가 보기에 공맹의 도의 핵심은 인(仁)이다. 그리고 그 인의 이념은 정치적으로 군주가

---

3 (1)政術, 정치의 방법. (2)講治之術, 다스려짐을 추구하는 방법. (3)五伯, 춘추오패를 가리킴. (4)適, 謫과 같음. 꾸짖음, 나무람.

만백성을 자기 자식 보살피듯 함으로써 실현된다. 인을 핵심 이념으로 하는 도학과 인정을 핵심으로 하는 정치 방법의 결합이 바로 도학과 정치 방법이 두 가지 일이 아니라는 말의 의미이다. 이것을 전하고 설득하는 것이 가장 중요하다.

2

조대관에게 보내는 서찰
與趙大觀書[4]

2.1 載啓:

2.2 不造誨席逾年, 仰懷溫諭, 三反朝夕. 仲冬漸寒, 恭惟使職公餘, 寢興百順. 辱書惠顧, 欽佩加帥. 兼聆[(1)]被旨[(2)]邊幹, [(3)]行李[(4)]勤止.[5]

| 번역 | 장재 씀. 가르침을 주시는 자리를 만들지 않은 지 한 해가 지났으니, 따뜻하게 일깨워 주시기를 바라마지 않으며 조석으로 여러 차례 왔다 갔다 했습니다. 11월에 점점 추워지는데 임시 파견직(使職)으로 근무 외의 일상이 순조우시기를 바랍니다. 보내 드린 서신을 살펴 주시니 가엾게 여겨 주심에 탄복합니다. 아울러 성은을 받들어 변방 관리로 가시게 되어 여정이 힘드실 것이라 들었습니다.

---

4 〈중화 주석〉이 서신은 여조겸이 엮은 『皇朝文鑑』권119에 보인다. 『장자전서』에는 실려 있지 않다.
5 (1)被旨, 군주의 뜻을 받들어 행함. (2)邊幹, 변방의 관직. (3)行李, 여정. (4)勤止, 勤, 수고로움. 힘듦. 止는 어조사.

2.3 戴抱愚守迷, 未厭山僻, 修愿免過弗能, 固無暇撰述, 空自言說鄙
謬. 竊嘗病孔孟既沒, 諸儒囂然, 不知反約窮源, 勇於苟作, 持不迨
之資而急知後世, 明者一覽, 如見肺肝然, 多見其不知量也. 方且[(1)]創
艾其弊, 默養吾誠, 所[6]患日力不足, 而未果他爲也. 辱問及之, 不識
明賢謂之然否? 更賜[(2)]提耳, 幸甚! 末[7]由前拜, 恭惟尊所聞, 力所
逮, 淑愛自厚, 以需大者之來, 不勝切切![8]

|번역| 저는 어리석음을 안고 미혹됨을 품었으니, 산의 궁벽함을 싫어하지
않고 숨어 수양하여 잘못을 면하고자 했으나 그럴 수 없었고, 본디
저술할 겨를이 없었고 공연히 하는 말들은 비루하고 잘못되었습니
다. 일찍이 공맹이 돌아가신 후로 여러 유자는 소란스럽게도 요약
된 곳으로 돌아가 근원을 궁구할 줄 모르고 구차하게 창작하는 데
용감하며, 미치지 못하는 자질을 가지고 후세에 알려지는 데만 급
급하였음을 병폐로 여겼습니다. 밝은 지혜를 가진 자가 그것을 보
면 폐부를 들여다보는 것 같으니, 많은 경우 그 감량을 알지 못함을
보게 됩니다. 이제 그 폐단을 징계해 다스려 나의 성(誠)을 묵묵히
기르니, 근심하는 점은 날짜와 힘이 부족하여 다른 일을 하지 못할
까 하는 것입니다. 은혜롭게도 물음이 여기에 미쳤거니와, 현명하
신 그대께서 그렇다고 하실지 모르겠습니다. 다시 간절히 일깨워
주신다면 다행이겠습니다! 가서 배알할 길이 없어, 들은 것을 높이
고 미치는 일에 힘쓰며, 자애하고 자중하여 크게 필요로 하는 것이

6 〈중화 주석〉 「습유」(『장재집』(五) 112쪽)에는 '所' 앞에 '顧' 자가 있다.
7 〈중화 주석〉 원래는 '末' 자로 잘못 표기되어 있었다.
8 (1)創艾, 創刈라고도 함. 징계해 다스림. (2)提耳, 귀를 잡아당겨 일깨워 줌. 간절히 일깨
워 줌.

오기를 간절히 바랍니다!

|해설| 조대관에게 쓴 서신의 중심에 해당하는 부분이다. 첫째로는 자기 반성을 하고 있다. 궁벽한 횡거진에서 수양해 왔으나 높은 경지에 이르지 못했고 저술도 많지 않다는 것이다. 둘째로는 세상의 유자들에 대한 개탄이다. 공맹 이후로 유학의 정신을 제대로 붙잡아 그 학문을 탐구하는 이는 거의 없고 대부분 모자란 자질로 '용감히' 저술해 명성을 얻는 데 급급하다는 것이다. 셋째로는 참된 유자가 되려는 자기 다짐이다. 남은 시간과 여력이 많지 않으나 진실, 성실, 정성을 뜻하는 성(誠)을 묵묵히 길러 나가겠다고 다짐하고 있다.

3

여미중에게 보내는 서찰
與呂微仲書[9]

3.1 浮屠明鬼, 謂有識之死, 受生循環, 亦出莊說之流.[10] 遂厭苦求免, 可謂知鬼[11]乎? 以人生爲妄見,[12] 可謂知人乎? 天人一物, 輒生取捨, 可謂知天乎? 孔孟所謂天, 彼所謂道者.[13] 惑者指"遊魂爲變"爲輪回, 未之思也. 大學當先知天德, 知天德則知聖人, 知鬼神. 今浮屠極論要歸, 必謂生死[14]轉流, 非得道不免, 謂之悟道可乎? 悟則有義有命, 均死生, 一天人, 惟知晝夜, 道陰陽, 體之不二.[15] 自其說熾傳中國, 儒者未容窺聖學門牆, 已爲引取, 淪胥其間, 指爲大道. 乃[16] 其俗達之天下, 致善惡知愚, 男女臧獲, 人人著信. 使英才間氣, 生則溺耳目恬習之事, 長則師世儒崇尙之言, 遂冥然被驅, 因謂聖人

---

9 〈중화 주석〉 이 서신 역시 『문감』 권119에 보이는데, 『정몽』 「건칭편」에 실려 있다.
10 〈중화 주석〉 『정몽』에는 이 구절이 없다.
11 〈중화 주석〉 '鬼' 자는 원래 빠져 있었는데, 『정몽』에 근거해 보완했다.
12 〈중화 주석〉 『정몽』에는 '見' 자가 없다.
13 〈중화 주석〉 『정몽』에는 '者' 자가 없다.
14 〈중화 주석〉 『정몽』에는 '死生'으로 되어 있다.
15 〈중화 주석〉 이상의 23자가 『정몽』에는 주석으로 끼어 들어가 있다.
16 〈중화 주석〉 『정몽』에는 '乃' 자가 빠져 있다.

可不修而至, 大道可不學而知. 故未識聖人心, 已謂不必事[17]其迹;
未見君子志, 已謂不必事其文. 此人倫所以(亦)[不][18]察! 庶物所以不
明, 治所以忽, 德所以亂, 異言滿耳, 上無禮以防其僞, 下無學以稽
其弊. 自古誣‧淫‧邪‧遁之辭, 翕然並興, 一出於佛氏之門者千
五百年, 向[19]非獨立不懼, 精一自信, 有大過人之才, 何以正立其間,
與之較是非, 計得失![20] 來簡見發狂言, 當爲浩歎,[21] 所恨不如佛氏
之著明也.

3.2 未盡, 更冀開諭, 傾俟.

|번역| 불교는 귀신을 밝혀 유정이 죽으면 다른 생을 받아 순환한다고 말
하는데, 그것은 장자의 학설과 같은 부류에서 나온 것으로, 결국은
고통을 싫어하며 그것을 면할 길을 추구하니, 귀신을 안다고 할 수
있겠습니까? 인생을 허망하다 여기니, 사람을 안다고 할 수 있겠습
니까? 하늘과 사람은 하나인데도 하늘을 취하고 사람을 버리는 일
이 생겨나니, 하늘을 안다고 할 수 있겠습니까? 공맹이 말하는 하늘
은 저들이 말하는 도입니다. 미혹된 자는 "떠다니는 혼이 변하는 것"
을 가리켜 윤회라고 하니, 이는 깊이 생각하지 못한 것입니다. 큰 배
움은 마땅히 우선 하늘의 덕을 알아야 하니, 하늘의 덕을 알면 성인
을 알고 귀신을 알게 됩니다. 그런데 지금 불교는 요점을 힘써 논할

---

17 〈중화 주석〉『정몽』에는 '求'로 되어 있다.
18 〈중화 주석〉원래는 '亦'이라고 잘못 표기되어 있었다. 『정몽』에 근거해 고쳤다.
19 〈중화 주석〉『정몽』에는 '自'로 되어 있다.
20 〈중화 주석〉이하는 『정몽』에는 생략되어 있다.
21 浩歎, 길게 탄식함.

때 생사의 윤회를 도를 얻지 못하면 면할 수 없다고 반드시 말하는데, 그것을 도를 깨달았다고 말할 수 있겠습니까? 깨달으면 옳음(義)이 있고 명(命)이 있으니, 삶과 죽음을 똑같이 대하고 하늘과 인간을 하나로 여기는 것은 오직 낮과 밤을 알고 음과 양을 말해야 그것이 둘이 아님을 체득하게 됩니다. 그 (불교의) 설이 중국에 왕성하게 전파된 이후로 유자들은 성인 학문의 문을 엿보지도 못했으면서 이미 불교에 의해 이끌려 가 그 사이에 빠져, 그것을 가리켜 대도라고 하곤 합니다. 이에 그 풍속이 천하에 도달하여, 선한 자와 악한 자, 지혜로운 자와 어리석은 자, 남성과 여성, 노비에 이르기까지 사람마다 분명히 믿기에 이르렀습니다. 드물게 출현하는 영웅이더라도 태어나면 눈과 귀로 편안하게 익히는 일에 빠져 버리고, 성장해서는 세상의 유자들이 숭상하는 말을 배워 결국 혼미한 가운데 내몰려, 성인은 닦지 않아도 이를 수 있고, 큰 배움은 배우지 않아도 알 수 있다고 말합니다. 그리하여 성인의 마음을 알지 못하면서도 그 행적을 일삼을 필요가 없다고 말하고, 군자의 뜻을 알지 못하면서도 그 미덕을 일삼을 필요가 없다고 말하니, 이것이 인륜이 살펴지지 않는 까닭입니다! 뭇 사물이 밝혀지지 않으며, 다스리는 일이 소홀해지고 덕이 어지러워지는 까닭으로, 이단의 말이 귀에 가득하여, 위로는 예로써 거짓을 방비함이 없고, 아래로는 배움으로써 그 폐단을 살핌이 없게 됩니다. 자고로 편파적인 말, 지나친 말, 바르지 못한 말, 회피하는 말은 일제히 일어나 부처의 문에서 나온 지 1,500년이 되었으니, 줄곧 홀로 서 두려워하지 않고 정성스럽게 한결같이 하여 자신하며 남들보다 크게 뛰어난 재주가 있지 않다면 그 사이에서 어떻게 똑바로 서서 그들과 시비를 따지고 득실을 논하겠습니까! 보내오신 서찰에서 사람들이 터무니없는 말을 하는 것을 보았으니, 마땅히 길게 탄식할 일이되, 한스러운 점은 석가만큼 유명하지 못하다는 것입니다.

글이 미진하오니 다시 일깨워 주시기를 바라마지 않습니다.

|해설| 여미중은 여대방(呂大方, 1027~1097)을 가리킨다. 미중(微仲)은 그의 자이다. 이
글은 『정몽』「건칭편」17.10과 내용이 중첩된다. 그곳의 해설을 참조하라.

4

채정의 추밀직학사 임용을 경하하는 서신
賀蔡密學啓[22]

4.1 茲審顯被眷圖, ⁽¹⁾擢陞⁽²⁾要近. 寵輝之渙, 雖儒者至榮; 付任所期, 蓋朝廷有待. 謳傳中外, 孰不欣愉.[23]

┃번역┃ 성은 입은 정황이 조심스럽게 드러나니 요직에 발탁되셨습니다. 총애의 빛이 흩어짐은 유자에게도 지극한 영광이요, 일을 맡겨 기대하는 것은 조정에서 기대함이 있는 것입니다. 화기애애함이 중국과 해외로 전해지니, 누가 기뻐하지 않겠습니까?

4.2 竊以⁽¹⁾篤實輝光, 日新而不可掩者, 德之修; 禍福吉凶, 人力所不能移者, 命之正. 今天下謀明守固, 功累治勤, ⁽²⁾浮議不能(拒)[搖],[24] 強力不能破, 未有若⁽³⁾明公之盛也. 上知之, 民信之, 所不(知)[足][25]獨

---

22 〈중화 주석〉 '啓'는『문감』에 근거해 보완했다.
23 (1)擢陞(탁승), 발탁됨. (2)要近, 황제 가까이 요직에 오른 신하.
24 〈중화 주석〉 '搖'는『문감』에 근거해 고쳤다.

未施於廟堂之上耳.[26]

|번역| 독실하고 빛이 나며 날로 새로워져 가릴 수 없는 것은 덕의 닦임이
요, 화복과 길흉 가운데 인력으로 옮길 수 없는 것은 운명의 바른 것
입니다. 지금 세상에서 도모함이 밝고 지킴이 견고하여, 공적이 쌓
이고 다스림이 부지런하며, 근거 없는 말도 흔들 수 없고 강한 힘도
깨뜨릴 수 없는 것이 그대보다 성한 이는 없습니다. 윗사람도 알아
주고 백성도 신뢰하니, 부족한 점은 오직 조정에서 아직 행하지 못
했다는 것뿐입니다.

4.3 頃[(1)]慶卒[(2)]內嚮, 惶駭全陝, 府郡晝閉, 莫知所爲, 士民失措,[(3)]室家
相弔. 繼聞爲[(4)]渭師所敗, 潰遁而東, 其氣沮摧, 十七八九. 雖非盛
擧, 然應機敏捷, 使大患遽銷, 明識之士知有望焉.[27]

|번역| 요사이 경주 지역 군대가 중원을 향해 쳐들어와 전체 섬서(陝西) 지
역을 깜짝 놀라게 하였으니, 관아는 낮에 문을 닫고 할 바를 모르고,
선비와 백성들은 어찌할 바를 모르며, 집집마다 사람이 죽어 서로
조문을 했습니다. 이어서 위수(渭水)의 군사에 의해 패배해, 궤멸당

---

25 〈중화 주석〉 '足'은 『문감』에 근거해 고쳤다.
26 (1)篤實輝光, 日新而不可掩者: 『周易』, 「大畜」, 「象傳」, "대축은 강건하고 독실하며 빛이
    나고 날로 그 덕을 새롭게 한다."(大畜, 剛健篤實, 輝光日新其德.) (2)浮議, 근거 없는 논
    의. (3)明公, 명성과 지위를 지닌 자에 대한 존칭.
27 (1)慶: 경주(慶州). 중국 수나라에서 송나라에 이르기까지의 지명으로 오늘날 간쑤성 칭
    양(慶陽)과 닝시아 회족 자치구 남쪽을 가리킨다. (2)內嚮, 중원 지역을 향해 쳐들어옴.
    (3)室家, 집집마다. (4)渭: 간쑤성에 흐르는 강물 명칭.

해 동쪽으로 도망했고 그 기세가 그치고 꺾여 10에 8~9명은 죽었습니다. 비록 훌륭한 일은 아니었지만, 상황에 대처함이 민첩하여 커다란 우환이 사라졌으니, 식견이 있는 선비는 거기에 희망이 있음을 압니다.

4.4 今戎毒日深而邊兵日弛, 後患可懼²⁸而國力既殫, ⁽¹⁾將臣之重, 豈特 ⁽²⁾司命(士)[王]²⁹卒! 惟是⁽³⁾三秦⁽⁴⁾生齒存亡⁽⁵⁾舒慘之本, 莫不繫之. ⁽⁶⁾旌旆在秦, 正猶長城巨防, 利兵堅甲, 幸⁽⁷⁾少選未召, 乃西⁽⁸⁾陲⁽⁹⁾不 資之福. 載投迹山荒, 所有特一家之衆, ⁽¹⁰⁾擔石之儲, 方且仰依兵 庇, 有恃而生. 誠願明公置懷安危, 推夙昔自信之心, 日³⁰升不息, 以攘患保民爲己任. 蓋知浮議強力不足以勝人心, 奪天命, 則⁽¹¹⁾含 識之徒不勝至幸. 引跂⁽¹²⁾門仞, ⁽¹³⁾無任歡欣祈俟之極!³¹

|번역| 오늘날 서쪽 오랑캐의 해악이 날로 심해지건만 변방의 병사들은 날로 해이해지고 있으니, 후환을 두려워할 만하되, 국력은 이미 다하였으니, 무장의 무거운 임무가 어찌 왕의 군대의 운명을 좌우할 뿐이겠습니까! 관중 지역 백성의 존망과 고락의 근본이 여기에 달려

28 〈중화 주석〉『문감』에는 '懼'가 '悼'로 되어 있다.
29 〈중화 주석〉 '王'은『문감』에 근거해 고쳤다.
30 〈중화 주석〉『문감』에는 '日'이 '宜'로 잘못 표기되어 있다.
31 (1)將臣, 무장, 무신. (2)司命, 운명을 장악함. (3)三秦: 진나라가 망하고 항우가 관중 지역을 삼분하여 붙인 명칭으로, 오늘날의 샨시(陝西) 지역인 관중을 가리킴. (4)生齒, 영아, 백성. 여기서는 백성을 가리킴. (5)舒慘, 편안함과 참혹함. 고통과 즐거움. (6)旌旆(정패), 군대의 깃발. 여기서는 군대를 가리킴. (7)少選, 잠시. (8)陲, 변방. (9)不資, 이루 헤아릴 수 없음. (10)擔石, 擔과 石은 모두 부피를 재는 단위. 얼마 되지 않은 식량을 뜻함. (11)含識之徒, 의식을 지닌 무리. 불교 용어로 중생을 뜻함. (12)門仞, 남의 저택을 높여 부르는 말. (13)無任, 매우, 대단히.

있지 않음이 없습니다. 군대가 관중 지역에 있는 것이 만리장성의 거대한 장벽이나 날카로운 병기, 든든한 갑옷과도 같으니, 잠시라도 소집되지 않음은 서쪽 변방의 이루 헤아릴 수 없는 복입니다. 저는 황량한 산에 몸을 맡기고 지내며, 소유한 것은 일가의 식솔과 얼마 되지 않는 식량이되, 군대의 보호에 기대어 살아가고 있습니다. 진실로 현명하신 공께서 나라의 안위에 뜻을 두시고 과거의 자신감을 믿고 나가 날로 향상되기를 쉬지 않으시어 우환을 물리치고 백성을 보호하는 일을 자신의 임무로 삼으시기를 바라옵니다. 떠도는 말들이나 강한 힘이 사람의 마음을 이겨 내고 천명을 빼앗기에 부족함을 안다면 중생들에게는 지극히 다행일 것입니다. 그대를 발돋움해 보니 대단히 기쁘고 기대가 됩니다.

| 해설 | 채정은 장재가 위주(渭州) 군사의 막료인 첨서판관공사(簽書判官公事)로 있을 때 이 지역 장수였던 인물이다. 그에게 여러 가지 군사적 조언을 하여 도움을 주었고, 채정은 그런 장재를 무척 존숭했다고 한다. 이 서찰은 이렇게 알고 지내던 채정(蔡挺)이 송 신종(神宗) 5년(1072년)에 추밀 직학사로 임용되었을 때 이를 축하하며 그에게 당부와 기대의 말을 담아 쓴 글이다. 주로 자신이 살고 있는 관중 지역이 서하(西夏)로부터 끊임없이 침략을 받아 백성들이 생명의 위협을 당하는 일이 많고 그것은 국가의 안위와도 관련된 문제이므로, 채정이 관심을 깊이 갖고 이 문제 해결에 힘써 줄 것을 당부하고 있다.

5

경주 대순성 기록
慶州大順城記

5.1 ⁽¹⁾慶歷二年某月[某]³²日, ⁽²⁾經略元帥范公仲淹, 鎭役總若干, 建城
於⁽³⁾柔遠寨東北四十里故大順川, 越某月[某]日, 城成. ⁽⁴⁾汴人張載
謹次其事, 爲之文以記其功. 詞曰:³³

|번역| 경력 2년(1042) 모 월 모 일에 경략(經略) 원수인 범중엄 공은 지키는
곳의 병역 총괄을 약간 하다가 유원채(柔遠寨) 동북쪽 40리의 옛 대
순천(大順川)에 성을 세웠다. 모 월 모 일을 지나 성이 완성되었다.
개봉(開封) 지역 사람인 장재는 삼가 그 일의 순서를 배열하여 글로
만들어 그 공을 기록한다. 그 기록은 다음과 같다.

---

32 〈중화 주석〉 '某'는 『문감』에 근거해 보완했다. 아래도 마찬가지이다.
33 (1)慶歷, 경력(慶歷)은 송 인종(仁宗)대의 연호이다. (2)經略, 지방 행정 구역인 노(路)의
민병 조직, 관리의 일을 관장하던 관직. (3)柔遠寨: 유원채는 북송대에 설치되었으며,
오늘날 간쑤(甘肅)성 화츠(華池)현에 해당한다. 북송 중기에 송의 군대는 서하군과 이
곳에서 전투를 벌였다. (4)汴: 북송대 수도였던 하남성 개봉(開封)의 별칭.

5.2 兵久不用, 文張武縱, 天警我宋, [(1)]羌蠢而動. 恃地之彊, 謂兵之衆, 傲侮中原, 如撫而弄. 天子曰: "嘻! 是不可捨. 養姦縱殘, 何以令下!" 講謨于朝, [(2)]講士于野, [(3)]鏟刑斧誅, 選付能者.[34]

|번역| 병사를 오랫동안 쓰지 않으니, 문(文)은 상승하고 무(武)는 느슨해졌다. 하늘이 우리 송나라를 경계하시니 강(羌)족이 준동하게 되었다. 땅의 강대함에 기대고 병력의 많음을 말하며 중원을 오만하게 업신여기니, 마치 매만지며 갖고 노는 것 같았다. 천자께서 말씀하셨다. "아! 이 일은 내버려 둘 수 없다. 간사함을 키우고 잔악함을 놔두는 것이니, 어떻게 아래에 명령을 내릴 것인가!" 조정에서 계책을 논의하고 민간에서는 사졸들을 훈련시켰으며, 마음을 비워 형벌을 가하고 도끼로 베어 내는 데 능한 자를 가려내 중임을 맡겼다.

5.3 [(1)]皇皇范侯, [(2)]開府于慶, 北方之師, 坐立以聽. 公曰: "彼羌地武兵勁, 我士未練, 宜勿與競, 當避其彊, 徐以計勝. 吾視[(3)]塞口, 有田其中, 賊騎未迹, 卯橫午縱, 余欲連壁, 以禦其衝, 保兵儲糧, 以俟其窮." 將吏[(4)]掾曹, 軍師卒走, 交口同辭, 樂贊公命.[35]

|번역| 장중하고 엄숙하신 범중엄께서 경주(慶州)에 관공서를 여시니, 북방의 군사들이 앉거나 서서 들었다. 공이 말했다. "저 강족의 땅은 병

---

34 (1)羌: 당시의 서하(西夏)를 가리킨다. 서하는 간쑤, 샨시 등지에 걸쳐 있던 티베트 탕구트 족이 세운 왕조이다. (2)講士, 사졸(士卒)들을 훈련시킴. (3)鏟(참), 마음을 비운 모양.
35 (1)皇皇, 장중하고 엄숙한 모습. (2)開府, 높은 관리가 부(府)에 관공서를 세우고 하급 관리를 선임함. (3)塞口, 변방의 요새. 국경 관문. (4)掾曹, 이서(吏胥). 관아에 딸린 하급 관리.

력이 강한데 우리 사졸들은 훈련이 안 되어 있으니, 저들과 다투어서는 안 되고, 마땅히 그 강함을 피하고 서서히 승리할 방도를 헤아려야 할 것이다. 내가 국경의 관문을 보니, 그 가운데에 전답이 있는데 적의 기병은 자취가 없어, 아침에는 횡으로 점심에는 종으로 마음대로 다니니, 나는 벽을 이어서, 저들의 침공을 막고 병력을 보호하고 식량을 비축해 저들이 궁해질 때를 기다리고자 한다." 문무 관원과 하급관리, 군사 지휘관과 군졸들이 이구동성으로 공의 명령을 즐거이 칭찬했다.

5.4 月良日吉, 將奮其旅, 出卒于營, 出器于府, 出幣于⁽¹⁾帑, 出糧于⁽²⁾庾. 公曰: "戒哉! 無敗我擧! 汝礪汝戈, 汝⁽³⁾銎汝斧, 汝干汝誅, 汝勤汝與!" 旣戒旣言, 遂及城所, 索木⁽⁴⁾箕土, 編繩奮杵.[36]

|번역| 길한 날에 장차 그 군사를 일으키려 함에 군영에서 군졸을 내고 관청에서 병기를 꺼내고 금고에서 돈을 꺼내고 창고에서 식량을 꺼냈다. 공이 말했다. "경계하라! 나의 거사가 실패하지 않도록 하라! 그대는 그대의 창을 갈고, 그대는 그대의 도끼에 구멍을 내고, 그대는 그대의 베는 일을 하고, 그대는 그대가 참여하는 일에 근면하라!" 경계하시고 말씀하시고 마침내 성의 일할 곳에 이르러, 목재를 찾아내고 흙을 키질하고, 줄을 얽어매고 절굿공이를 두드렸다.

---

36 (1)帑(탕), 금고. (2)庾(유), 노천의 식량창고. (3)銎(공), 도끼의 구멍. (4)箕(기), 키질을 해 흙을 고름.

5.5 胡虜之來, 百千³⁷其至, 自朝及⁽¹⁾辰, 衆積我倍. 公曰: "無譁! 是亦何害! 彼姦我乘, 及我未備, 勢雖不敵, 吾有以恃." 爰募⁽²⁾彊弩, 其衆累百, 依城而陣, 以堅以格. 戒曰: "謹之, 無鬪以力! 去則勿追, 往終我役."³⁸

|번역| 북방의 오랑캐가 오는데, 수백 수천이 이르기를 아침부터 진(辰)시까지 하여, 사람들이 쌓인 것이 우리의 2배였다. 공께서 말씀하셨다. "떠들지 마라! 이것이 무슨 장애가 되겠는가! 저들이 우리의 군대를 침범할 때 우리가 미비하면 세력은 비록 당해 내지 못하겠지만, 나는 기대는 것이 있다." 이에 강한 활을 쏘는 궁수를 모집하였으니, 그 무리가 수백이었다. 성을 기대고 진을 쳐 견고하게 하고 막았다. 경계하여 말씀하셨다. "조심할지니, 힘으로 싸우지 마라! 떠나면 쫓지 말고, 가서 우리의 전투를 끝내라."

5.6 賊之逼城, 傷死無數, 謨不我加, 因潰而去. 公曰: "可矣, 我功汝全; 無怠無遽, 城之惟堅." 勞不累日, 池⁽¹⁾陴以完, 深矣如泉, 高焉如山, 百萬雄師, 莫可以前. 公曰: "濟矣, 吾議其⁽²⁾旋." 擇士以守, 擇民而遷, 書勞賞才, 以餼以筵. 圖到而止, 薦聞于天, 天子曰: "嗟! 我嘉汝賢."⁽³⁾錫號大順, 因名其川. ⁽⁴⁾于金于湯, 保之萬年³⁹

---

37 〈중화 주석〉『문감』에는 '千'이 '十'으로 잘못 표기되어 있다.
38 (1)辰, 진시. 오전 7시~11시. (2)彊弩, 강한 활을 쏠 수 있는 궁수.
39 (1)陴(비), 성가퀴. 성 위에 낮게 쌓은 담으로 적을 감시하거나 공격하는 데 쓰임. (2)旋, 주선함. 일이 잘되도록 이리저리 변통해 처리함. (3)錫, 賜와 통함. 하사함. (4)于金于湯:, 金城湯池와 같은 말이다. 즉 금속으로 만든 성과 끓는 물이 흐르는 해자(垓子). 성과 해자가 매우 험하고 견고함을 묘사하는 말이다.

|번역| 적들이 성으로 가까이 다가와 사상자가 무수히 많았으나, 속임수가 우리에게 가해지지 않아 무너져 떠나게 되었다. 공께서 말씀하셨다. "됐다. 나의 공은 그대들의 온전함이니, 게으르지도 말고 분주하지도 말고 오직 성을 견고하게 하라." 연일 수고롭게 일하지 않고도 성 주위에 파놓은 못과 성가퀴가 완비되어 마치 샘처럼 깊고, 산처럼 높게 되었다. 백만의 웅대한 군사를 앞장세울 수 없게 되었다. 공께서 말씀하셨다. "되었다. 나는 일처리를 논의하겠다." 사졸을 가려내 지키도록 하고 백성을 가려내 옮겨 살도록 하고 노고를 기록하고 재능을 발휘한 자에게 상을 내려 잔치로 배불리 먹였다. 도모함을 이에 이르러 멈추자 천거의 소리가 하늘에까지 들렸다. 천자께서 말씀하셨다. "아! 내가 너의 현명함을 가상히 여기노라." 대순(大順)이라는 이름을 하사하시었으니, 그 하천의 이름을 따른 것이다. 금속으로 만든 성과 끓는 물이 흐르는 해자(垓子)처럼 만 년 동안 보전되기를 바란다.

|해설| 경주(慶州) 대순성(大順城)은 북송대에 지은 성으로, 오늘날 간쑤(甘肅)성 화츠(華池)현 서북쪽에 있다. 송 인종(仁宗) 경력(慶歷) 2년(1042)에 23세였던 장재는 경주에 이르렀는데, 그때 범중엄은 대순성을 막 지었다. 범중엄의 요청에 응해 장재는 이 글을 지어 대순성이 지어진 배경, 과정, 의미 등을 상세히 서술해 범중엄의 공적을 기렸다.

6

여자의 계율
女戒

6.1 婦道之常, 順惟厥正. 婦(止)[正]柔順. 是曰天明, 天之顯道. 是其帝命. 命女
使順. 嘉爾⁽¹⁾婉娩, 克安爾親, 往之爾家, 呂氏, 汝家. 克施克勤![40] 能行孝
順, (能)[爲]勤.

|번역| 부녀자의 변치 않는 도는 유순함이 오직 바른 것이다.(부녀자의 바름
은 유순함이다.) 이를 하늘의 밝음이라고 한다.(하늘이 도를 드러냄이
다.) 이는 상제의 명령이다.(여성이 유순하도록 명한다.) 너의 유순한
자태를 가상히 여기니, 너의 부모님을 편안하게 해 드리고, 너의 집
으로 가서(여씨가 너의 집이다.) 베풀고 부지런하게 할 수 있도록 하
라!(효도를 할 수 있음이 부지런함이다.)

6.2 爾順惟何? 無違夫子. 夫子, 壻也. ⁽¹⁾無然⁽²⁾皐皐, 皐皐, 難與言也. 無然⁽³⁾訾

---

[40] (1)婉娩(완만), 몸가짐이 유순한 모양.

訾! 訾訾, 難(與)[共]事也. 彼是而違, 爾焉作非? 違是則非. 彼舊而革, 爾焉
作儀? 改舊乃汝(安正)[妄立]⁴¹制度. 惟非惟儀, 女生則戒. ⁽⁴⁾在『毛詩』「斯干篇」.
⁽⁵⁾王姬⁽⁶⁾肅雍, 酒食是議.⁴² 周王之女亦然.

|번역| 너의 유순함은 어떠한가? 남편(夫子)을 거스르지 마라.(부자(夫子)란
남편이다.) 그러지 못하여 완고하고,(완고하면 함께 말하기 어렵다.) 그
러지 못하여 헐뜯는구나!(헐뜯으면 함께 일하기 어렵다.) 저 사람이 옳
은데 거스르니, 너는 어찌 그름을 행하는가?(옳음을 거스르면 그르
다.) 저 사람이 낡은 것을 혁신하는데 너는 어찌 위엄을 내세우는
가?(낡은 것을 고치면 너는 거짓되게 제도를 세운다.) 나쁜 일과 위엄을
부리는 일을 여자가 태어나면 경계하도록 한다.(『모시』「사간」편에
있다.) 왕희(王姬)는 엄숙하고 점잖아 술 데우고 밥 짓는 법을 가르쳤
다.(주나라 왕의 여식 또한 그랬다.)

6.3 貽爾五物, 以銘爾心: 錫爾⁽¹⁾佩巾, 墨予誨言. 銅爾提⁽²⁾匜, 謹爾賓
薦. 賓客·祭(禮)[祀]⁴³. 玉爾⁽³⁾盥具, 素爾⁽⁴⁾藻絢. 藻絢妝飾不可太華. 枕爾⁽⁵⁾文
竹, 席爾吳⁽⁶⁾筦, 念爾書訓, 因枕文思訓. 思爾⁽⁷⁾退安. 安爾退居之席. 彼實
有室, 男當有室. 爾勿從室. 不得從而有其室也. 遜爾提提, 遜, ⁽⁸⁾謹退也. 提提,

---

41 〈중화 주석〉 이상은 모두 『문감』에 근거해 고쳤다.
42 (1)無然, 그러지 않음. (2)皐皐, 어리석고 고집스러운 모습. 『詩經』, 「大雅」, 「召旻」, "완
고하여 심하게 비방하는 자는 그 흠을 알지 못하는구다."(皐皐訛訛, 曾不知其玷.) (3)訾
訾, 비방함. 헐뜯음. (4)在『毛詩』「斯干篇」: "여아가 태어나면 … 나쁜 일도 없고 위엄도
없으니, 오직 술 데우고 밥 짓는 일을 가르쳐 부모의 근심이 없도록 한다."(乃生女子 …
無非無儀, 唯酒食是議, 無父母詒罹.) (5)王姬, 주 무왕의 딸. 주의 왕은 희(姬) 씨였으므로
왕희라 칭했다. (6)肅雍, 엄숙하고 점잖음.
43 〈중화 주석〉『문감』에 근거해 고쳤다.

安也. **爾生引逸.** 引, 長也. 逸, 樂也.[44]

|번역| 너에게 다섯 가지 물건을 주니 너의 마음에 새기라. 너에게 허리춤
에 차는 수건을 주니, 가르침 되는 말을 묵묵히 준다. 구리로 된 것
은 네가 들 손 씻는 대야이니, 너의 손님과 제사를 삼가라.(빈천(賓
薦)은 빈객과 제사이다.) 옥으로 된 것은 네가 화장할 때 쓰는 용품들
이니, 너의 꾸밈을 소박하게 하라.(꾸미고 장식함이 지나치게 화려해서
는 안 된다.) 너에게 반점이 있는 대나무로 된 베개를 주고, 오(吳) 지
역에서 난 대통으로 된 자리를 주니 너는 글의 교훈을 읽고,(베개에
쓰인 글을 보고 교훈을 생각하라.) 네가 물러나 있을 때 분수에 편안해
할 것을 생각하라.(네가 물러나 머무는 곳을 편안해하라.) 저 사람에게
는 실로 방이 있되,(남자는 마땅히 방이 있어야 한다.) 너는 그를 따라
방이 있어서는 안 된다.(그를 좇아 자신의 방이 있어서는 안 된다.) 겸손
함이 너를 편안하고 쾌적하게 하리니,(손(遜)은 조심하고 겸손함이요,
제제(提提)는 편안함이다.) 너에게 오랫동안 즐거움이 생겨날 것이
다.(인(引)은 장구함이요, 일(逸)은 즐거움이다.)

|해설| 이 글은 장재가 시집가는 자신의 딸이 계율로 삼아야 할 점을 써 준 것이다. 그
내용을 요약하면 첫째, 무엇보다 시댁에서의 순종을 마치 상제의 명령처럼 절
대적으로 중시하라고 하였다. 둘째, 특히 남편에게 거스르지 말고 순종할 것을
강조했다. 셋째, 수건, 대야, 화장용품, 베개, 자리의 다섯 가지 물품을 주며 부녀
자로서 해야 할 소임을 다하고, 분수에 편안해할 것을 당부했다. 이러한 당부의
말들에는 유교적 가부장제의 가치관념이 고스란히 담겨 있다고 할 수 있다.

---

44 (1)佩巾, 고대에 여성이 외출할 때 왼쪽 허리에 차던 수건. (2)匜(이), 손 씻는 대야. (3)
奩(염)具, 화장할 때 쓰는 용품. (4)藻絢(조현), 빛나고 눈부심. 꾸밈을 뜻함. (5)文竹, 반
점이 있는 대나무. (6)筦, 대통. (7)退安, 물러나 있을 때 분수에 만족해함. (8)謹退, 조심
하고 겸손함.

7

책문
策問

7.1 問: <u>三代之道失而民散, 民散</u>⁽¹⁾<u>浸淫而盜不可勝誅矣. 魯之衰也,</u> ⁽²⁾<u>季</u>
<u>康子患盜, 孔子謂</u>"⁽³⁾<u>苟子之不欲, 雖賞之不竊.</u>" 夫制產厚生, 昭節
儉, 賤貨財, 使人安其分, ⁽⁴⁾宜若可爲也. 今欲使擧世之民, 厚賞焉
不竊如夫子之言, 其亦有道乎?[45]

|번역| 물었다. 삼대의 도가 상실되자 백성이 흩어졌다. 백성이 흩어져 침
해하니, 도적은 이루 다 벨 수 없게 되었다. 노나라가 쇠약해져 계강
자가 도적을 근심하자 공자는 "만일 그대가 탐욕을 부리지 않는다
면 설사 상을 준다 하더라도 훔치지 않을 것입니다"라고 했다. 생업
을 만들어 생활을 윤택하게 해 주고, 절제와 검소를 환히 드러내고
재화를 천시하며, 사람들이 분수에 편안하도록 함이 할 수 있는 일

---

[45] (1)浸淫, 침해함. (2)季康子, 공자가 살던 시기에 노나라의 국정을 좌지우지하던 실권자.
(3)『論語』,「顏淵」, "계강자가 도둑을 근심하여 공자에게 물었다. 공자께서 답하셨다.
'만일 그대가 탐욕을 부리지 않는다면 설사 상을 준다 하더라도 훔치지 않을 것입니
다.'"(季康子患盜, 問於孔子. 孔子對曰: "苟子之不欲, 雖賞之不竊.") (4)宜若, 추측을 나타
내는 말. ~인 것 같다.

인 것 같다. 이제 공자의 말씀처럼 전 세계의 백성들이 상을 크게 내린다고 해도 훔치지 않도록 하자면 그것에도 방법이 있는가?

|해설| 유학에서 태평성대라고 믿는 삼대가 지나고, 춘추시대에 이르러 통치계층의 탐욕, 백성들 사이의 도적질이 끊이지 않았다. 이런 시대에 백성들의 물질적 생활을 어느 정도 윤택하게 해 주면서 그들이 물욕을 절제하고 주어진 위치에서 만족하며 살아갈 수 있도록 함은 유학자들의 과제였다. 이에 어떻게 해야 백성이 남의 것을 훔치지 않도록 할 수 있을지 묻고 있다.

7.2 答: 世祿之榮, 王者所以錄有功, 尊有德, 愛之厚之, 示$^{(1)}$恩遇之不窮也. 爲人後者, 所宜樂職勸功以服勤事任, 長廉遠利以嗣述世風. 而近世公卿子孫, 方且下比布衣, 工聲病, 售有司, 爲不得已爲貧之仕, 誠何心哉? 蓋孤秦以戰力$^{(2)}$竊攘, 滅學法, 壞田制, 使儒者$^{(3)}$風義寢弊不傳, 而士流困窮, 有至$^{(4)}$糟粹不厭. 自非學至於不動心之固, 不惑之明, 莫不降志辱身, 起$^{(5)}$皇皇而爲利矣, 求口實而$^{(6)}$朶其頤, 爲身謀而屈其道, 習久風變, 固不知求仕非義, 而反羞循理爲不能, 不知$^{(7)}$蠻襲爲榮, 而反以虛名爲善繼. 今欲擧三王$^{(8)}$教胄之法, 使英才知勸而志行修, $^{(9)}$阜四方養士之財, 使寒暖有歸而衣食足, 取充之計, 講攉之方, 近於古而適於今, 必有中制. 衆君子彊學待問, 固將裨益盛明, 助朝廷政治, 著於篇, 觀厥謀之得失.^{46}

---

46 (1)恩遇, (왕이 학식과 덕망이 있는 사람을 알아보고) 은혜로 대우함. (2)竊攘, 침범함, 침략함. (3)風義, 풍모와 자태. (4)糟粹(부), 술지게미와 죽. (5)皇皇, 여기서 皇은 惶과 통한다. 두려워함. 방황하며 불안해함. (6)朶其頤, 볼을 움직여 음식을 씹음. 朶, 朵와 같음. 움직임. 頤, 아래턱. (7)蠻襲, 과거를 거치지 않고 조상의 작위를 세습함. (8)教胄: 『尚書』, 「舜典」, "순임금이 말했다. '기야! 그대에게 명하노니, 음악을 주관하여 귀족 자제들을 가르치도록 하라.'"(帝曰: "夔! 命汝典乐, 教胄子.") 胄子, 임금이나 귀족의 자제.

|번역| 답했다. 세습 작록의 영예는 왕 노릇 하는 자가 공이 있는 자를 기록하고 덕이 있는 자를 높여 그를 사랑하고 후대함으로써 은혜로 대우함에 궁함이 없음을 나타내는 것이었다. 후손이 된 자는 주어진 직무를 즐거이 여기고 공을 세워 맡은 바 일을 열심히 행했으며, 청렴함을 기르고 이익을 멀리하여 사회의 기풍을 이어 갔다. 그런데 근세에 공경(公卿)의 자손들은 아래로 평민에 가까워 시문 음률의 흠이나 다듬고 관직을 팔아먹고 어쩔 수 없이 가난한 선비가 되었으니, 참으로 어떤 마음일까? 고립되어 있던 진나라는 전투력으로 침략하여 학교의 법규를 멸하고 전담 제도를 무너뜨려 유자의 풍모와 자태가 점차 가려져 전해지지 않게 되었고, 선비들 중에는 곤궁하여 술지게미나 죽도 싫어하지 않는 지경에 이른 이도 있게 되었다. 학문이 부동심의 견고함과 미혹되지 않는 밝음에 이른 것이 아니라면 뜻을 굽히고 몸을 욕되게 하여 두려워하는 마음을 일으켜 이익이 되는 일을 행한다. 구실을 찾아 그 열매를 씹어 삼키고, 일신을 위해 도모하며 그 원칙을 굽히되, 오래도록 습관화하여 풍모가 변하면 벼슬을 구하는 것이 의로운 일이 아님을 모르고 도리어 이치를 따르는 것을 부끄러워하고 불가능하다고 여긴다. 조상 덕에 작위를 세습하는 일이 영예임을 모르고 도리어 헛된 명성을 잘 계승한 것으로 여긴다. 이제 삼왕의 교육하던 방법을 들어 영재의 앎이 권면되고 뜻과 행위가 닦이며, 사방의 선비를 기르는 재물을 풍부하게 하고, 추위와 더위에 돌아갈 곳이 있고 의식을 족하게 하라. 충당할 것을 취하는 계책과 발탁을 논하는 방법은 고대에 가까우면서도 오늘날에 적용하여 틀림없이 들어맞는 제도가 있을 것이다.

따라서 教冑란 태자를 비롯해 제후와 경대부의 자제를 교육하는 것을 가리킨다. (9)阜, 풍성하게 함.

여러 군자는 열심히 배워 여쭙기를 기다리면 장차 이익이 더욱 커지고 조정의 정치에 도움이 될 것이니, 글에 저술하여 이러한 도모의 득실을 살피노라.

| 해설 | 장재는 백성이 남의 것을 훔치지 않는 방법으로 봉건제의 부활을 주장하고 있다. 하, 은, 주 삼대에는 봉작을 대대로 세습하여, 후손들이 선대의 공덕을 계승하려고 노력했다고 하여 봉건제를 지나치게 미화하고 있다. 그는 봉건제를 군현제로 대체한 진나라로부터 유학의 학풍과 제도가 무너졌다고 여기며, 특히 선비들이 과거시험에 합격해 벼슬길로 나아가지 않으면 궁핍한 생활을 할 수밖에 없어, 필사적으로 일신의 출세를 도모하는 세태를 개탄한다. 그리고 이를 근거로 오히려 귀족 자제를 기르던 삼대의 교육이 군자를 기르려는 목표에 부합하는 제도이자 당시에도 실현할 수 있다고 주장한다.

8

변경의 일에 관한 논의
邊議

8.1 城中之民既得以依城, 自郊外百姓, 朝廷不豫爲慮, 非潰亡失生, 則殺戮就死. 縱或免焉, 則其老幼⁽¹⁾孳畜, 屋廬積聚, 莫不爲之驅除蕩焚, 於死亡均矣. 欲爲之計, 莫如選吏行邊, 爲講⁽²⁾族閭鄰里之法, 問其所謀, 論之⁽³⁾休戚. 使之樂羣以相聚, 協力以相資, 聽其依山林, 據險阻, 自爲免患之計. 官不拘制, 一從其宜, 則積聚幼老, 得以先自爲謀而處之有素. 寇雖深入, 野無所資而民免誅掠, 此爲計之當先者也.⁴⁷ 右「淸野」.

|번역| 성 안의 백성들은 성에 의지할 수 있지만, 교외의 백성들을 조정에서는 미리 고려하지 않아 무너져 도망하다가 살길을 잃거나 살육 속에서 죽음으로 나아간다. 혹여 그런 일을 모면한다고 해도 늙고 어린 가솔이 불어나고 가옥이 밀집해 있을진대 그로 인해 쫓겨나고

---

47 (1)孳畜, 번식함, 불어남. (2)族閭鄰里: 族은 100家. 閭는 25家. 鄰里는 동향 사람. 族閭鄰里는 향촌의 크고 작은 단위의 가정과 마을 전체를 뜻함. (3)休戚, 고락. 유리하거나 불리한 처지, 상황.

불에 타니, 사망하기는 마찬가지이다. 이 일을 위해 헤아려 보자면 관리를 선발해 변방으로 행차하게 해 각 가정과 마을의 법을 강구하고, 그들이 도모하는 것을 묻고, 그들의 유리하거나 불리한 처지를 알도록 하는 것이 최선이다. 그들이 즐거이 무리 지어 함께 모이고, 협력하여 서로 돕고 그들이 산림에 의지하고 험하고 막힌 것에 근거해 우환에서 벗어날 계책을 스스로 찾도록 하라. 관에서 제도에 얽매이지 않고 한결같이 그 적절함을 따르면 어리고 늙은 가솔을 모아 앞장서 스스로 도모하고 머무는 것이 평소와 같을 수 있을 것이다. 도적이 설사 깊이 들어와도 들에는 의지할 것이 없어 백성은 베어지고 약탈당하는 일을 면하게 되리니, 이것이 계책이 우선시해야 할 점이다. 이상은 「청야」이다.

|해설| 장재가 살던 북송 중기에 서북쪽 변경 지역에 있는 백성들은 외적의 침략으로 집을 잃고 살상을 당하는 등 참혹한 고통을 겪고 있었다. 이에 장재는 조정에서 관리를 이 지역으로 급파해 마을의 기강을 바로잡고 그 지역 백성들이 협력해 외침에서 벗어날 자구책을 강구하도록 도와야 한다고 주장하고 있다.

8.2 師爲虜致, 則喪陷之患多; 城不[(1)]自完, 則應援之兵急. 凡今近城邊邑, 尤當募善守之人, 計定兵力, 庶使勢可必全, 不假外救, 足以[(2)]技梧踰月, 應援之師不爲倉皇牽制, 則守必力而師不勞, 此禦患之尤急者也. 然所謂善守者, 要以省兵爲能. 假設一城之小, 千夫可完, 不才者十倍之而未必固, 善守者加損之而尚可全, 則守城[(3)]乘障之人, 必也力與之計而省吾兵, 厚賞其功而示之信.[48] 右「固守」.

---

48 (1)自完, 스스로 보위함. (2)技梧, 枝梧와 같다. 기울어져 서로 맞서는 기둥이라는 뜻. 이로부터 대항하고 맞선다는 확장된 뜻이 생겨남. (3)乘障, 乘鄣과 같다. 성에 올라 그것

|번역| 군대는 오랑캐가 이르면 함락되고 마는 우환이 많다. 성에서 스스로 지키지 못하면 응원군이 급히 요구된다. 이제 성 가까이에 있는 변경의 읍에서 방어를 잘하는 사람들을 특별히 모집하여 병력을 헤아려 확정함으로써 세력이 반드시 온전해질 수 있도록 해야 한다. 그러면 외부의 도움을 빌리지 않더라도 족히 한 달 넘게 저항할 수 있고, 응원군도 황급히 막으려 하지 않게 되어, 수비에 필시 힘이 있고, 군대도 수고롭지 않게 될 것이다. 이것이 근심을 막는 데 특별히 시급한 점이다. 그런데 잘 지킨다고 함은 병사를 살피는 것을 능력으로 요구한다. 가령 성 하나의 작은 규모는 천 명의 남성이면 지킬 수 있으나, 재주가 없는 자의 경우는 그 열 배가 있더라도 반드시 굳게 지키지는 못하니, 수비를 잘하는 자를 잘 덜어 내고 보태야 온전해질 수 있다. 그러니 성을 지키는 사람은 반드시 힘써 계책을 부여하되 우리의 병사를 살펴 공이 있는 자에게 후하게 상을 내려 신의를 보여 주어야 한다. 이상은 「고수」이다.

|해설| 당시 변경 지역의 군대는 약하여 응원군이 와야 겨우 성을 지킬 수 있었다. 이에 장재는 관리가 뛰어난 전투력을 지닌 병사를 엄선하는 능력을 갖추어야 함을 시급히 요구하고 있다. 재주가 뛰어난 병사를 더 뽑고 그렇지 못한 자를 덜어 내 응원군이 급히 오지 않더라도 수비력을 어느 정도 갖춘 군대를 이룰 것을 주문하고 있다.

8.3 戍而費財, 豈善戍之計! 欲不費, 必也計民以守, 不足然後益之以兵, 如是, 則爲守之力在民居多而用兵無幾. 守旣在民, 則今日守兵, 凡城有餘, 皆得以移用他所, 或乘間可戰以自解其圍矣. 竊計關

을 지킨다는 뜻이다.

內守餘之兵, (1)無慮十萬, 四帥之城, 各餘萬人爲備, 間其多少之(2)差, 此
其大略也. 則擧中大數, 有移使之卒常不減六七萬人, 義勇旣練, 則六
七萬人從而省去, 亦攻守爲有餘矣. 兵省費輕, 就使(3)戎壘對岐, 用
日雖多而吾計常足, 顧朝廷未嘗資守於民, 以兵多爲患耳. (4)種世衡
守環州, 吏士有罪, 射中則釋之; 僧道飮酒犯禁, 能射則縱之; 百姓
繫者, 以能射則必免; 租稅(5)逋負, 以能射必寬. 當是時, 環之內外,
莫不人人樂射, 一州之地, 可不用一卒而守. 以此觀之, 省(6)戍豈甚
難之計哉!49 右「省戍」.

|번역| 수비를 하면서 재물을 낭비한다면 어찌 수비를 잘하는 계책이리오!
낭비하고 싶지 않다면 반드시 백성을 헤아려 가며 지켜야 하니, 백
성이 부족하게 된 다음에야 병사로 병력을 보탠다. 그렇게 하면 지
키는 힘 중에서 백성이 차지하는 부분이 많고 병사를 쓰는 일은 얼
마 안 되게 된다. 지키는 일이 백성에게 있을진대, 금일의 수비군은
모든 성에서 잉여 인력이 생겨 다른 곳에 옮겨 쓸 수 있거나, 혹은
틈을 타 싸워 스스로 포위에서 벗어날 수도 있다. 계산해 보건대 관
중 지역 수비군 가운데 잉여 인력은 깊이 생각하지 않더라도 10만
명이요, 네 명의 지휘관이 있는 성에는 각각 잉여 인력 만 명이 갖추
어져 있을 것이다. (그 사이에 다소간 차이가 있을 터이니, 이는 대략적인
수치이다.) 그렇다면 그 가운데 대체적인 수치를 들어도 이동해 부
릴 수 있는 군졸이 늘 6~7만 명보다 적지 않을 것이요, 의용군이 훈

49 (1)無慮, 깊이 생각하지 않음. 대략. (2)差, 差의 오자인 듯하다. (3)戎壘, 군영, 보루. (4)
種世衡, 종세형(985~1045)은 북송 시대의 낙양 사람으로, 자는 중평(仲平)이다. 환주(環
州)의 지사로 있으면서 변경 지역 사람들을 위무하고, 백성들이 활쏘기를 익힐 것을 권
했으며, 서하의 병사들을 모집해 활용함으로써 변경 지역을 다소 안정시켰다. (5)逋負,
빚을 갚지 않고 질질 끎. 逋, 체납하다, 포탈하다. 負, 부채. (6)戍, 변경 지역의 수비군.

련되어 있다면 6~7만 명은 그로 인해 줄이더라도 공격과 수비에 여유가 있을 것이다. 병력을 줄이고 군비를 경감하면, 설사 군영이 대치하여 병력을 사용하는 날이 오래간다고 하더라도 내 계산으로는 항상 충분할 것이다. 그런데 조정에서는 백성에게 기대어 지킨 적이 없이 병력이 많음을 근심거리로 여길 뿐이다. 종세형(種世衡)이 환주(環州)를 지킬 때 하급 관리에게 죄가 있더라도 활을 쏘아 맞히면 풀어 주었고, 승려나 도사가 술을 마셔 금기를 어길 경우, 활을 쏠 줄 알면 용서해 주었으며, 백성 가운데 묶인 자가 활을 쏠 줄 알면 틀림없이 사면해 주었고, 조세가 체납되었더라도 활을 쏠 줄 알면 반드시 경감해 주었다. 그 시기에는 환주의 안팎에 살던 사람들 가운데 활쏘기를 즐기지 않은 이가 없었으니, 주(州) 하나 되는 지역은 군졸 하나 쓰지 않고도 지킬 수 있었다. 이를 보건대 변경 지역 수비군을 줄이는 일이 어찌 그렇게까지 어려운 계책이겠는가! 이상은 「성수(省戍)」이다.

| 해설 | 북송 시대에 군대가 안고 있는 가장 큰 문제는 숫자는 많지만 허약하다는 점이었다. 위 단락에서 문제 삼고 있는 것도 바로 이 점이다. 장재는 관중 지역 수비군으로 그 지역 백성을 십분 활용하고 쓸데없이 남아도는 인력은 줄이라고 주장하고 있다. 또 백성으로 구성되는 군대가 강해지기 위해서는 많은 백성이 활쏘기 같은 무예를 즐길 수 있는 사회적 분위기를 조성해야 한다고 했다. 그러면서 활쏘기를 잘하는 이들에게는 여러 혜택을 주었던 종세형의 사례를 들었다.

8.4 計民以守, 必先相視城池大小, [(1)]夫家衆寡, 爲力難易, 爲地緩急, 周圍步尺, 莫不盡知. 然後括以[(2)]保法, 萃以[(3)]什伯, 形以圖繪, 稽以文籍, 便其居處, 正其分位. 平時使之知所守, 識所向, 習登降, 時[(4)]繕完; 賊至則授甲付兵, 人各謹備, 老幼供[(5)]餉, 婦女守室. 如

是則民心素安, 伎藝素講, 寇不能恐, 吏不能侵, 無倉卒之變, 無顚亂之憂, 民力不足, 然後濟之以兵. 此三代法制, 雖萬世可行, 不止利今日之民.[50] 右「因民」.

|번역| 백성을 헤아려 수비하려면 반드시 우선 성과 해자의 크고 작음, 남녀의 많고 적음, 힘쓰기 어렵고 쉬움, 땅 가운데 급하지 않은 곳과 급한 곳, 주위의 길이를 살펴 모르는 것이 없어야 한다. 그런 다음에 보갑법으로 묶고, 10명, 100명 등으로 모으며, 그림으로 형태를 그리고 서적으로 살피며, 그 거처를 편안하게 하고 나눈 위치를 바르게 한다. 평상시에 그들이 지킬 바를 알고, 향할 곳을 알게 하고, 오르내리는 일을 연습하고, 때로는 담장을 수선하게 한다. 적이 이르면 갑옷과 병기를 주어 사람들이 각기 신중하게 준비하게 하고, 노인과 어린아이는 군량을 공급하며, 부녀자는 집을 지키게 한다. 그렇게 하면 민심이 편안하고 기예 있는 자를 중시하여 도적은 두렵게 할 수 없고 벼슬아치는 침범하지 못하니, 창졸간의 변화도 없고, 혼란의 근심거리도 없고, 백성의 힘이 부족하게 된 후에야 병력으로 구제한다. 이는 삼대의 법제로, 만대에 걸쳐서도 시행할 수 있으니, 단지 오늘날의 백성에게만 이로운 것이 아니다. 이상은 「인민(因民)」이다.

|해설| 백성을 중심으로 삼아 수비를 잘하려면 우선은 그 지역의 군사적, 지리적, 지역

50 (1)夫家, 아내가 없는 남자를 부(夫)라고 하고 아내가 있는 남자를 가(家)라고 한다. 남녀를 가리킨다. (2)保法, 송대에 향촌에서 병사를 징집하던 제도로 보갑법(保甲法)을 가리킨다. 10집을 1보(保)로 삼고 보장(保長)을 두었고, 50집은 1대보(大保)라 하여 대보장(大保長)을 두었으며, 10개의 대보(大保)는 1도보(都保)라 하여 도보정(都保正)을 두었다. (3)什伯, 군대의 기층 대오로, 열 명을 십(什)이라 하고 백 명을 백(伯)이라 했다. (4)繕完, 完은 院과 통하며, 담(垣)을 뜻한다. 담장을 수선함. (5)餉(향), 군량.

적 상황을 주도면밀하게 살펴 알고 있어야 한다. 그다음으로는 향촌을 군사적
으로 짜임새 있게 조직화하여 평소에 평화롭게 지내면서도 군사훈련과 군사시
설의 보완을 꾸준히 해야 한다. 그러다가 외적의 침략이 있으면 남녀노소 모두
각자의 위치에서 할 수 있는 군사적 행동을 한다. 그렇게 백성의 힘을 충분히 활
용하고 나서도 외적을 막기에 부족할 때 병력을 동원한다.

8.5 城池之實, 欲其牢不可破; 甲盾之實, 欲其堅不可攻; 營陣之實, 欲
其虜不可搖; 士卒之實, 欲其人致死力; 講訓之實, 欲其伎無不精;
兵矢之實, 欲其中無不彀. 今衆物備具而事不可期, 蓋實未始講而
講不致實. 今朝廷未假塞外之功, 徒欲自固, 然尚且憂形廟堂而民
不安土, 則講實之說, 豈容一日而緩! 蓋億萬矢之利, 其致利也必自
一矢而積; 億萬人之能, 其盡能也必自一人而求. 千里之防, 必由一
鍤而致堅; 江河之廣, 必由一勺而浸至. 今欲物一作均, 求其實而⁽¹⁾闊
步高視, 謂小事無一有傷字, 一作小無事. 而忽之, 恐卒不見其成也. 本朝
之論, 雖必以大計爲言, 至於講治之精, 亦不可不思慮而至. 思可至
而力不容緩, 則授補之方, 當知未易輕議. 趨今之急, 急在治兵矢,
舉鬪射. 種世衡守環州, 吏士有罪, 能射則釋之; ⁽²⁾胥徒⁽³⁾請告, 能
射則給之; 僧道飮酒犯禁, 能射則置之; 百姓⁽⁴⁾輕繫者, 能射則縱
之; 租稅逋負者, 能射則緩之. 當是時, 環之士民人人樂射, 一州之
地可不煩一卒而守. 然則得一臣如種世衡, 則朝廷不問其細而一城
守矣, 宜推世衡之術於四方.⁵¹ 右「講實」.

51 (1)闊步高視, 눈은 위쪽을 향해 보고 큰 걸음으로 걸음. 여기서는 태도가 오만함을 나타
냄. (2)胥徒, 관아의 하인. (3)請告, 휴가를 신청함. (4)輕繫, 가벼운 죄로 구금됨.

|번역| 성과 해자의 실제를 튼튼히 하여 파괴할 수 없게 하려고 하고, 투구와 방패의 실제는 단단하게 하여 공격할 수 없게 하려고 한다. 진을 치는 실제는 오랑캐가 뒤흔들 수 없게 하려고 하고, 군졸의 실제는 그 사람들이 사력을 다하게 하려고 한다. 훈련을 강구하는 실제는 그 기량이 정밀하지 않음이 없게 하려고 하고, 화살의 실제는 그것이 명중하지 않음이 없게 하려고 한다. 지금 여러 가지 것들이 갖추어져 있으면서도 일을 기약할 수 없는 까닭은 실제를 강구하지 못하고 강구함이 실제에 이르지 못했기 때문이다. 지금 조정은 외적을 막는 일에 신경을 쓸 겨를이 없고, 단지 자신만을 공고히 하려고 한다. 근심이 조정에 나타날 뿐 아니라, 백성도 지내는 땅에 편안하지 못하니, 실제를 강구하자는 주장을 어찌 하루라도 늦출 수 있겠는가! 무릇 억만 개의 화살이 지닌 이로움도 그것이 이로움을 다하는 것은 틀림없이 화살 하나로부터 시작하여 쌓이는 것이요, 억만 명이 자신의 능력을 다하는 것도 틀림없이 한 사람으로부터 구하는 것이다. 천리의 둑도 틀림없이 한 삽을 뜨는 데서 비롯하여 견고함에 이르는 것이요, 강의 광대함도 틀림없이 한 국자의 물로부터 점차 이른 것이다. 이제 사물(어떤 곳에서는 均이라고 되어 있다.)에 대해 그 실제를 구하고자 하면서 오만한 자세로 자잘한 일은 소홀히 하면(어떤 곳에서는 傷이라는 글자가 있고, 어떤 곳에서는 小無事라고 되어 있다.) 결국은 그 성취를 보지 못하게 될 것이다. 본 왕조의 논의는 비록 반드시 큰 계획을 말하지만 다스림을 강구하는 정밀한 부분은 사유하여 이르지 않을 수 없다. 또 사유하여 이를 수 있지만 힘쓰는 일도 늦추어서는 안 된다. 그러니 수여하고 보태는 방법은 가벼이 논할 수 없음을 알아야 한다. 오늘날 시급한 일을 찾아보면, 그것은 전쟁용 화살을 잘 다루어, 사수를 천거하는 데 있다. 종세형(種世衡)이 환주(環州)를 지킬 때 하급 관리에게 죄가 있을 경우, 활을 쏠 줄

알면 그를 풀어 주었고, 관아의 하인이 휴가를 신청한 경우, 활을 쏠 줄 알면 휴가를 주었다. 승려나 도사가 술을 마셔 금기를 어길 경우, 활을 쏠 줄 알면 그대로 두었고, 백성 가운데 가벼운 죄로 묶인 자가 활을 쏠 줄 알면 풀어 주었으며, 조세가 체납되었더라도 활을 쏠 줄 알면 경감해 주었다. 그 시기에는 환주의 사람들이 모두 활쏘기를 즐겼으니, 주(州) 하나 되는 지역은 군졸을 하나 쓰지 않고도 지킬 수 있었다. 따라서 종세형 같은 신하를 얻으면 조정은 그 세세한 것을 묻지 않고도 성 하나를 지키게 되니, 종세형의 방법을 사방에서 추진해야 한다. 이상은 「강실(講實)」이다.

|해설| 변경의 수비를 튼튼히 하려면 단지 큰 계획을 세우는 데 그쳐서는 안 되고, 성곽, 무기, 군졸, 진법 등 군사상의 실제적인 문제를 하나하나 빈틈없이 파악해 해결해야 함을 말하고 있다. 그러면서 사수를 확보하는 문제를 종세형이 얼마나 잘 해결했는지의 사례를 다시 들며, 능력 있는 관리를 선발해 변경에 파견하는 일이 관건임을 지적하고 있다.

8.6 擇帥之重, 非議者得言. 本朝以武臣[1]典[2]強藩, 輕戰忘患, 故選用文臣[3]節制, 爲計得矣. 然寇讎入境, 則擧數萬之甲付一武人, 驅之於必戰之地, 前後取敗, 非一二而已. 然則副[4]總管之任, 繫安危勝負之速, 甚於元帥, 而大率以資任官[5]秩次遷而得, 竊爲朝廷危之.[52] 右「擇帥」.

---

52 (1)典, 주관함. 주재함. (2)強藩, 강한 번진(藩鎭). 번진이란 변경 지역의 군정을 맡아 보던 절도사를 가리킨다. (3)節制, 절도사를 가리킨다. (4)總管, 지방의 군정장관. (5)秩次, 녹봉 등급의 차서.

|번역| 장수를 선택하는 일의 중요성은 의론하는 자가 말할 수 있는 것이 아니다. 본 왕조는 무신에게 강한 번진(藩鎭)의 직을 주관하도록 하고는 전쟁을 가벼이 여기고 우환을 잊었다. 그리하여 문신 절도사를 가려 쓰는 것을 계책으로 삼았다. 하지만 적들이 변경을 침입할 때면 수만의 갑옷 입은 이들을 무인 한 사람에게 내맡겨 필히 싸워야 할 곳으로 내몰아 계속해서 패하는 일이 한두 번이 아니다. 그러므로 부총관의 직임은 원수보다 안위나 승패와 더욱 직결되어 있으나, 대체로 임관은 녹봉 등급의 변천에 따라 얻게 되니, 이로 인해 조정이 위태로워지고 있다. 이상은 「택수(擇帥)」이다.

|해설| 송 왕조는 변경 지역의 방비를 소홀히 했다. 문신을 절도사로 임명하고, 변경 지역을 지켜야 할 무신은 부총관으로 임명했다. 이로 인해 송 왕조는 외적이 침입해 오면 연전연패하기 일쑤였다.

8.7 帥得其人, 則守邊之守聽帥擇爲宜; 帥不可知, 則守之[(1)]廢置一從內也, 不爲過矣. 禦大體極邊之郡, 攻守兼固, 須精選異才, 方稱其任. 其次邊及[(2)]腹心州軍, 利於滋穀食, 教民戰, 爲持久取勝之策. 爲守必擇愛民謹事精審之人, 愛民則雖亟使之而不[(3)]匱, 精審謹事則大小必擧. 事無不擧, 則雖深入不能乘間於腹心, 民不匱, 則戰精而食足.[53] 右「擇守」.

|번역| 장수를 적합한 사람을 얻었으면 변경을 지키는 태수는 장수의 말을 들어 뽑는 것이 옳다. 장수가 알 수 없다면 태수의 해임과 임명은 한

---

53 (1)廢置, 관리의 해임과 임명. (2)腹心, 복심. 꽤 중요한 것을 비유하는 말. (3)匱, 潰와 통함. 무너짐. 흩어짐.

결같이 내부의 의견을 따라도 지나치지 않다. 대체로 변방 끝에 있는 군(郡)을 제어할 때 공격과 수비를 두루 단단하게 하려면 반드시 특출난 인재를 엄선해야 비로소 그 직임에 부합하게 된다. 그다음으로 변경이 중요한 주(州)의 군대까지 미치면 곡식을 기르고 백성들에게 전투를 가르치는 데 유리하여, 지구전을 통해 승리를 얻는 방책이 된다. 태수는 반드시 백성을 사랑하고 일에 신중하며 자세히 살피는 사람을 뽑는다. 백성을 사랑하면 설사 자주 그들을 부려도 흩어지지 않는다. 자세히 살피고 일에 신중하면 크고 작은 일이 반드시 행해진다. 일이 행해지지 않음이 없으면 설사 깊이 적진에 들어가더라도 중요한 곳에서 틈을 타고 일어나지 못한다. 백성이 흩어지지 않으면 전투가 정밀해지고 식량이 족하다. 이상은 「택수(擇守)」이다.

|해설| 변경을 지키는 태수를 엄선해야 함을 말하고 있다. 우선 태수는 장수가 뽑든지 아니면 그 지역의 의견을 따라 뽑아야 한다고 했다. 지역의 장수나 사람들이 그 지역의 인재를 가장 잘 알아볼 수 있기 때문이다. 그렇게 뽑힌 태수는 무엇보다 애민정신을 바탕으로 매사를 신중하게 살필 수 있어야 한다. 평상시에는 백성이 농사를 지으면서 전투 훈련도 하게 함으로써 지구전에 대비하고, 백성에 대한 신뢰가 깊다면 백성을 하나로 단결시킬 수 있고, 적진으로 깊이 들어갈 수도 있다.

8.8 養兵之費, 在天下十居七八. 今⁽¹⁾邊患作矣, 將謹防於外, 修實於內, 爲持久之計, 而不愛用吾財, 則患日增而力日不足, 豈善爲⁽²⁾計議者哉! 今關內諸城, 誠能因民固守以省戍, 教義勇知(一作習)戰以省兵, 則每歲省費不啻二百餘萬, 不踰數年, 粟實財豐而不可勝用矣. 不如是, 恐財匱力殫, 虜乘吾敝, 將無從而制也.⁵⁴ 右「足用」.

| 번역 | 병사를 양성하는 비용은 천하에 10분의 7~8을 차지한다. 지금 변경에서 외적의 침입이 발생하면, 밖으로는 방비를 신중하게 하고 안으로는 실제적인 일을 닦는 것이 지구전에 임하는 계책이되, 우리의 재물을 아껴 사용하지 않는다면 근심은 날로 증가하고 힘은 날로 부족하게 될 것이니, 어찌 잘 계획하는 자라고 하리오! 지금 관중 지역의 여러 성은 진실로 백성들이 굳게 지킴으로써 수비군을 줄이고, 의용군을 가르쳐 전투를 알게 함으로써 (知가 어떤 곳에서는 智으로 되어 있다.) 병사를 줄일 수 있다. 그러면 매년 줄이는 비용이 200여 만 이상이니, 몇 년 지나지 않아 오곡은 실하고 재물은 풍성하여 이루 다 쓰지 못하게 될 것이다. 그와 같지 않으면 재산은 흩어지고 힘은 다하여 오랑캐가 우리의 쇠미해진 틈을 타 장차 제어할 수 없게 될 것이다. 이상은 「족용(足用)」이다.

| 해설 | 변방을 수비하는 데 드는 비용을 아껴서 사용해야 함을 말하였다. 그 비용을 아끼는 구체적인 방법은 앞서 이미 설명했고 여기서도 다시 언급했듯 백성을 최대한 활용하고 정규 군인의 수를 줄이는 것이다.

8.9 警敗者, 以中國取敗戎虜, 古今相繼, 而莫知所以致敗之端, 此言敗 一作警. 之由. 一作欲. 既知此弊, 則免爲所敗, 故曰警敗. 其不以制勝 爲言者, 以戎虜用兵, 習知此利, 今吾亦得之, 適與之勢均法同, 故 止可以免爲所敗而已, 制勝之法當他圖矣. 凡用兵於山, 必能制人 於原; 用兵於水, 一作原. 必能制人於川; (1)除高下逆順之利, 餘利皆 得以 一無以字. 繼此而言矣. (2)屋瓦將墮, 人居其下則不安; 巖壁有

---

54 (1)邊患, 외적의 침입으로 일어난 변경의 근심거리. (2)計議, 계획함. 고려함.

罅, 人過其下則必走; 女子乘城, 勇夫不敢出其前. 寇歸據[3]勝地, 苟
不計利而後進, 苟一作則. 後一作妄. 暗於戰而必敗也不疑, 間或獲全者,
非將之才智殊絕[4]不侔則天耳. 大凡居高瞰下, 無可遁之情, 使之
知所守, 識所向, 習登降, 時繕完, 賊至則授甲付兵云云. [55] 右「警敗」.

|번역| 패배를 경계함은 중국이 융적에 패하는 일이 고금에 걸쳐 이어져
왔는데도 패배에 이르는 까닭을 알지 못하기 때문이니, 이것이 패
배의 이유에 대해 말하는 까닭이다. (어떤 곳에서는 敗가 警으로 되어
있다.) 그 폐단을 알면 패배하는 일을 모면하게 되므로 패배를 경계
한다고 말한다. 제압하여 승리함으로 말하지 않는 까닭은 융적의
병사 활용은 그 이로운 것을 익숙하게 알아, 이제 우리도 그것을 얻
어 그들과 세력이 균등하고 방법이 같게 되더라도 단지 패배하는
일을 모면하게 될 뿐이기 때문이다. 제압하여 승리하는 방법은 마
땅히 달리 도모해야 할 것이다. 무릇 산에서 병사를 지휘하면 틀림
없이 평원에서는 사람을 제압할 수 있을 것이다. 물에서 병사를 지
휘하면 (어떤 곳에서는 水가 原으로 되어 있다.) 틀림없이 하천에서는
사람을 제압할 수 있을 것이다. 높음과 낮음, 거스름과 순종함의 이
로움을 제외하고 나머지 이로움은 모두 그것을 이어서 말할 수 있
다. (어떤 곳에서는 以 자가 없다.) 기와집이 무너지려고 하는 경우, 사
람이 그 아래에 머물고 있으면 불안하다. 암벽에 빈틈이 있으면 사

---

55 (1)除高下逆順之利, 餘利皆得以繼此而言矣: 높음과 낮음, 거스름과 순종함이 가져다주는
이로움을 가장 기본적인 이로움이라고 한다면, 나머지 이로움은 이 기본적인 이로움에
이어서 말할 수 있다는 뜻이다. 앞서 일단 급선무는 패배를 모면하는 것이고, 상대를
제압하는 것은 이 급선무를 해결한 이후에 따로 추구할 수 있다고 했기 때문에, 비슷한
맥락에서 이런 이야기를 부언한 것이다. (2)屋瓦將墮~勇夫不敢出其前: 이 세 가지 일은
모두 송나라의 변경 지역이 위태로운 상태에 있으니 행동을 특별히 조심해야 함을 비
유한 말들이다. 罅(하), 틈. 빈틈. (3)勝地, 형세가 유리한 지역. (4)不侔, 동등하다. 같다.

람이 그 아래를 지나갈 때 틀림없이 달려간다. 여자가 성을 오르면 용감한 남자도 감히 그 앞으로 나아가지 않는다. 적들은 형세가 유리한 지역을 점거하고 있으니, 만약 이로움을 계산한 후에 나아가지 않고, (苟가 어떤 곳에서는 則이라고 되어 있고, 後가 어떤 곳에서는 夌이라고 되어 있다.) 전투에 어둡다면 틀림없이 패배한다는 점은 의심의 여지가 없다. 간혹 온전함을 얻는 자는 재능과 지혜가 탁월하여 남과 같지 않거나 천운일 따름이다. 대개 높은 곳에 머물며 아래를 조감하건대 숨을 수 있는 정황이 없다면 백성들이 지킬 것을 알고, 지향할 바를 알며, 오르내림을 익히고 때로는 담장을 수선하게 하여, 적들이 이르면 갑옷을 주고 병기를 준다. 이상은 「경패(警敗)」이다.

| 해설 | 서하국의 군사력이 강대하여 송나라는 여러 차례 패배하였으므로, 우선 어떻게 패배를 면할 수 있는지를 알고 대비해야 함을 말하였다. 패배를 면하는 것이 급선무이고, 그들을 제압하는 것은 그다음의 일이라고 했다.

9

채 장수에게 보내는 변경 일의 계책들
與蔡帥邊事畫一

9.1 近日傳聞⁽¹⁾諒祚身死, 已有朝旨令⁽²⁾接引⁽³⁾告哀人使過界, 足見朝
廷⁽⁴⁾含容之意, 務在息民, 隨物應機, 達於事變, 雖元凶巨惡, 尚不
欲乘其憂患, 別議討除, 使四夷知中國爲一無爲字. 仁義, 爲計甚善.
然諒祚狂狷, 罪在不赦, ⁽⁵⁾邊陲⁽⁶⁾釁隙, 已動干戈, 君臣之義既虧,
約束之令不守. 今其嗣子始立, 遣⁽⁷⁾介告哀, 事同初⁽⁸⁾附, 理必精思.
若不以丁寧指揮, 提耳告諭, 的確事節, 當面敍陳, 將恐⁽⁹⁾羽翼既
成, 却論舊怨, 志懷稍適, 輒踵前非, 謀之不臧, 亂靡有定. 某今有
人使到闕, 朝廷合降指揮⁽¹⁰⁾畫一事件, 伏望少賜裁擇! 具如後:⁵⁶

| **번역** | 근자에 이양조가 사망했고, 이미 조정의 명령이 있어 부고에 응대

---

56 (1)諒祚: 서하의 2대 황제 의종(毅宗) 이양조(李諒祚, 1047~1068)이다. 재위 기간에 서하
의 예를 폐지하고 한족의 의례를 따랐으며, 문무를 함께 중시하고 행정기구를 개혁해
국력을 강화함으로써 송의 변경을 부단히 침략했다. (2)接引, 응대함. 접대함. (3)告哀,
부고를 냄. (4)含容, 너그러이 용서함. (5)邊陲, 변경. 陲(수), 변방. (6)釁隙, 엿볼 만한
틈. 釁(흔), 틈. (7)介, 소식을 전하는 사람. (8)附, 귀순함. 따름. (9)羽翼, 날개를 달 듯
도움이 됨. (10)畫一, 하나하나의 계획함. 그려 냄.

하여 사신이 국경을 넘었다는 소식을 들었습니다. 이를 통해 조정에서 너그러이 용서하려는 뜻을 품고, 힘쓰는 바가 백성을 쉽게 하는 데 있으며, 일에 따라 임기응변하여 일의 변화에 통달함을 족히 알 수 있습니다. 설사 원흉이고 거악이더라도 그 우환을 틈타 따로 논의하여 토벌하고 제거하려 하지 않고 사방의 오랑캐에게 중국의 어질고 의로움을 알게 하려는 것이니, (어떤 곳에서는 爲라는 글자가 없다.) 계책이 아주 훌륭합니다. 그러나 이양조는 미친 듯이 날뛰어 그 죄를 용서받을 수 없거니와, 그는 변경의 엿볼 만한 틈을 타고 이미 군사를 움직였으니, 이로 인해 군신 간의 의가 무너지고, 규제를 받던 명령이 지켜지지 않았습니다. 이제 그 후계자를 세워 소식을 전하는 사람을 보내어 부고를 내니, 이 일은 애초에 우리에게 귀순하던 때의 행위와 같으나, 그 이치는 반드시 자세히 생각해야 합니다. 만약 간절하게 지휘하며 알아듣도록 타일러 일의 절차를 적확하게 하고 면전에서 진술하지 않는다면, 날개를 달아 주듯 도움을 준다고 하더라도 옛 원한을 논하게 되고, 품은 뜻이 자못 합치되더라도 문득 예전의 잘못에 이르게 되고, 도모함이 훌륭하지 못하면 어지러움으로 안정될 때가 없게 될 것입니다. 나는 이제 어떤 사람을 궁궐에 이르게 할 터이니, 조정에서는 하나하나 계획한 사항에 지시를 내려 주어 헤아려 선택해 주시기를 바라옵니다! 그 내용은 다음과 같습니다.

|해설| 서하국의 2대 황제인 이양조의 사망에 즈음하여, 서하국에서 사신이 오자, 송 왕조에서는 부고에 응대하여 사신을 파견했다. 장재는 이러한 조치가 중국의 너그러움을 보여 주는 것이라 칭찬하면서도 중국의 변경을 침입했던 서하에 대해 경계심을 늦추지 말아야 함을 강조하고 있다. 이에 사람을 궁궐에 보내어 다음과 같은 서신을 전하고 조정에서 이와 관련한 지시를 내려 주기를 바라고 있다.

9.2 一, 乞降朝旨, 令⁽¹⁾館伴臣僚分明說與西界人使: "自⁽²⁾種諤等及沿
邊得力使臣, 所以建議⁽³⁾開納⁽⁴⁾橫山人戶, 爲見汝主諒祚招納過沿
邊逃亡罪人景珣之徒, 信其狂謀, 公然任用, 僭擬官名制度, 及諸般
妄動不臣之狀, 一一指實事言與, 自來內外臣僚多議興兵問罪, 朝
廷不欲煩民, 致使沿邊忠臣義士不勝憤怒, 遂有今日⁽⁵⁾專輒之擧。"⁵⁷

| 번역 | 하나. 바라옵건대 조정에서는 명령을 내리시어 외빈을 모시는 신료
에게 서쪽에서 온 사신에게 분명히 다음과 같이 말하도록 하십시
오. "종악 등과 변경 근처에서 능력을 발휘한 사신들이 횡산(橫山)
주민들의 왕래를 건의한 까닭은 그대의 주인인 이양조가 변경 부근
을 넘어 도망한 죄인인 경순(景珣)의 무리를 불러들여 그의 온당하
지 않은 꾀를 믿고 거리낌 없이 임용하여 분수를 넘어 관직과 제도
를 흉내 내고, 제반 망령된 행동과 신하답지 못한 행동의 죄상을 드
러내어 실제의 일을 하나하나 지적하여 말하기 위함이었다. 줄곧
안팎의 신료들이 군사를 일으켜 죄를 묻자고 많이 건의했으나, 조
정에서는 백성을 괴롭히지 않으려 했고, 이로 인해 변경 지역의 충
신과 의로운 선비들은 분노를 이기지 못해, 결국 오늘날 독단적으
로 행동하는 일이 있게 되었다.

| 해설 | 서하의 2대 황제 이양조는 송에서 넘어온 경순의 무리를 등용해 한족의 제도를
수용해 국력을 강화하고 송의 변경 지역을 자주 침략했다. 장재는 종세형의 아
들인 종악 등이 변경 지역에 있던 주민들의 왕래를 통해 서하국의 잘못을 지적
하고자 했다고 했으며, 조정에서는 백성을 생각해 군사를 일으키지는 않았다고

57 (1)館伴, 외빈 접대 관리의 신분으로 외국 손님을 모심. (2)種諤, 종악의 자는 자정(子正)
이고, 종세형의 아들이다. (3)開納, 왕래하며 친분을 맺도록 함. (4)橫山, 오늘날 샨시(陝
西)성 위린(楡林)시에 있다. (5)專輒, 독단적으로 행동함.

했다.

9.3 一, 乞降朝旨說與西人, 言: "種諤等所以專擅修築⁽¹⁾綏州, 安存⁽²⁾鬼名山等投來人口, 爲見汝主有從來招收下本朝逃亡軍人百姓作樂官工匠及僭創作⁽³⁾簇馬御龍直名目, 諸般占使, 是致邊臣久—作不. 憤."58

|번역| 하나. 바라옵건대 조정에서는 명령을 내리시어 서하국 사람에게 다음과 같이 말하게 하십시오. "종악 등이 수주(綏州)를 독단적으로 수축하고 외명산(鬼名山) 등 투항해 온 사람들을 편안히 머물게 한 까닭은 그대의 주인이 줄곧 본 왕조에서 도망한 군인과 백성을 불러 모아 악관, 장인으로 삼고 족마어룡직(簇馬御龍直)의 명칭을 분수를 넘어 만들어 내는 등 제반 점령해 사용한 것을 드러내기 위함이었으니, 이것이 변방 신하들을 오랫동안 분노케 했다." (久가 어떤 곳에서는 不로 되어 있다.)

|해설| 종악 등 변경 지역의 관리가 서하국의 종실 사람인 외명산 등을 받아들여 수주(綏州)의 서하 군대를 물리친 까닭은 서하국이 송에서 도망한 자들을 받아들이고, 송의 관직 명칭을 참람되게 사용했기 때문이라고 하였다.

9.4 一, 乞降朝旨令說與西人, 令: "先⁽¹⁾縛送取景珣幷其家屬及前後諒

---

58 (1)綏州, 오늘날 샨시(陝西)성 쑤이더(綏德)현이다. (2)鬼名山: 중국 이름은 조회순(趙懷順)이다. 서하국의 종실 사람이나, 의종 이양조와 사이가 좋지 않았다. 종악이 이 틈을 보고 투항을 권유해 송으로 귀순했다. 후에 송이 수주(綏州)의 서하 군대를 물리치는 데 크게 공헌했다. (3)簇馬御龍直: 송나라의 금위군 이름은 족어마직(簇御馬直), 어용직(御龍直) 등으로 불렸는데, 서하국에서 이 명칭을 참칭해 부른 금위군의 명칭이다.

> 祚所[2]存洎逃走軍人百姓, 盡還漢界, 朝廷當與汝國別定兩界約束事件, 各常遵守."[59]

|번역| 하나. 바라옵건대 조정에서는 명령을 내리시어 서하국 사람에게 다음과 같이 말하게 하십시오. "우선 경순과 그 가족, 그리고 전후로 이양조가 머물게 한 도망한 군인과 백성을 묶어 압송하게 하고, 중국의 경계에 속한 땅을 다 돌려주도록 하라. 조정은 그대의 나라와 양국 경계의 규정에 관한 사항을 따로 정할 것이니, 각자 항상 그것을 따르도록 하라."

|해설| 경순 등 서하국으로 도망한 송의 죄인을 되돌려달라고 요구했다.

> 9.5 一, 乞降朝旨說與西人: "汝主諒祚違拒朝命, 不納[1]詔使, 前後[2]逆節不一. 今來朝廷以汝主諒祚既死, 不欲乘汝國凶喪饑旱, 便謀剪戮, 愛惜兩地百姓. 須[3]仰汝主將取知恩改過結罪文字進來, 朝廷更待觀汝主誠意, 禮節如何, 別有指揮."[60]

|번역| 하나. 바라옵건대 조정에서는 명령을 내리시어 서하국 사람에게 다음과 같이 말하게 하십시오. "그대의 주인 이양조는 조정의 명령에 거역하여 황제의 특사를 받아들이지 않고 앞뒤로 법도를 어긴 일이 한두 가지가 아니었다. 지금 조정에서 그대의 주인인 이양조가 사

---

59 (1)縛送, 묶어 압송함. (2)存洎, 洎은 泊의 오자인 듯하다. 머물게 함.
60 (1)詔使, 황제가 보낸 특사. (2)逆節, 법도를 어김. (3)仰: 공문에 쓰이는 용어로, 아랫사람에게 쓰일 경우 명령을 나타냄.

망하였으되, 그대 나라의 상사와 기근을 틈타 베어 죽이는 일을 도모하려 하지 않는 것은 두 지역 백성을 아끼기 때문이다. 그대의 주인이 은혜를 알고 잘못을 고치는 글을 가지고 들어오면 조정은 그대의 주인의 성의를 다시 볼 것이니, 그 예절이 어떠해야 하는지에 대해서는 따로 지시가 있을 것이다."

| 해설 | 송나라는 서하국 2대 황제의 행위에 대해 극도로 불만을 갖고 있지만, 이양조의 죽음을 계기로 서하국이 그간의 잘못을 뉘우치는 글을 송나라에 바친다면 용서해 줄 수도 있다고 했다.

9.6 一, 乞說與西界人使, 言: "有諒祚猖狂及今來汝主幼小, 竊慮[1]主張本國[2]事體不定, 常萌僭逆. 今來欲將本國歲賜分減一半與汝國近上[3]主兵[4]用事臣僚十數人, 正令受朝廷[5]官祿, 主持國事, 安存汝幼主, 不令妄動, 及爲朝廷保守封疆, 不擾百姓, 令本國君臣具利害文字進來."[61]

| 번역 | 하나. 바라옵건대 서하국 사신에게 다음과 같은 말을 하도록 하십시오. "이양조는 오만방자했으되 지금 그대의 군주는 어리니, 본국의 체제를 지탱하는 것이 불안정함을 고려하건대 분수를 넘어 윗사람을 거스르는 일이 항상 싹트곤 한다. 지금 본국에 매년 하사하던 것을 절반으로 줄이고 그대 나라의 지위가 군주에 가깝고 병권을 장악하고 있어 무력을 사용하는 신료 십수 명을 조정에서 관직과 녹봉을 받도록 하고 국사를 주재하도록 하여, 그대의 어린 군주를

---

61 (1)主張, 지탱함. (2)事體, 체제. (3)近上, 병권을 장악함. (4)用事, 무력을 사용함. (5)官祿, 관리의 위치와 녹봉.

편안하게 보존하게 하고 망동하지 못하도록 하라. 또한 조정을 위해 강토를 지키고 백성을 괴롭히지 않도록 본국의 군신이 이해관계를 담은 글을 갖추어 들어오도록 하라."

|해설| 이양조를 이어 보위에 오른 군주가 어리니, 지위가 높고 군권을 장악하고 있는 신하들이 집단적으로 국사를 돌보아 어린 군주를 보좌하도록 하라고 하였다.

9.7 一, 乞將上件五事, 揀擇中外有心智⁽¹⁾詞筆臣僚, 令作詔書付夏國新主, 以觀其謀, 以奪其心, 以正其初, 使知過惡在彼, 不敢妄動. 及宣示陝西一路及沿邊蕃漢軍民, 令自今後更不得亂出一人一騎, 妄生事節, ⁽²⁾聽候夏國新主奏報如何, 別聽處分.⁶²

|번역| 하나. 바라옵건대 상술한 다섯 가지 일에 대해 중국과 외국에서 지혜와 작문 실력이 있는 신료를 뽑아 조서를 작성해 서하국의 새로운 군주에게 주어 그의 계획을 살피고 그 마음을 빼앗아 그 초심을 바르게 하며, 잘못이 그들에게 있음을 알게 하고 망동하지 않도록 하십시오. 또한 섬서(陝西) 일로(一路) 및 변경 지역 티베트족과 한족의 군민에게 선포하여 금후로는 어떤 사람도 어떤 기병도 멋대로 출현하여 사건이 함부로 일어나지 않도록 하십시오. 서하국의 새로운 군주가 어떻게 상주(上奏)하는지 기다린 후에 따로 처분을 내리십시오.

|해설| 이상으로 제시한 다섯 가지 사항을 담은 황제의 조서를 작성, 전달해 서하국의 새로운 군주가 송의 명령을 따르고 멋대로 행동하지 않도록 하라고 요청하고 있다.

---

⁶² (1)詞筆, 작문 실력이 있음. (2)聽候, 기다림.

10

경원로(涇原路) 경략사(經略司)에게 변경 일을 논하는 문서

(1)涇原路(2)經略司論邊事狀

10.1 (3)當司據今月二十一日(4)西路先鋒巡檢王寧狀: "探報候得西界已議遣人詣保安軍(5)進奉, 及(6)界首斬戮誘殺楊知軍賊人, 納(7)誓表請和." 觀西戎意度, (8)委實是爲國內饑凶, 厭苦兵革, 思欲却通舊好, 苟假安息, 故凡百(9)婉順, 一如朝旨. 有以見朝廷德澤之盛, (10)威略之遠, 上干天心, 下副人望, 其(11)備職邊帥, 不勝(12)慶幸! 然某竊以安危之幾, 必通其變; 誓約之信, 在正其初. 今日諒祚已亡, 其子方立, 遣使告哀(13)納款, 詞禮恭順, 義通初附, 事必正名. 若不得丁寧指揮, 提耳告諭, 的當事節, 當面指陳, 乘其求也要之以誓書, 及其衰也(14)啗之以厚利, 將恐志懷稍適, 却踵前非, 羽翼既成, 輒修舊怨. 某今有時幾所見, 條一如右:[63]

---

63 (1)涇原路: 서북의 외세가 침입해 오는 곳에 위치한 요충지로, 북송 진종(眞宗)대에 주로 서하국의 침공을 막기 위해 이곳에 요새를 설치함. (2)經略司, 송나라 때 변경 지역에 임시로 둔 군사상의 장관. (3)當司, 본사(本司)와 같음. 본인이 있는 관청. (4)西路: 송나라 때 수도의 관청에서 관할하는 지역을 동로와 서로로 나누어, 각각 도동순검(都同

|번역| 본 관청은 이번 달 21일, 서로(西路) 선봉 순검 왕녕의 장계를 받았으니 다음과 같습니다. "척후병으로부터 서하에서 이미 사람을 보내 보안군(保安軍)에 이르러 진헌하기로 했고, 변경의 최전선에서는 양지군(楊知軍)의 적들을 베고 유인해 죽이자 신하로 복종하겠다고 서약하는 글과 강화 요청을 받아들였습니다." 서융의 생각을 살펴보건대 확실히 나라 안은 기근이 들어 전쟁을 고통스러워하고, 옛 우호관계로 소통해 잠시 편안하게 쉬고 싶어 하니, 모든 일에 온순하고 조정의 명령을 한결같이 따릅니다. 저들이 조정의 성대한 은덕과 범접할 수 없는 위엄, 책략이 위로는 하늘의 마음을 다하고 아래로는 사람들의 바람에 부합함을 알아 자신이 그저 변방의 통솔자라고 여긴다면 더 없이 기쁜 일일 것입니다! 그러나 저는 안전과 위험의 조짐을 알아 반드시 변화에 통달해야 하고, 서약의 신뢰는 그 시초를 바로잡음에 있다고 생각합니다. 오늘날 이양조는 이미 사망하고 그 아들이 세워지자, 사신을 파견해 부고하고 귀순하고, 말은 예의 바르고 공손히 따르며, 의리는 처음 붙좇을 때에 통하니, 이는 틀림없이 명분을 바로잡는 일입니다. 만약 재삼 지시하여 간절히 깨우쳐 주고 일의 절차를 합당하게 하고 면전에서 지적해 말하며 그들이 구하는 것을 틈타 맹약을 요구하고 그들이 쇠약해짐에 후한 이로움으로 유인하지 않으면, 품은 뜻이 자못 합치되더라도 예전의 잘못에 이르게 되고 날개를 달아 주듯 도와주더라도 문득 옛 원한을 논하게 될 것입니다. 저는 이제 이 시기의 조짐에 대해 본 바가

巡檢) 2명을 두고, 수도의 사대문에도 순검을 한 명씩 두었다. (5)進奉, 진헌함. (6)界首, 변경의 최전선. (7)誓表, 신하로 복종하겠다고 서약하는 글. (8)委實, 확실히, 실제로. (9)婉順, 온순함. (10)威略, 위엄과 책략. (11)備職, 직무를 맡은 자가 자신을 낮추는 말. (12)慶幸, 기쁜 일. (13)納款, 관문을 여는 진심을 받아들임. 즉 귀순함. 항복함. (14)啗(담), 먹임. 이익으로 유인함.

있어 아래에 조목으로 나열하고자 합니다.

┃해설┃ 서하의 침공을 막는 책임을 지는 경원로 경략사에게 보낸 글이다. 서하국 2대
황제 이양조 사망 직후에 서하국이 강화를 요청하고 신하의 나라로 자청한 일은
다행이라고 하면서도 여전히 경계를 늦추지 말아야 한다고 하면서 당시 변경의
정세와 그에 대한 대책을 논하려 하고 있다.

10.2 一, ⁽¹⁾訪聞傳西界有意縛送景珣幷母妻, 却出—作至. 漢界交付, 此
雖未知虛的, 然聞景珣於諒祚在日, 特見信任, 以是西界內外臣
僚, 莫不側目憎惡, 視如寇讐. 今諒祚已死, 其國中主議之人却欲
送還, 未足深怪. 然慮西人旣還景珣之後, 必却有繫送嵬名山之
請, 竊恐朝廷未能決從, 轉滋嫌怨. 況景珣才識鄙下, 無足觀取,
留之賊中, 決不能爲邊陲大患. 伏乞朝廷示之以優遊閒暇, 特賜詔
書, 褒嘉夏國臣主奉詔官守誓約之心, 及引用⁽²⁾登極赦恩, 免景珣
一家死刑, 更不令送歸漢界, 置之度外, 聽其用捨, 以示朝廷⁽³⁾涵
濡之廣, 赦令之信. 仍仰就問景珣, 更有無親屬兄弟尚在中國, 悉
令遣送與之, 以愧快其心, 亦屛之遠方終身⁽⁴⁾不齒之義, 使四夷知
朝廷天包海蓄之度以窺測, 且免日後有難從之請, 委得允當.⁶⁴

┃번역┃ 하나. 서하국에서 경순과 그의 모친 및 아내를 압송해 중국 국경으
로 나와(어떤 곳에서는 出이 至로 되어 있다.) 전달해 줄 의향이 있다는
이야기를 전해 들었습니다. 그것이 거짓인지 사실인지 알 수 없으
나, 경순은 이양조가 살아 있을 때 특별히 신임을 얻었으니, 이로 인

---

64 (1)訪聞, 조사를 통해 들어 앎. (2)登極赦恩, 황제로 등극할 때 죄인을 사면해 줌. (3)涵
濡, 스며듦. 포용력을 뜻함. (4)不齒, 동렬에 함께하지 않음. 대단히 멸시함.

해 서하국 안팎의 신료들 가운데 곁눈질하며 증오하여 원수처럼 보지 않는 이가 없었습니다. 이제 이양조가 죽으니, 그 나라 가운데 논의를 주도하는 사람이 송환하기를 원하는 것도 아주 괴이한 일은 아닙니다. 그렇지만 서하국 사람이 경순을 송환한 다음에는 틀림없이 외명산을 결박해 돌려보내 달라는 청이 있을 것이니, 아마도 조정에서는 결정해 따르지 못함으로 인해 도리어 원한을 자라나게 할 것입니다. 더군다나 경순은 재주와 식견이 얕아 살펴 취할 것이 못 됩니다. 적 가운데에 남겨 두어도 결코 변경의 큰 근심거리가 되지 못할 것입니다. 바라옵건대 조정에서는 유유히 여유를 보여 주며 특별히 조서를 내려 서하국의 군주가 명령을 받들어 신하로서 맹약을 지키는 마음을 가상히 여기시고, 황제로 등극할 때 사면해 주는 관례를 인용하시어 경순 일가를 사형에 처하는 일을 면케 하십시오. 더욱이 중국 땅으로 송환하지 않게 하여 쓰든지 말든지 도외시하여 조정의 널리 포용함과 사면령의 신뢰를 보여 주십시오. 또 바라옵건대 경순에게 친척이나 형제가 중국에 더 없는지 묻고 모두 보내어 그와 함께하도록 하여 그 마음을 부끄럽게 하십시오. 이는 그를 먼 곳으로 내쳐 종신토록 그와 함께하지 않는다는 뜻이니, 그것으로 사방의 오랑캐가 조정에서는 하늘이나 바다와 같이 넓은 도량으로 헤아림을 알게 해, 금후로는 따르기 어려운 청을 하지 않고 부탁함이 합당하도록 하십시오.

|해설| 서하국으로 도망한 경순을 처리하는 방법을 제안하였다. 서하국에서 경순을 송환해 주겠다고 하였지만, 그것을 즉각 받아들이면 이어서 서하국의 종실로 송나라로 귀순와 있는 외명산을 돌려 달라는 요구를 해 조정을 난처하게 할 것이라고 하면서, 차라리 경순의 송에 남은 가족이 있으면 그들마저 서하국으로 보내라고 했다. 그렇게 함으로써 송의 넓은 아량도 보여 주며 외명산의 송환 요구를 차단할 수 있다는 것이다.

10.3 一, ⁽¹⁾勘會陝西一路, ⁽²⁾射入之饒, 商市之富, 自來亦賴戎夷⁽³⁾博易之便. 自興兵以來, ⁽⁴⁾鹽弊虧損, 議者皆知邊市不通・商旅不行所致. 從來西人只知本國利中原物貨, 願欲稍通⁽⁵⁾博買, 但苦朝廷未嘗許與, 故已各定—作安. 分, 不敢妄有求請. ⁽⁶⁾治平元年中, ⁽⁷⁾施昌言在本路, 嘗因誘引過景珣, 公事斷絕, 私下博買. 西界⁽⁸⁾點集壓境, 欲謀奔沖, 令德順運⁽⁹⁾通判劉忱靜・邊塞⁽¹⁰⁾監押党武與之說話, 開示意度, 却許令民間暗行些小博易. 西人樂聞此言, 即時⁽¹¹⁾唱喏, 遣罷兵衆, 此足見西界願欲通行博買之意, 然不知此事若行, 尤繫朝廷大利. 今來西人若再議通和, 竊恐⁽¹²⁾主計臣僚, 爲見⁽¹³⁾即目⁽¹⁴⁾課利頻虧, 遽陳此說, 不務艱難其事, 因以成功爲拓土息兵・豐財制虜之計. 伏望朝廷愛惜此事, 重惜之無爲輕發, 必候⁽¹⁵⁾擘畫得長久大計, 十分詳順, 西人凡百聽命, 然後與之商量.⁶⁵

|번역| 하나. 섬서(陝西)로를 살펴 논하면 국경을 뚫고 들어오는 것들의 풍요로움과 시장의 풍부한 물산은 자고 이래로 서융 오랑캐와의 편리한 교역에 의존해 왔습니다. 그러나 군사를 일으킨 이후로 소금 교역이 막혀 손해가 나니, 논의하는 자들은 모두 변경의 시장이 통상하지 않고 상인이 통행하지 않은 까닭에 그렇게 된지 알고 있습니다. 종래에 서하 사람들은 본국이 중원의 물품을 이롭게 하는 줄로

---

65 (1)勘會, 살펴 논의함. (2)射入, 국경을 뚫고 들어옴. (3)博易, 무역, 교역. (4)鹽弊虧損, 변경에서 소금 교역이 이루어지지 못함으로 인해 적자가 났음을 가리킨다. (5)博買, 관청에서 외국의 물품을 사들임. (6)治平: 북송 영종(英宗)의 연호. 1064~1067. (7)施昌言: 시창언(?~1064)의 자는 정신(正臣)이다. 용도각(龍圖閣) 직학사를 지냈다. (8)點集, 명부에 따라 징집함. (9)通判, 송대에 주(州)와 부(府)에 세운 관직으로 주와 부의 장관 아래에서 식량 운송, 전담 관리, 수리 등의 정무를 처리했다. (10)監押, 송대에 주(州)의 군대를 관장하던 무관. (11)唱喏, 승낙한다고 말함. (12)主計, 국가 재정을 주관하는 관리. (13)即目, 목전, 현재. (14)課利, 정액으로 걷히는 세금. (15)擘畫, 기획함.

만 알고 관청에서 외국 물품을 사들이기를 바랐으되 조정에서는 이를 허락한 적이 없음을 고통스러워했지만 이미 각자의 본분을 확정하여 (본분을 편안히 여기며) 감히 망령되이 청하는 일은 없었습니다. 그러다가 치평(治平) 원년(1064)에 시창언(施昌言)이 섬서로에 있을 때 경순을 유인함으로 인해 공적인 일이 단절되고 몰래 관청에서 물건을 사들이게 되었습니다. 서하국 경계에서는 병사를 징집하여 국경을 압박하며 돌격을 시도하려 했습니다. 이로 인해 덕순(德順) 운송 통판(通判) 유침정(劉忱靜)과 변경의 감압(監押) 당무(党武)가 그들과 이야기하여 생각을 깨우쳐 주었으나, 오히려 민간에서 작은 무역을 암암리에 허용했습니다. 서하국 사람들은 그 말을 듣기를 원했으니, 즉시 동의한다고 말하고는 군대를 해산했습니다. 이를 보면 서하국 측이 통상하여 관청에서 물건을 사들이기를 얼마나 원하는지 알 수 있습니다. 하지만 이 일이 행해진다면 특히 조정의 커다란 이익에 관계된다는 점을 모르고 있습니다. 이제 서하국 사람들이 만약 평화적 왕래를 다시 논의한다면 아마도 재정을 주관하는 신료는 목전에 정액으로 걷히는 세금에 자주 적자가 날 것을 알 것이기 때문에, 문득 이 주장을 할 터이나, 그 일을 어렵게 만드는 데 힘쓰지 않아야, 그로 인해 영토를 넓히고 병사를 쉬게 하며, 재산을 풍성하게 하고 오랑캐를 제압하는 계책이 될 수 있습니다. 바라옵건대 조정에서는 이 일을 중시하시고, 소중히 여기시어 가벼이 행동하지 마시고, 반드시 장구한 대계(大計)를 그리시어 상당히 상세해지고, 서하국 사람들이 모든 일에 명을 따르게 된 뒤에 그들과 상의하십시오.

|해설| 경제의 측면에서 송나라와 서하국의 관계 문제를 논하였다. 서하국과 송나라는 오랫동안 무역을 해 왔는데, 서하국 측에서는 송나라 관청에서 자국의 물품을

사들여 주기를 바랐으나 그것은 허용되지 않았다. 그러다가 1064년에 시창언이 관청에서 몰래 서하의 물품을 사들인 이후로는 서하국이 무력으로 국경을 압박하면서 요구를 더욱 강하게 하게 되었다. 장재는 이 문제를 조정이 신중하게 처리해야 한다고 말한다. 이러한 무역이 국가 세수에 적자를 초래할 테지만, 변경 지역의 영토를 넓히고 백성을 평안하게 하기 위해 이 손해는 감수할 수 있어야 한다고 말하면서도 서하국이 송의 명령을 잘 따르는지 충분히 살핀 뒤에 이 문제를 처리해야 한다고 덧붙이고 있다.

10.4 一, 竊見[(1)]古渭州一帶生熟蕃戶, 據地數百里, 兵數十萬, 土壤肥沃, 本漢唐名郡. 自來以[(2)]頭項不一, 無所統屬, 厭苦西賊侵陵, 樂聞內附, 但以朝廷避引惹, 未甚開納. 今爲西賊貪噬, 歲被[(3)]驅刼, 往往不戰就降, 甘爲[(4)]臣制. 然西賊所以不能擧兵[(5)]跨有者, 良由道路差遠, 恐[(6)]延慶·涇·原之乘其虛也; [(7)]銳意攻侵而不能捨者, 貪其富, 利其弱, 且欲漸有之, 通[(8)]右臂以爲[(9)]秦蜀之患也. 今朝廷每欲修一城, 築一堡, 未嘗不[(10)]點兵侵占, 以誅討順蕃[(11)]熟戶爲名, 只緣分未定而貪未息故也. 朝廷誠能先使敏幹才辨之人, 誘得一方人心盡皆歸順, 擇一能臣賢將, 使之[(12)]都護一隅, 開府塞外, [(13)]橫絕古渭西南一帶, 分疆[(14)]塹山, 盡爲漢界. 使人一面曉諭夏國, 應係今日以前順漢蕃戶, 不能妄有侵害, 則許令延慶·涇·原三路議定[(15)]榷場[(16)]通市之法, 著於誓書, 垂爲永久. 某以爲平夏之人, 必將捨遠取未成之謀, 就近便樂趨之利, 欣然聽命而邊患消矣. 縱彼不能盡從所議, 然[(17)]秦鳳事宜, [(18)]兵備亦可十去六七. 至若經界之規畫, 行移之辭令, 則在巧者爲之, 此不容悉也.[66]

|번역| 하나. 옛 위주(渭州) 일대에는 오래된 토번(吐番) 사람들이 사는데, 점거한 땅이 수백 리요, 병사는 수십만이며, 토양은 비옥하니, 본디 한나라와 당나라의 이름난 고을이었습니다. 자고로 우두머리가 하나가 아니어서 소속되는 바가 없었으니, 서쪽 융적이 침범해 능멸하는 것을 싫어하고 고통스러워했고, 내부의 조정에 붙는다는 말을 듣기를 좋아했습니다. 다만 조정에서는 분쟁을 피하려고 문을 열어 그들을 널리 받아들이지 않았습니다. 지금 서쪽 융적이 탐욕스럽게 먹어대, 해마다 핍박당해 종종 싸우지도 않고 항복하며 기꺼이 신하로 제압을 당하곤 합니다. 하지만 서쪽 융적이 군대를 일으켜 이 땅을 점거하지 못하는 까닭은 본디 길이 비교적 멀어 연경(延慶), 경(涇), 원(原)이 그 비어 있을 때를 틈탈까 해서입니다. 그러나 그들이 침공하기로 마음을 굳게 먹고 포기하지 못하는 까닭은 그 부를 탐하고 그 약한 것을 이롭게 여겨, 차츰 그것을 소유하고 싶어 하기 때문이니, 이 핵심 지역 전체는 섬서와 사천 지역의 근심거리로 여겨졌습니다. 지금 조정에서는 매번 성 하나를 짓고 토성 하나를 쌓으려고 할 때면 병사를 징집해 점거하지 않은 적이 없되, 토번을 따르는 귀순한 자들을 토벌하는 것을 명분으로 삼으니, 이는 단지 본분이 정해지지 않고 탐욕이 그치지 않기 때문입니다. 조정에서는 참

66 (1)古渭州, 오늘날의 간쑤(甘肅)성 핑량(平涼)시를 가리킨다. (2)頭項, 우두머리. (3)驅劫, 핍박함. (4)臣制, 신하로 칭하며 제압당함. (5)跨有, 점유함, 점거함. (6)延慶 · 涇 · 原之: 연경은 오늘날 간쑤(甘肅)성 칭양(慶陽)현 동북쪽 40리에 있던 곳이다. 경(涇)과 원(原)은 오늘날 간쑤(甘肅)성 칭수이(清水)강 상류에 해당된다. (7)銳意, 마음을 굳게 먹음. 단단히 준비함. (8)右臂, 사람은 대부분 오른손으로 일한다. 여기서 파생하여 이 말은 어떤 사물의 핵심이 되는 부분을 뜻한다. (9)秦蜀, 진은 관중 지역, 즉 섬서 지역을 가리키고, 촉은 사천 지역을 가리킨다. (10)點兵, 병사를 징집함. (11)熟戶, 귀순한 자들. (12)都護, 서역을 관장하는 관직의 명칭. (13)橫絶, 가로지름. (14)塹(참), 구덩이를 팜. (15)榷(각)場, 관청에서 세운 장마당. (16)通市, 통상. (17)秦鳳, 진봉은 오늘날 간쑤(甘肅)성 톈수이(天水)시이다. (18)兵備, 군사적 조치와 무기 장비.

으로 먼저 기민하게 일하고 재주와 언사가 뛰어난 사람이 한 지역 사람의 마음을 모두 귀순하도록 유도하고, 능력 있는 신하와 현명한 장수를 뽑아 한 구역의 도호(都護)가 되게 하여, 관청을 열고 외적을 막아, 옛 위주의 서남 일대를 가로질러 경계를 구분하고 산에 구덩이를 파 모두 중국의 국경이 되게 할 수 있습니다. 사람들이 한편으로 서하국에 금일 이전에 한족에 귀순한 토번족을 망령되이 침해하는 일이 있어서는 안 됨을 깨우쳐 준다면, 연경, 경, 원의 세 곳에 장마당을 세워 통상에 관한 법률을 논의해 정하는 것을 허용하고 서약서에 써서 영구히 전하도록 하십시오. 저는 서하를 평정할 사람이 틀림없이 이루지 못할 계책을 멀리서 취하는 일은 그만두고 즐겁게 나아가는 이로움을 가까이에서 취하여, 기꺼이 명을 따르면, 변경의 근심이 사라지리라고 생각합니다. 설사 저들이 논한 것을 다 따를 수 없다고 하더라도 진봉(秦鳳) 지역의 일을 처리할 때 군사 장비를 10이면 6~7은 제거할 수 있습니다. 경계의 구획과 공문서의 언사 같은 것은 기교를 부리는 자가 할 것이니, 이는 다 알 수 없습니다.

| 해설 | 옛 위주 지역에 사는 토번의 문제에 대해 논하였다. 이 지역 사람들은 오랫동안 어느 왕조에도 속하지 않았는데, 당시에는 서하국이 이 지역을 호시탐탐 노리고 있었다. 장재는 서하국의 이러한 행위를 탐욕으로 규정하고는 조정에서 뛰어난 인재를 이 지역에 보내 토번 사람들이 송에 귀순하도록 적극 설득하고 그곳에 관청을 설치하고 군사적 방비를 한다면 그곳은 중국의 영토가 될 수 있을 것이라 말한다. 그렇게 하고 서하국과는 통상 무역에 관한 조약을 체결함으로써 이들의 송에 대한 요구를 어느 정도 들어주라고 하고 있다.

11

경략사에게 보내는 계책들
經略司畫一

11.1 今據隣路⁽¹⁾關報及諸處城塞探到, 西界見有<u>黃河</u>裏外點集人馬, 深慮乘此秋熟妄行⁽²⁾寇抄及踩踐緣邊苗稼, 未見得本路州軍至時如何禦捍⁽³⁾邀殺, 須當預行指揮審問, ⁽⁴⁾逐處畫一, 合行事件如後:⁶⁷

|번역| 지금 인근 노(路)의 보고서 및 여러 곳에 있는 성의 정탐에 따르면 서하국 경계에 있는 황하 안팎에 사람과 말을 징집한 것이 보인다고 하니, 이 가을에 농작물이 익는 틈을 타 약탈을 망령되게 행하여, 변경의 농가를 짓밟을까 심히 우려됩니다. 본 노(路) 주(州)의 군대는 그때에 이르러 어떻게 보위하며 살해를 막을지 알지 못하니, 지휘하여 자세히 묻는 일을 마땅히 미리 행하여 곳곳마다 하나씩 계획해 내니 마땅히 행해야 할 사항은 다음과 같습니다.

|해설| 서하국이 침공할 조짐을 보임을 말하며, 이에 미리 대비할 계책을 경략사에게 하나씩 설계해 내어 보이겠다고 하고 있다.

---

67 (1)關報, 문서 보고. (2)寇抄, 약탈. 강탈. (3)邀殺, 살해를 막음. (4)逐處, 곳곳마다.

11.2 一, 要見本州從將來⁽¹⁾果若西賊大段⁽²⁾入寇, 本州除⁽³⁾堅壁淸野不
失防守外, 更有如何畫策可以立功取勝.⁶⁸

|번역| 하나. 본 주(州)에 장래에 만약 서쪽의 적이 대규모로 침입한다면 본
주에서는 성을 견고하게 하고 들에 있는 식량과 물자를 정돈하여
방어 태세를 잃지 않는 것 외에 다시 어떻게 방책을 그려야 공을 세
우고 승리를 얻을 수 있는지 알아야 합니다.

|해설| 서하국이 쳐들어온다면 성을 튼튼히 방비하고 물자를 정돈하는 것 외에 전투에
서 승리할 방책을 잘 세우는 것 또한 중요하다.

11.3 一, 要見本州從來⁽¹⁾准擬下是何將校, ⁽²⁾緩急賊至, 令帶領甚⁽³⁾色
額甲兵, 多少人數, 更令與甚人同心共力會合出入, 不至落賊姦
便.⁶⁹

|번역| 하나. 본 주(州)에서 종래에 준비해 배치한 것이 어떤 장교이고, 위
급한 일이 발생해 적이 이르렀을 때 어떤 종류의 병기와 얼마나 되
는 인력을 데리고 가도록 해야 하는지, 어떤 사람과 한마음으로 함
께 노력하고 모여 출입하며, 적의 간계에 빠지는 데 이르지 않을지
알아야 합니다.

|해설| 우선 아군의 장교, 병기, 인력의 상황을 정확히 알아 적절히 대처하며 적의 간계

---

68 (1)果若, 만약. (2)入寇, 침입함. (3)堅壁淸野, 성벽을 견고하게 하고 야외에 있는 식량,
물자 등을 정리하고 보관함.
69 (1)准擬, 준비해 배치함. (2)緩急, 위급한 일이 발생함. (3)色額, 종류.

에 빠지지 말아야 한다.

11.4 一, 要見本州如是賊衆深入, 有幾處可以伏截[1]邀擊山川道路, 及除見戰城壁外, 更有幾處須索[2]戰守要害地方.[70]

|번역| 하나. 본 주(州)에서는 적의 무리가 깊이 침입한다면 매복하여 끊어 내 요격할 수 있는 산천과 도로가 몇 곳이나 있는지, 공격받는 성벽 외에 공격과 수비를 해야 할 핵심이 되는 곳이 몇 곳이나 있는지도 알아야 합니다.

|해설| 방어할 지역에서 요격할 곳, 공수의 핵심이 되는 곳 등을 제대로 파악해야 한다.

11.5 一, 要見本州自來有幾人官員[1]將佐有[2]心力膽量, 逐人宜合將領蕃兵或弓箭手或[3]馬軍步人, 及[4]約量逐人[5]才力可以將領得多少人數.[71]

|번역| 하나. 본 주(州)에서는 본디 관원, 장군, 보좌관 가운데 지혜와 담력을 지닌 자가 몇 사람이나 되는지, 사람을 뒤쫓을 때 토번 병사를 통솔해야 하는지, 아니면 궁수 혹은 기병과 보병을 통솔해야 하는지, 사람을 뒤쫓는 능력에 근거해 얼마나 되는 사람을 통솔해야 좋은지를 알아야 합니다.

---

70 (1)邀擊, 요격함. 적이 행진하고 있을 때 공격함. (2)戰守, 공수, 즉 공격과 수비.
71 (1)將佐, 장군과 보좌관. (2)心力, 사고력, 지혜. (3)馬軍步人, 기병과 보병. (4)約量, 실제 상황에 근거해 헤아림. (5)才力, 재능. 능력.

| 해설 | 지도자들의 지혜와 용기가 얼마나 되는지, 적을 추격할 때 어떤 병사를 얼마나 동원해야 좋을지 파악해야 한다.

11.6 一, 要見本州得力官員將校從來如何訓練得手下人馬武藝⁽¹⁾精強, 及各人手下⁽²⁾的實揀練得多少來堪戰人數, 有無籍記定姓名及逐 人所長事藝.[72]

| 번역 | 하나. 본 주(州)에서는 능력이 뛰어난 관원과 장교가 종래에 수하의 군대를 얼마나 훈련시켜 무예에 정통하고 강하게 되었는지, 각 사람의 수하에서 확실히 뽑아 훈련시켜 전투를 감당하게 할 수 있는 사람이 얼마나 되는지, 추격하는 특기를 지닌 자의 성명을 기록한 장부가 있는지를 알아야 합니다.

| 해설 | 관리하고 있는 군대의 훈련 수준, 전투를 수행할 수 있는 사람의 수, 추격 특기자 등을 모두 파악하고 있어야 한다.

11.7 一, 要見本州官員將校, 一本有幾人二字. 或遇事宜出入, 各願在甚人 名下及與甚人從來⁽¹⁾熟分, 至時可與同謀共力, 相助立功.[73]

| 번역 | 하나. 본 주(州)에서는 관원과 장교가 일에 맞닥뜨렸을 경우 (몇 사람이나) 출동했다가 돌아와야 하는지, 각자 어떤 사람 아래에서 있기를 원하고 어떤 사람과 종래에 친숙하여 때가 이르렀을 때 같이 도

---

72 (1)精強, 정통하고 강함. 숙련되고 강함. (2)的實, 참으로. 확실히.
73 (1)熟分, 친숙함.

모하고 함께 힘써 서로 돕고 공을 세울 수 있는지 알아야 합니다.

|해설| 전투가 벌어졌을 때 관원, 장교의 출동 규모, 효과적으로 협력해 전투를 수행할 수 있는 인력 조직 방안 등을 알고 있어야 한다.

11.8 一, 要見本州據所有兵馬, 相度將校材力, 各人勝銷人數, 合作幾 ⁽¹⁾頭項⁽²⁾使喚.⁷⁴

|번역| 하나. 본 주(州)에서는 소유한 병사와 군마에 근거해 장교의 재능을 헤아려 사람마다 소화할 수 있는 사람의 수, 그리고 몇 가지 일을 시켜야 하는지 알아야 합니다.

|해설| 각 장교마다 통솔할 수 있는 사람의 수와 감당할 수 있는 일의 규모 등을 알아야 한다.

11.9 一, 要見本州如是西賊入寇, 隣路或隣州至時有甚人可令將兵⁽¹⁾策應, 及銷多少人馬可以必然立功, 仍令各自供析, 斟量己立可將人數, 不得妄有⁽²⁾張皇, 務令當司可以⁽³⁾應副其間. 若係素有才量之人, 必是擘畫布置, 便見方略如何.⁷⁵

|번역| 하나. 본 주(州)에서는 서쪽의 융적이 침입한다면 인근의 노(路) 혹

74 (1)頭項, 항목. 직무. (2)使喚, 시킴, 부림.
75 (1)策應, 전투를 할 때 우군과 호응하며 협력함. (2)張皇, 과장. (3)應副, 서로 응하고 서로 부합함. 즉 여기서는 장교의 능력과 그가 통솔하는 병력이 상응하고 부합함을 뜻한다.

은 주(州)에서 그때에 이르러 어떤 사람이 병사를 이끌고 호응하며 협력하게 할 수 있는지, 얼마나 되는 병력을 소모해야 틀림없이 공을 세울 수 있는지, 각자 분석을 제공하게 하되, 자기가 통솔할 수 있는 사람 수를 헤아리되, 거짓되게 과장이 있어서는 안 되며, 본 관청은 장교의 능력과 통솔하는 병사의 규모가 상응하고 부합될 수 있도록 힘써야 함을 알아야 합니다. 만약 원래 재주와 도량을 지닌 사람이라면 틀림없이 기획하고 배치한 것이 있을 것이니, 곧 방략이 어떤지 알게 됩니다.

|해설| 전투가 일어나는 인근 행정 구역에서 어떤 관리 혹은 장수가 얼마나 많은 병사를 이끌고 응원군으로 참여하여 공을 세울 수 있는지 각자 사실에 부합하게 분석한 것을 제시하게 해야 한다.

11.10　一, 本州一州利害, 盡委自[(1)]知州·通判及主將官員通同商量揀擇, 聚議所長, 預先準擬下逐節合行應敵事件, 各擇有心力官員一二人, 一本中更知州及各有心力官員三人. 尋委恭詳可否, 密切[(2)]實封供申, 不得[(3)]看徇人情, 務要公當, 不[(4)]悮臨時邊事.[76]

|번역| 하나. 본 주(州)에서는 한 주(州)의 이로움과 해로움을 모두 지주(知州), 통판(通判), 그리고 주요 군관에게 맡겨 함께 상의하여 선택하고, 장점을 모아 논의하여 절차에 따라 적에 대응해 행해야 할 사항을 미리 준비합니다. 각자 지혜가 있는 관원 한두 명을 가려내 (어떤

76　(1)知州, 송대에 수도에 있던 관리를 임시로 파견하여 한 주를 통치하게 하였는데, 그 관리를 지주(知州)라 칭했다. (2)實封, 밀봉함. (3)看徇, 사사로운 정에 얽매여 봐줌. (4) 悮, 잘못함. 일을 그르침.

판본에는 "지주(知州) 및 각기 지혜가 있는 관원 세 명"이라고 되어 있다.)
일의 가부를 상세히 살핀 뒤, 신중하게 밀봉하여 보고합니다. 인정
에 얽매여 봐주어서는 안 되고, 반드시 공정하고 합당하게 하여 일
이 발생했을 때 변경의 일을 그르치지 않도록 해야 합니다.

|해설| 적이 침공했을 때, 한 주(州)의 관리와 군관이 적에 대응해 해야 할 일들을 함께
상의해 신중하고 공명정대하게 결정한다.

11.11 一, 本州擧內如有素負⁽¹⁾膽勇⁽²⁾才武有心計敢戰, 不係正兵諸色
人, 委本州勸誘招募, 令各自推擇首領, 預先赴官⁽³⁾投狀, 情願團
結⁽⁴⁾面分⁽⁵⁾相得⁽⁶⁾材勇之人, 令各自團結隊遞相委保, 自備⁽⁷⁾弓
馬衣糧, 候西賊果是入寇, 先經逐近官司驗呈過處領人數, ⁽⁸⁾任
便各取⁽⁹⁾勝地, 邀殺立功. 如⁽¹⁰⁾委有顯效, 別無諸般⁽¹¹⁾情弊, 當
議⁽¹²⁾比附正兵功勞倍加⁽¹³⁾酬賞, 仍更量其功大小, 特與敷奏, 不
須廣求人數及⁽¹⁴⁾夾帶徵倖無用之人在內, 準備當司⁽¹⁵⁾勾抽試驗.[77]

|번역| 하나. 본 주(州)에서는 전체 내부에 본디 담력과 용기, 재주와 무예
를 지니고 있고, 마음에 감히 싸울 계책이 있는 자가 있다면 정규군
이든 각양각색의 사람이든 가리지 않고 본 주에서 권유하고 모집할
것을 위임하니, 각자 우두머리를 추천해 미리 관청에 가서 문서를

---

77 (1)膽勇, 담력과 용기. (2)才武, 재주와 무예. (3)投狀, 상급 기관에 문서를 삼가 올림. (4)
面分, 인정. 정분. (5)相得, 의기투합함. 서로 잘 지냄. (6)材勇, 천성이 용맹스러움. (7)弓
馬, 궁술과 마술(馬術). (8)任便, 좋을 대로 함. (9)勝地, 형세가 유리한 곳. (10)委, 확실
히. (11)情弊, 폐단. (12)比附, 비교함. (13)酬賞, 노고에 보답하여 상을 내림. (14)夾帶,
몰래 끼워 넣음. (15)勾抽, 군사를 징집함. 군사를 조달함.

올리도록 하십시오. 진심으로 바라는 것은 인정으로 단결하고 천성이 용맹스러운 사람들이 의기투합해, 각자 대오를 단결하여 서로 의지하고 보호하는 것입니다. 스스로 활쏘기와 말타기의 기술, 그리고 옷과 식량을 갖추어 서쪽의 융적이 과연 침입을 하면, 먼저 가까이에 있는 관청의 문서 검수하는 곳에 들러 사람 수를 파악하고, 편할 대로 각자 형세가 유리한 곳을 취하여 살상을 막고 공을 세우도록 하십시오. 만약 확실히 분명한 효과가 있고, 따로 제반의 폐단이 없다면 마땅히 정규군과 비교하여 공로에 보답하는 상을 배가하는 일을 논해야 할 것입니다. 다시 그 공의 크고 작음을 헤아려 특별히 상주하되, 사람 수를 널리 구하고 요행히 살아가는 쓸모없는 사람을 그 안에 끼워 넣어, 본 관청의 군사 조달 시험을 할 필요는 없습니다.

|해설| 정규군 외에 의용군을 적극 활용할 것을 말하고 있다. 전투를 수행할 용기, 지혜, 재주 등을 갖춘 사람이 있다면 그를 우두머리로 삼아 관청에 신청하고, 자발적으로 사람들을 조직하여 융적이 쳐들어오면 관청을 거쳐 비정규군으로서 싸우게 한다. 만약 그렇게 해서 공을 세운 이들이 있다면 공로에 보답하는 상을 내린다.

11.12 一, 本州知州將校如有急速合行事件, 委是難以文字陳述, (1)須索親到本司商量, 便仰權(2)交割職事, 與以次官員徑馬赴當司取稟.[78]

|번역| 하나. 본 주(州)의 지주(知州)와 장교는 만약 긴급히 행해야 할 사안

[78] (1)須索, 반드시. (2)交割, 일을 인계함.

이 있는데 확실히 글로 진술하기 어려운 경우, 반드시 본 관청에 직접 와서 상의해야 하니, 설사 권한에 의거해 직무를 인계하더라도 다음 관원이 곧장 말을 타고 본 관청에 이르러 보고를 하도록 하십시오.

| 해설 | 긴급히 처리해야 할 사안이 있는데 글로는 진술하기 어려운 경우, 관리와 장교는 반드시 관청에서 직접 만나 상의해야 한다.

11.13 一, 本州不拘僧道·⁽¹⁾擧人·⁽²⁾公人·百姓·弓箭手, 如有搜硬及八九斗以上, 一本有射親二字. 有膽氣可使之人, 並仰召來試驗, 如委是上等事藝, 當議⁽³⁾勾赴當司, 特與⁽⁴⁾相度安排, 或納與請受, 令各自團結, 取情願處使用.⁷⁹

| 번역 | 하나. 본 주(州)에서는 스님과 도사든 거인(擧人)이든 관아의 하급관리든, 백성이든 궁수든, 단단한 물건을 8~9말 이상 끌 수 있고 (어떤 판본에는 射親이라는 두 글자가 있다.) 담력과 용기가 쓸 만한 사람이 있다면 아울러 바라옵건대 불러 시험해 보십시오. 만약 확실히 높은 등급의 기예를 갖고 있다면 마땅히 당해 관청으로 옮기는 일을 논의해 특별히 관찰하고 헤아려 배치하고, 혹은 공급되는 이들을 받아들여 각기 단결하게 하고 그들이 원하는 곳을 취하게 하여 사용하십시오.

| 해설 | 신분과 직업을 막론하고 전투를 수행할 힘과 용기를 가진 사람이 있다면 이들을

---

79 (1)擧人, 수, 당, 송대에 지방에서 천거해 수도로 와서 과거시험에 응시하던 자. (2)公人, 관청의 하급관리. (3)勾赴, 옮김. 이동함. (4)相度, 관찰하고 헤아림.

시험해 보고 적합한 곳에 배치해 활용할 수 있도록 한다.

11.14 一, 本州諸軍下如有似此上項弓箭事藝, 並仰籍記姓名, 供申當
司, 準備緩急勾來試驗.

|번역| 하나. 본 주(州)의 여러 군대에 만약 이와 비슷한 활쏘기 기예를 가
진 이가 있다면 아울러 바라옵건대 성명을 장부에 기록하시고 해당
관청에 제공해 밝히시어 위급한 일이 일어났을 때를 대비해 불러들
여 시험해 보십시오.

|해설| 특별히 활쏘기 능력이 있는 자를 장부에 기록해 위급할 때 궁수로 활용할 수 있
도록 해야 한다.

12

시제를 처음 정해 사당에 고하는 글
始定時薦告廟文⁸⁰

12.1 自周衰禮壞, 秦暴學滅, 天下不知鬼神之誠, 繼孝之厚, 致喪祭失節, 報享失虔, ⁽¹⁾狃尙浮屠可恥之爲, 雜信流俗⁽²⁾無稽之論. 載⁽³⁾私淑祖考遺訓, 聖賢簡書, 歲恥月慚, 朝償⁸¹夕惕, ⁽⁴⁾比用瞻拜, 愧汗不容自安.⁸²

┃번역┃ 주나라가 쇠해져 예가 무너지고 진나라가 사나워 학문이 소멸하면서부터 세상 사람들은 귀신의 성(誠)과 효를 이어 가는 두터움을 알지 못해 상례와 제례는 절도를 잃고 보답하는 제사는 경건을 잃었으며, 부처의 부끄러워할 만한 행위를 답습해 숭상하고, 세속의 터무니없는 주장을 잡스럽게 믿어 왔습니다. 저 장재는 조상의 유훈을 사숙하고 성현의 서책으로 해마다 달마다 부끄러워하고 조석으

---

80 〈중화 주석〉 이 글은 『문감』 권135에 실려 있다. 『장자전서』에는 실려 있지 않았다.
81 〈중화 주석〉 償은 慎이어야 할 듯하다.
82 (1)狃, 습관이 됨. 답습함. (2)無稽之論, 터무니없는 주장. 황당무계한 말. (3)私淑, 사숙함. 직접 배우지 않았으나 진심으로 그 사람의 학문을 배움. (4)比, ~에 이르러(及).

로 분발하고 경계하였으되, 우러러 참배함에 이르러 부끄러워 흘리는 땀에 스스로 편안치 못합니다.

┃해설┃ 유교의 상례와 제례는 귀신의 성(誠)에 대한 믿음, 효의 가치에 대한 숭상 등을 바탕으로 한다. 그런데 오래 전부터 그런 믿음과 가치관이 뒤흔들렸고, 사람들은 불교나 무속, 도교 등의 믿음으로 빠져들었다. 장재는 유학의 정신과 가치관을 바탕으로 오랫동안 배우고 수양해 왔다고 고백하면서도 조상님께 부끄러운 마음이 생겨남을 가누지 못하고 있다.

12.2 竊自去秋以來, 稍罷(1)無謂節名, 閭閻俗具, 一用拜朔之辰, 移就新薦; 然而四時正祀, 尚未講修.(2)『禮』謂士有田則祭, 無田則薦. 祭用(3)四孟, 薦用(4)仲月, 載於(5)秩命, 乃視天子; 中士當用四仲, 擇日申薦成禮. 故議自今春二月爲始, 決用四時分至之日擧行常儀. 然尚懼採擇之未明, 恬俗之易駭, 或財用不足, 或時不得爲, 不免雜用(6)褻味(7)燕器. 參從近事,(8) 遽爾變創, 要之所安.83

┃번역┃ 지난 가을 이후로 의미 없는 절차와 명칭은 그만두고 여염집의 풍속을 갖추어, 매월 초하루 제사를 한결같이 지내던 데서 새로운 천제(薦)로 옮겨 갑니다. 그러나 사계절의 정식 제사는 아직 신경 써서 지내지 못하고 있습니다. 『예기』에 이르기를 사(士)는 밭이 있으면 제사 지내고, 밭이 없으면 계절 음식을 바치는 천제(薦)를 지낸다고

---

83 (1)無謂, 의미 없음. (2)『禮』謂士有田則祭~:『禮記』, 「王制」, "대부와 사는 종묘의 제사를 밭이 있으면 제사 지내고, 밭이 없으면 그 계절에 나는 음식을 바친다."(大夫士有田則祭, 無田則薦.) (3)四孟, 사계절의 각 첫 달. 즉 음력 정월(孟春), 4월(孟夏), 7월(孟秋), 10월(孟冬). (4)仲月, 각 계절의 두 번째 달. 즉 음력 2월, 5월, 8월, 11월. (5)秩命: 등급에 따라 녹봉을 줌. (6)褻味, 평소에 좋아하던 음식. (7)燕器, 일상 생활용품. (8)遽爾, 급히.

했습니다. 제사는 각 계절의 첫 달에 지내고, 계절 음식을 바치는 천제는 각 계절의 둘째 달에 지내며, 등급에 따라 녹봉을 주는 장부에 실리면 천자를 뵙습니다. 중사(中士)는 마땅히 각 계절의 두 번째 달을 이용해 날짜를 택해 계절 음식을 펼쳐 예를 갖추어야 합니다. 따라서 논의하기를 올봄 2월을 시작으로 하여 사계절의 춘추분과 동하지에 통상적 의례를 거행하기로 결정했습니다. 하지만 채택한 것이 밝지 못하여 조용한 세속을 쉽게 놀라게 하거나 재물이 부족하거나 시기적으로 행할 수 없을까 하여 평소에 좋아하시던 음식과 일상 생활용품을 뒤섞어 사용하는 일을 면키 어렵습니다. 비근한 일을 참조해 따르고 급히 변화시켜 만들되 편안한 바를 추구합니다.

| 해설 | 처음으로 간소한 제사인 천(薦)을 지내게 된 경위와 근거를 밝히고 있다. 『예기』에는 사대부가 전답이 있을 경우 제사를 지내지만, 없을 경우는 천(薦)을 지낸다고 기록되어 있는데, 장재는 중사(中士)의 신분으로 녹봉을 받았기 때문에 천(薦)을 지내야 한다고 판단한 듯하다. '천'은 술과 고기를 빼고 각 계절마다 나는 음식을 바치는 간소한 제사이다. 시기로는 계절 음식이 막 나는 음력 2월, 5월, 8월, 11월에 지낸다.

12.3 ⁽¹⁾恭惟⁽²⁾考妣恩明, 尚賜矜享! 間有未盡, 仍幸稍益改修. 方歲之初, 不敢不告, 惟賜⁽³⁾鑒諒, 幸甚!⁸⁴

| 번역 | 작고하신 부모님의 밝은 은혜를 삼가 생각하오니 긍휼히 여기시어 흠향하시기를 바라옵니다! 간혹 미진함이 있다면 더 보태고 고치기

---

84 (1)恭惟, 恭維와 같음. 삼가 생각함. (2)考妣, 돌아가신 부모님. (3)鑒諒, 굽어살펴 용서함.

를 희망합니다. 바야흐로 한 해의 시작으로 고해 드리지 않을 수 없
으니, 굽어살피시어 용서해 주시면 다행이겠습니다!

13

장천기 묘지명
張天祺墓誌銘[85]

13.1 哀哀吾弟, 而今而後, 戰競免夫!

|번역| 슬프고 슬프다. 나의 동생이여. 오늘 이후로 전전긍긍하는 일을 면하였구나!

13.2 有宋[(1)]太常博士張天祺, 以熙寧九年三月丙辰朔暴疾[(2)]不祿. 越是月[(3)]哉生魄, 越翌日壬申, 歸祔大振社先大夫之[(4)]塋. 其兄載, 以[(5)]報葬不得請銘他人, 手疏哀詞十二, 各使刊石置[(6)]壙中, 示後人知德者.[86]

---

85 〈중화 주석〉 이 글은 『문감』(文鑑) 권144에 실려 있고, 『장자전서』에는 실려 있지 않다.
86 (1)太常博士, 태상사(太常寺)에 소속되어 제사와 관련된 업무를 담당한 관직. (2)不祿, 젊어서 죽음. (3)哉生魄, 음력으로 매달 16일을 가리킨다. 월백이란 달의 빛이 없는 부분을 가리키는데, 이날부터 달이 이지러지기 시작하므로 이렇게 말했다. (4)塋, 무덤. (5)報葬, 사람이 죽은 뒤 3개월 동안 영구를 안치하지 않고 급히 장사 지내는 것을 가리킨다. (6)壙, 묘혈. 무덤 구덩이.

| 번역 | 송대의 태상박사(太常博士) 장천기(張天祺)는 희녕(熙寧) 9년(1076, 병신년) 3월 초하루에 갑작스럽게 발병하여 요절했다. 그달의 달이 이지러지기 시작하는 16일을 지나고, 다음날인 임신(壬申)일을 지나 대진사(大振祉) 작고하신 아버님 무덤에 합사했다. 그의 형인 나 장재는 3개월간 영구를 안치하지 않고 급히 장례를 지낸 관계로 다른 사람에게 묘지명을 부탁하지 못하고 손수 애도사 12편을 써서 각각 돌에 새겨 묘혈에 두어 후대 사람 가운데 덕을 아는 자에게 보이고자 한다.

13.3 博士諱戩, 世家東都, (1)策名入仕, 歷中外二十四年. 立朝蒞官, 才德美厚, 未試(2)百一, 而天下(3)聳聞樂從, 莫不以(4)公輔期許, 率己仲尼, 踐修莊篤, 雖孔門高弟, 有所(5)後先. 不幸壽稟不遐, 生四十七年而暴終他館. 志亨交戾, 命也奈何![87]

| 번역 | 박사의 이름은 전(戩)이요, 대갓집은 동도(東都)요, 과거에 급제해 벼슬길에 들어서 중국과 외국에서 24년을 지냈다. 조정에 들어서 관직에 임할 때에는 재주가 뛰어나고 덕망이 두터워 100명 중에 한 명 날까 말까 했으니, 세상의 듣는 이들을 놀라게 하고 즐거이 따르게 했으며, 대신이 될 기대를 받지 않음이 없었다. 자신을 공자로 기율하고 실천과 수양이 장중하고 독실하였다. 공자 문하의 수제자일지라도 그와는 앞서거니 뒤서거니 할 것이다. 불행히도 타고난 수명

---

[87] (1)策名, 과거에 급제함. (2)百一, 백 명 가운데 한 명. 귀한 인물임을 나타낸다. (3)聳聞, 듣는 사람을 놀라게 함. (4)公輔, 천자를 보좌하는 이. 대신을 가리킴. (4)期許, 기대함. (5)後先, 앞서거니 뒤서거니 거리가 매우 가깝다.

이 길지 않아 47년을 살고 타향에서 갑작스럽게 생을 마쳤다. 뜻과 형통함이 서로 어긋나니, 운명을 어찌하겠는가!

13.4 治其喪者: 外姻侯去感·蓋節賁及壻<u>李上卿</u>·<u>郭之才</u>, 從母弟<u>質涼</u>, 甥<u>宋京</u>, 攀號之不足, 又屬辭爲之誌.

|번역| 상례를 치른 자로는 외척인 후거감(侯去感), 개절분(蓋節賁), 사위인 이상경(李上卿), 곽지재(郭之才), 이종사촌 동생 질량(質涼), 생질 송경(宋京)이 있다. 붙잡고 곡하는 것으로는 부족하여 말을 덧붙여 묘지명으로 삼는다.

|해설| 장재가 자신의 동생 장전(張戩, 1030~1076)의 죽음을 애도하며 쓴 글이다. 장전은 희녕 연간에 감찰어사리행(監察御史里行)의 직을 지내면서 왕안석의 변법을 정면으로 비판한 것으로 유명하다. 평생 배운 것을 실천으로 옮기는 데 힘써 당시 유자들로부터 칭송을 받았다.

14

잡시

雜詩

곤궁한 선비의 노래 鞠歌行

14.1 ⁽¹⁾鞠歌胡然兮, 邈余樂之不猶. 宵⁽²⁾耿耿其尚寐, 日⁽³⁾孜孜焉繼予
乎厥修. ⁽⁴⁾井行惻兮王收. 曰晷賈不售兮, 阻德音其⁽⁵⁾幽幽? 述空
文以繼志兮, 庶感通乎來古. ⁽⁶⁾謇昔爲之純美兮, 又⁽⁷⁾申申其以告.
鼓弗躍兮麈弗前, 千五百年, 寥哉寂焉. 謂天實爲兮, 則吾豈敢,
惟審己兮乾乾.⁸⁸

---

88 (1)鞠歌, 즉 국가행(鞠歌行)이다. 서진 시대 이백(李白)이 지은 시로 뛰어난 인재가 자기
를 알아 주는 이를 만나지 못함을 한탄하고 있다. 鞠은 곤궁하다는 뜻이다. (2)耿耿(경
경), 불이 켜져 환한 모습. (3)孜孜, 부지런한 모습. (4)井行惻兮王收:『주역』정(井, ䷯)괘
구삼(九三) 효사는 "우물이 깨끗해도 먹지 않으니, 내 마음이 슬프고, 물을 길어 올릴 수
있지만, 왕이 현명해야 함께 그 복을 받을 것이다"(九三, 井渫不食, 爲我心惻, 可用汲, 王
明並受其福)라고 되어 있다. 장재는『횡거역설』에서 이 정괘 구삼과 상육(上六)의 상응
관계에 주목하여 다음과 같이 설명했다. "우물은 물을 길어 내는 것을 공으로 삼으니,
우물의 도가 이루어지는 것은 상육에서이다. 구삼이 바로 그것에 응하며 또한 양으로
서 양에 머물러 충만하여 길어 올릴 수 있다. 그러나 구오에 의해 간섭을 받아 공이 위
로 베풀어지지 않으니 '내' 마음이 슬프다. 하지만 만약 상육이 사물을 비추는 데 밝다
면 위아래, 멀리 있고 가까이에 있는 자들이 모두 그 이익을 얻는다. '우물이 깨끗해도

|번역| 국가행(鞠歌行)은 어찌 그러한가? 보잘것없는 나의 즐거움과 같지 않구나. 밤에 불이 켜져 환해도 잠이 들고, 날마다 부지런하여 저 닭 는 일로 나를 이어 가게 한다. 우물물을 길어 올리듯 측은지심을 행함이여, 왕이 받아들인다. 어찌 팔아도 팔리지 않는가, 덕의 소리를 가로막아 그렇게 미약한가? 헛된 문장을 조술해 뜻을 이어 감이여, 거의 고래의 것과 교감하여 소통하네. 옛것을 뽑아 올리는 일의 순 수하고 훌륭함이여, 또한 거듭거듭 알려 주네. 고무해도 뛰어오르 지 않고 지휘해도 전진하지 않으니 1천 500년 동안 쓸쓸하고 고요 했네. 하늘이 실로 그렇게 한다고 내가 어찌 감히 말하겠는가. 오직 자신을 살피는 일이 굳세고 굳셀 따름이다.

|해설| 어진 덕과 뛰어난 재주를 지니고 있어도 그런 사람이 인정을 받지 못한다면 그 사회를 유자들은 도가 행해지지 못하는 세상이라 칭한다. 위 시에서 노래한 팔 아도 팔리지 않고 덕의 소리가 미약해 가로막히는 세상이다. 하지만 세상이 그 렇다고 하여 헛된 문장이나 조술하는 행태를 장재는 비판한다. 그런 문장이 옛 성현의 뜻을 계승하고 고래의 사상가와 교감하고 소통하며, 옛것에서 뭔가를 뽑아 올리는 것 같지만, 세상은 지난 1500년 동안 진보하지 못했다는 말들이 그 것이다. 장재는 그런 사회를 바꿀 수 있는 힘은 여전히 자신의 덕성을 기르고 사 물의 이치를 세심히 살피는 데서 얻을 수 있다고 한다. 즉 수양과 공부만이 세상 을 바꿀 수 있다고 믿는 것이다.

먹지 않는다'는 것은 강하게 베풀어 측은지심에 따라 행해도 쓰이지 않는다는 뜻이니, 『주역』을 지은 자의 탄식이다!"(井以旣出爲功, 井道之成在於上六, 三正其應, 而又以陽居 陽, 充滿可汲, 爲五所間, 功不上施, 爲我心測. 然若上六明於照物, 則上下遠邇皆獲其利. "井 渫不食", 强施行惻, 然且不售, 作『易』者之嘆歟!) 따라서 위 구절은 "우물물을 길어 올리듯 측은지심을 행함이여, 왕이 받아들인다"로 해석되어야 한다. (5)幽幽, (덕의 소리가) 미 약함. (6)搴(건), 뽑아올림. 빼냄. (7)申申, 거듭거듭.

군자행君子行

14.2 君子防未然, 見幾天地先; 開物象未形, 弭災憂患前. 公旦立無方, 不恤流言喧. 將聖見亂人, 天厭懲孤偏. 竊攘豈予思, [(1)]瓜李安足論![89]

|번역| 군자는 미연에 방비하고 천지에 앞서 기미를 보네. 물상(物象)이 아직 형성되지 않았을 때 열고, 근심하기 전에 재앙을 없애네. 주공이 사람을 세우실 때는 제한이 없으셨고 떠도는 말의 시끄러움에 개의치 않으셨네. 장차 성인이 어지럽히는 사람을 만날 것이나 하늘은 고아 같은 이 징벌함을 싫어하시네. 어찌 내가 생각하는 일을 배격하겠냐마는 오이 밭에서 신발 고쳐 신지 않고, 오얏나무 아래에서 갓 고쳐 쓰지 않는 일로 어찌 족히 논하리오!

|해설| 장재는 의리를 정밀하게 탐구하여 신묘한 경지에 들어선(精義入神) 이를 대인이라고 했고 신묘한 능력을 온전히 발휘하여 지나가기만 해도 교화하는 이를 성인이라고 했다. 이 시에서 노래하는 군자는 사실상 대인과 성인의 경지에 이른 자이다. 그렇기 때문에 미리 기미를 보아 재앙을 없앤다고 했고, 사회를 어지럽히는 사람도 포용한다고 했다. 이런 경지에 이른 사람은 매사를 조심하는 사람과는 그 경지와 능력이 비교할 수 없을 정도로 남다르다. 그런 의미에서 장재는 그런 사람을 오이 밭에서 신발 고쳐 신지 않는다는 말로는 충분히 형용할 수 없다고 했다.

---

[89] (1)瓜李: 옛 시 「군자행」에서 출전. "오이 밭에서는 신발을 고쳐 신지 않고, 오얏나무 아래에서는 갓을 고쳐 쓰지 않는다."(瓜田不納履, 李下不正冠.)

소 수찬의 입조를 전송하며 쓴 시 네 수送蘇⁽¹⁾修撰赴闕四首⁹⁰

14.3 秦弊于今未⁽¹⁾息肩, ⁽²⁾高蕭從此法相沿. 生無定業田疆壞, 赤子存
亡任自然.⁹¹

|번역| 진(秦)의 폐단이 오늘날에도 그 짐을 내려놓지 못하니, 한 고조와 소
하가 이 법을 따라 이어 가는구나. 백성은 일정한 생업이 없고 전답
은 파괴되니, 어린아이의 존망을 자연에 내맡기네.

|해설| 진은 법가 사상을 기반으로 국가를 운영했고, 한 이후에도 그러한 법가 사상은
유학 안에 스며 들어와 유가 정치사상의 일부가 되었다. 장재는 정치가 법가적
요소를 지나치게 강조하면 백성이 생업이 없고 경제의 기반이 파괴되어도 그저
방임의 상태로 놔두게 된다고 비판하고 있다.

14.4 道大寧容小不同, ⁽¹⁾顓愚何敢與⁽²⁾機通! ⁽³⁾井疆師律⁽⁴⁾三王事, 請
議成功⁽⁵⁾器業中.⁹²

|번역| 도는 크게 평안하여 작은 차이를 포용하니, 어리석은 내가 어찌 감
히 천기에 통하겠는가! 도시의 경계, 군대의 기율, 삼왕의 일을 성공

---

90 (1)修撰, 국사를 기록하던 관직. 송대에는 집영전(集英殿), 우문전(右文殿) 등의 수찬이
있었다.
91 (1)息肩, 짐을 내려놓고 쉼. 부담을 제거함. (2)高蕭從: 한 고조(高祖) 유방과 그를 도운
소하(蕭何)를 가리킨다.
92 (1)顓(전)愚, 어리석고 우둔함. 자신을 낮추는 말. (2)機, 만물이 운동, 변화하는 궁극적
연유. 천기(天機). (3)井疆, 도시의 경계. (4)三王, 하, 상, 주 삼대의 성왕. 구체적으로 누
구를 가리키는지에 대해서는 여러 의견이 있다. 하의 우왕, 상의 탕왕, 주의 문왕이라
하기도 하고, 하의 우왕, 상의 탕왕, 주의 무왕이라 하기도 한다. (5)器業, 사업.

한 사업 속에서 논의하기 바라네.

|해설| 하늘의 기는 미치지 않는 곳이 없으니, 만물을 다 포용함으로써 대자연의 거대
한 조화를 실현한다. 인간도 작은 차이를 포용할 줄 알아야 크게 평안할 수 있
다. 장재는 자신이 만물을 다 포용하는 저와 같은 하늘 자체의 기술에 완전히 통
하지는 못했다고 자평한다. 그러면서 자신이 바라는 바는 사회적으로 중요한
일과 위대한 성인의 업적을 사람들이 논의하는 것이라 말한다.

14.5 闔闢天機未始休,⁽¹⁾袗衣⁽²⁾胝足兩何求.⁽³⁾巍巍只爲蒼生事, 彼美
何嘗與⁽⁴⁾九州!⁹³

|번역| 닫고 여는 천기(天機)는 쉰 적이 없으니 화려한 성복이나 발의 굳은
살, 이 둘을 어찌 구하리오. 높고 커서 오직 백성을 위하는 일만 하
니, 저 훌륭함을 어찌 구주와 함께하리오!

|해설| 하늘이 기를 여닫아 만물을 생육함에는 쉼이 없다. 이를 본받으려는 인간은 마
땅히 그 숭고하고 위대한 인격으로 백성을 위하는 일만 할 따름이다. 그 인격의
훌륭함은 중국 전체와도 비할 수 없다.

14.6 出異歸同禹與顏, 未分⁽¹⁾黃閣與青山. 事機⁽²⁾爽忽秋毫上, 聊驗天
心語默間.⁹⁴

---

93 (1)袗(진)衣, 무늬를 그려 넣은 화려한 의복. 천자가 입는 성복(盛服). (2)胝(지)足, 힘든
노동으로 발에 박힌 굳은살. (3)巍巍, 숭고하고 위대함(高大). (4)九州, 중국 전체를 가
리킴.
94 (1)黃閣, 한대의 승상, 태위(太尉), 그리고 한 이후의 삼공의 관청 대청과 문은 황색으로
칠해 천자와 구별을 지었다. 여기서는 재상이 머무는 관청을 가리킨다. (2)爽忽, 명백함

|번역| 우왕과 안연의 차이에서 벗어나 같음으로 돌아가고, 재상의 관청과 청산을 구별하지 않네. 사태의 명백함과 희미함은 미세한 데 있으니, 말하고 침묵하는 사이에 하늘의 마음을 잠시 체험하네.

|해설| 장재가 말하는 하늘의 마음이 만물을 생육하는 하늘의 신묘한 성능(神性)을 가리킬진대, 그 신성을 체현하고 있다는 점에서 우왕과 안연의 차이는 없다. 비록 사회적 지위의 차이가 있어 재상의 관청과 청산처럼 머무는 곳이 다르다고는 해도 덕성의 성숙을 실현했다는 점에서 둘은 구별되지 않는다. 이렇게 양자의 본질적 동일성은 사태의 미세한 지점을 정밀히 탐구하는 데서 알려지니, 어묵동정 간에 힘써 수양해 하늘의 본질을 체득할 것을 말하고 있다.

관(館)에 있는 여러 공과 이별하며別館中諸公

14.7 ⁽¹⁾九天宮殿鬱⁽²⁾嵒嶤, 碧瓦參差逼⁽³⁾絳霄. ⁽⁴⁾藜藿野心雖萬里, 不無忠戀向⁽⁵⁾清朝.⁹⁵

|번역| 구천(九天) 궁전은 빽빽이 높이 솟아 있고, 푸른 기와는 들쭉날쭉하여 하늘 끝에 가까이 가네. 명아주 잎과 콩잎 먹는 자의 야심은 비록 만리에 닿지만, 청명한 조정 향한 충성과 연정은 없지 않네.

|해설| 하늘 끝에 다을 듯 높이 솟은 궁궐에서 일하는 여러 공과 이별하며, 장재 자신은 비록 자유로운 붕새가 되려는 야심이 있지만, 조정을 향한 충심과 애정 또한 없지 않음을 밝히고 있다.

과 흐릿함.
95 (1)九天, 하늘의 가장 높은 곳. (2)嵒嶤(초요), 높고 험준함. 높이 솟음. (3)絳霄, 하늘의 가장 높은 곳. (4)藜藿, 명아주 잎과 콩잎 등 보잘것없는 반찬. 여기서는 빈천한 사람을 뜻함. (5)清朝, 청명한 조정.

성심聖心

14.8 聖心難用淺心求, 聖學須專禮法修. 千五百年無<u>孔子</u>, 盡因通變老優遊.

|번역| 성인 마음은 천박한 마음으로는 구하기 어렵고, 성인의 학문은 오로지 예법으로 닦아야 하네. 천오백 년 동안 공자 같은 분 없었으니, 변화에 다 통해야 늘 유유자적할 것이네.

|해설| 성인의 마음은 세속의 사익을 추구하는 천박한 마음이 아니라 만백성을 교화하고 만물과 하나 되겠다는 마음으로 추구해야 하되, 그 목표에 도달하기 위한 학문은 예법을 닦는 일을 핵심으로 해야 한다. 내적으로 마음을 수양하는 것과 외적으로 이치를 궁구하는 일, 즉 예법을 익히는 일의 병진을 주장하는 장재의 생각이 담겨 있는 시이다.

늙은이老大

14.9 老大心思久退消, (個中)[倒巾]⁹⁶終日面峇嶢. 六年無限詩書樂, 一種難忘是本朝.

|번역| 늙은이의 사고는 오래전에 감퇴했으니 두건을 거꾸로 쓰고 종일 높이 솟은 곳을 향하네. 6년 동안 시서(詩書) 즐김이 무한하나 잊기 어려운 것은 본 왕조이네.

---

96 〈중화 주석〉『문감』에 근거해 수정하였다.

|해설| 늙어서 사고 능력이 감퇴해 시서나 즐기고 있지만, 유학자로서 조정을 향한 근심은 여전함을 노래하고 있다.

초상有喪

14.10 有喪不(免)[勉]道(中)[終]非, 少爲親嫌老爲衰. 擧世只知隆考妣, (切思)[功緦]⁹⁷不見我心悲.

|번역| 초상이 났다고 도에 힘쓰지 않으면 결국은 그르니, 어려서 친하면 늙어서 쇠약해짐을 싫어하게 되네. 온 세상이 돌아가신 부모님을 극진히 할 줄만 아니, 공복이나 시마복 입을 때 내 마음의 슬픔을 알지 못하네.

|해설| 세상 사람들이 부모님 초상 치를 때만 상례를 극진히 함을 개탄하며, 자신은 관계가 먼 친척의 상례에 참여할 때도 슬픈 마음을 다함으로써 도에 힘쓴다고 말하고 있다.

흙 침상土床

14.11 土床煙足紬衾暖, 瓦釜泉乾豆粥新. 萬事不思溫飽外, ⁽¹⁾漫然⁽²⁾清世一閑人.⁹⁸

---

97 〈중화 주석〉 이상은 모두 『문감』에 근거해 수정하였다.
98 (1)漫然, 자유로운 모습. 2)清世, 태평성세.

|번역| 흙 침상 연기는 족하고 명주 이불은 따스하며, 질솥의 샘은 마르고 콩죽은 새롭네. 만사를 따스히 입고 배불리 먹는 것 이상은 생각하지 않으니, 자유로운 태평성세에 한가한 한 사람이로다.

|해설| 장재의 가난하지만 따뜻하게 입고 배불리 먹을 수 있는 것에 만족하는 삶의 태도를 엿볼 수 있다.

파초芭蕉

> **14.12** 芭蕉心盡展新枝, 新卷新心暗已隨. 願學新心養新德, 旋隨新葉起新知.

|번역| 파초의 심이 다 자라자 새 가지를 펼치는데, 새로 말린 새 심이 몰래 뒤따른다. 새 마음으로 새 덕 기름을 배우고 싶으니, 따라 나온 새 잎이 새 앎을 일으키네.

|해설| 파초의 심(心)에서 새로운 가지가 뻗어 나오고 거기에 더해 새로운 심이 뒤따라 나오듯이, 내 마음에서 새로운 덕이 자라나오고, 거기에 더해 새로운 앎이 생겨나기를 바라는 염원을 담고 있다. 파초의 심을 마음에, 가지와 잎을 덕에, 그리고 새 심을 새로운 앎에 각각 빗대고 있다. 마음은 덕성과 지각의 합이라는 장재의 마음에 대한 생각에 기반을 둔 시구이다.

패모貝母

> **14.13** (1)貝母階前蔓(2)百尋, 雙桐(3)盤遶葉(4)森森. 剛强顧我(5)蹉跎甚,

時欲低柔警寸心.[99]

|번역| 패모(貝母)가 섬돌 앞에 8백 척으로 자라나, 한 쌍의 오동나무 휘감고 잎은 무성하네. 굳센 뜻이 나를 돌아보아 가로막음이 심하니, 때마다 욕심이 적고 유순하여 내 마음을 경계하네.

|해설| 패모가 오동나무를 휘감아 잘 자라게 하듯, 굳센 의지로 욕심을 절제하여 부드러운 덕성이 자라나도록 노력한다는 뜻이다.

시 뒤의 해제題解詩後

14.14 置心[(1)]平易始通詩, [(2)]逆志從容自[(3)]解頤. 文害可嗟[(4)]高叟固, 十年聊用勉經師.[100]

99 (1)貝母, 백합과에 속하는 여러해살이 풀. (2)百尋, 尋은 8척. 百尋은 엄청나게 높이 자라남을 묘사하는 말이다. (3)盤遶: 遶, 繞와 같음. 盤遶, 휘감음. (4)森森, 나무가 무성하고 빽빽함. (5)蹉跎(차타), 저지함, 가로막음.
100 (1)平易, (마음이) 평온함. (2)逆志, 마음으로 뜻을 헤아림. 『孟子』, 「萬章上」, "시를 논하는 자는 글자로 인해 문구의 뜻을 오해해서는 안 되고, 문구로 인해 뜻을 오해해서는 안 된다. 자신의 마음으로 뜻을 헤아려야 시의 의미를 파악할 수 있다."(故說詩者, 不以文害辭, 不以辭害志. 以意逆志, 是爲得之.) (3)解頤: 頤는 턱. 解頤는 활짝 웃음. (4)高叟固: 高叟, 『맹자』에 4번 등장하는 인물임. 원래는 맹자에게서 배웠으나 나중에는 다른 학문을 배웠다고 함. 『孟子』, 「告子下」, 공손추가 물었다. "고자가 '『시경』의 「소변」 편은 소인의 시'라고 말했습니다." 맹자가 말했다. "왜 그렇게 말했는가?" 공손추가 말했다. "원망이 담겨 있기 때문입니다." 맹자가 말했다. "고지식하구나! 고 선생이 시를 논한 것은 말이다!"(公孫丑問曰: "'高子曰, 小弁, 小人之詩也.'" 孟子曰: "何以言之?" 曰: "怨." 曰: "固哉! 高叟之爲詩也!") 이 구절에 뒤이어 맹자는 「소변」 편의 원망은 친애하는 마음에 바탕을 둔 원망이기 때문에 원망이라 해서 무조건 나쁘다고 말할 수는 없다는 취지의 말을 했다. 〈중화 주석〉『초석』에는 이 문장 다음에 "여여숙이 찬술한 「행장」 제11"(呂與叔撰「行狀」第十一)이 있는데, 일부 기록이다. 「행장」의 전문은 따로 「부록」에 실었으므로, 여기에서는 삭제했다.

|번역| 마음 둠이 평온해지고 나서야 시에 통달하고 마음으로 뜻을 헤아려야 자연히 활짝 웃게 되네. 글자로 뜻을 오해한 것으로 고 선생의 고지식함을 탄식할 수 있고, 10년이면 대략 경서 전수하는 스승 면하는 데 쓰이네.

|해설| 시를 독해할 때는 화자의 정서, 감정, 의지 등을 마음으로 이해하는 것이 중요하다. 그런 이해가 없이 글자에 얽매이면 종종 시를 제대로 이해하는 데 실패하게 된다.

요부 선생에게 올리고 백순과 정숙에게도 부치는 시
詩上⁽¹⁾堯夫先生兼寄⁽²⁾伯淳正叔¹⁰¹

14.15 先生⁽¹⁾高臥洛城中, 洛邑⁽²⁾簪纓幸所同. 顧我七年⁽³⁾清渭上, 並遊無侶又春風.¹⁰²

|번역| 선생께서 낙양성에 은거하시니, 낙읍(洛邑)의 고관대작들이 같이하는 것을 행운으로 여기네. 나를 돌아보니 7년을 위수에서 맑게 하였으되, 노닐 때 동반자도 봄바람도 없었네.

---

101 (1)堯夫: 북송대 철학자 가운데 하나인 소옹(邵雍, 1011~1077)의 자(字)이다. (2)伯淳正叔: 백순(伯淳)은 정호(程顥, 1032~1085)의 자(字)이고, 정숙(正叔)은 정이(程頤, 1033~1107)의 자(字)이다. 〈중화 주석〉「상요부선생시」(上堯夫先生詩)는 『초석』에 실려 있지 않다. 봉상부(鳳翔府) 판본은 소옹의 「이천격양집」(伊川擊壤集)에서 가져와 기록해 넣었으니, 여기서는 소옹의 화답시도 뒤에 덧붙였다.

102 (1)高臥, 베개를 높이 하고 아무 근심없이 누움. 은거함. (2)簪纓(잠영): 높은 관직에 있는 사람이 쓴 관의 장식. 여기서는 고관대작을 뜻함. (3)清渭上, 위수(渭水)는 경수(涇水)와 대비되어, 탁한 물을 상징한다. 또 위수는 관중 지역에 있으니, 장재가 탁한 물을 맑게 만들 듯이, 풍속을 교화하기 위해 애썼음을 뜻한다.

| 해설 | 소옹이 머물던 낙양에는 사마광, 여공저(呂公著) 등의 고관대작들이 있어 소옹을 함께 따랐으며, 정호, 정이도 그곳에서 강학을 펼치고 있었다. 장재는 자신이 머물던 관중 지역에는 그런 동반자도 없고, 봄바람이 불듯 화기애애한 분위기도 없었다고 말하고 있다.

14.16 病肺支離恰十春, 病深⁽¹⁾樽俎久埃塵. 人憐舊病新年減, 不道新添別病深.¹⁰³

| 번역 | 폐병 앓아 떨어져 지낸 지 열 번의 봄인데, 병이 심해 잔치에 쓰는 그릇은 먼지 낀 지 오래됐네. 사람들은 애석해하며 오래된 병이 새해에는 가벼워질 거라 하지만, 새로 첨가된 다른 병이 심해짐은 말하지 않네.

부기 소옹이 봉상부 횡거 장자후 학사에게 화답하는 시
附 邵雍和鳳翔橫渠張子厚學士

14.17 ⁽¹⁾秦甸山河半域中, 精英孕育古今同. 古來賢傑知多少, 何代無人振⁽²⁾素風.¹⁰⁴

---

103 (1)樽俎: 준(樽)은 술을, 조(俎)는 고기를 담는 그릇. 樽俎는 잔치를 벌일 때 술과 고기를 담는 그릇.
104 (1)秦甸(진전), 고대 진나라 왕도 부근의 넓은 땅. (2)素風, 순박한 기풍. 〈중화 주석〉 이 문집의 각 편 아래에는 몇 번째 편인지 기재되어 있다. 예컨대 '范巽之書第一, 慶州大順城記第二, 女戒第三, 賀蔡密學第四, 策問第五, 雜詩第十 등이 그것이다. 그러나『문감』에서 4편을 보완해 넣어 차례에 변화가 생겼으므로 여기서는 모두 삭제했다.

진(秦) 왕도 부근 땅 산하의 절반 되는 영역에 뛰어난 인재가 배출됨은 예나 지금이나 같다. 고래로 어질고 걸출한 이들이 얼마나 되었는지 아는가? 어느 시대인들 순박한 기풍을 일으키는 사람이 없겠는가?

|해설| 장재의 위 시에 소옹은 '진 왕도 부근 땅', 즉 관중 지역에는 예로부터 당시까지 걸출한 인물들이 적지 않았고 순박한 기풍을 일으키는 사람들이 있었으니, 너무 외로워할 필요가 없다고 노래하고 있다.

습유

拾遺

1

성리습유
性理拾遺

1.1 橫渠言: 日月五星亦隨天轉, 如二十八宿隨天而定, 皆有光芒, 五星 逆行而動, 無光芒.

|번역| 횡거가 말했다. 일월과 다섯 별 또한 하늘을 따라 돈다. 예컨대 28수 는 하늘을 따라가 정해지니 모두 빛이 있지만, 다섯 별은 역행하여 움직여 빛이 없다.

|해설| 장재는 땅을 비롯하여 해와 달, 그리고 오성이 모두 하늘을 따라 돈다고 생각했 는데, 이는 하늘이 만물 운동의 최고 표준이라는 철학적 관념이 천체 운행에 대 한 이해에 반영된 것이라고 할 수 있다. 다섯 별이 하늘을 역행해 움직인다는 생 각은 『정몽』 「삼량편」의 다음과 같은 말에 좀 더 명확히 표현되어 있다. "해와 달, 그리고 금, 목, 수, 화, 토의 오성(五星)은 하늘을 거슬러 운행하되 땅을 에워 싸는 것들이다. 땅은 하늘의 기 가운데에 있으면서 하늘을 따라 왼쪽으로 돌고, 그 매달려 있는 해와 달, 그리고 오성이 그것을 따르지만, 조금 늦으면 반대로 이동하여 오른쪽으로 돌게 된다."(日月五星逆天而行, 並包乎地者也. 地在氣中, 雖 順天左旋, 其所系辰象隨之, 稍遲則反移徙而右爾.)

1.2 張子曰: 天地變化至著至速者目爲鬼神, 所謂吉凶害福, (1)誅殛(2)窺伺, 豈天所不能耶? 必有耳目口鼻之象而後能之耶?[1]

|번역| 장재가 말했다. "천지 변화의 지극히 현저하고 지극히 신속한 것을 귀신이라고 지목하거니와 이른바 길흉과 화복, 주살과 몰래 관망함이 어찌 하늘이 할 수 없는 것이겠는가? 반드시 이목구비의 형상이 있어야 할 수 있는 것이겠는가?

|해설| 이 조목은 겉으로 보면 샤머니즘적인 내용을 담고 있는 것으로 보이지만 실상은 그렇지 않다. 장재에게 하늘은 대자연이고, 귀신은 대자연의 기가 만물을 향해 펼쳐졌다가(神) 자기 자신으로 복귀하는(鬼) 것을 가리킨다. 이는 대자연이 무형의 기로 개별 생명체에 길흉, 화복을 주는 것이요, 죽이기도 하고 그 생장 과정을 관망하기도 함이다. 이처럼 그는 샤머니즘적 귀신을 자연주의적으로 설명하고 있다.

1.3 張子曰: 范巽之嘗言(1)神姦物怪, 某以言難之, 謂"天地之雷霆草木至怪也, 以其有定形故不怪, 人之陶冶舟車亦至怪也, 以其有定理故不怪. 今言鬼者不可見其形, 或云有見者且不定, 一難信; 又以無形而移變有形之物, 此不可以理推, 二難信. 又嘗推天地之雷霆草木, 人莫能爲之, 人之陶冶舟車, 天地亦莫能爲之. 今之言鬼神, 以其無形則如天地, 言其動作則不異于人, 豈謂人死之鬼反能兼天人之能乎? 今更就世俗之言評之: 如人死皆有知, 則慈母有深愛其子者, 一旦化去, 獨不日日憑人言語託人夢寐(2)存恤之耶? 言能福善

禍淫, 則或小惡反遭重罰而⁽³⁾大慧反享厚福, 不可勝數. 又謂"人之
精明者能爲屬", 秦皇獨不罪⁽⁴⁾趙高, 唐太宗獨不罰武后耶? 又謂
"衆人所傳不可全非", 自古聖人獨不傳一言耶? 聖人或容不言, 自
孔孟而下, 荀況·揚雄·⁽⁵⁾王仲淹·韓愈, 學亦未能及聖人, 亦不見
略言者. 以爲有, 數子又或偶不言, 今世之稱信實亦未嘗有言親見
者.²

|번역| 장재가 말했다. 범손지는 일찍이 귀신과 괴물에 대해 말한 적이 있
는데, 나는 말로 그것을 다음과 같이 힐난했다. "천지의 우레와 번
개, 초목은 지극히 괴이하지만, 일정한 형체가 있기 때문에 괴이하
지 않다. 사람이 만들어 내는 배와 수레도 지극히 괴이하지만 일정
한 이치가 있기 때문에 괴이하지 않다. 이제 귀신이란 그 형체를 볼
수 없다고 하고, 그것을 본 자가 일정치 않다고도 하니, 이것이 첫째
로 믿기 어려운 점이다. 또한 형체가 없으면서 형체가 있는 사물을
변이시킨다고 하나, 이는 이치로 미루어 갈 수 없는 것이니, 이것이
둘째로 믿기 어려운 점이다. 또 천지의 우레와 번개, 초목을 사람이
만들 수 없고, 사람이 만드는 배와 수레를 천지 역시 만들 수 없다고
추론한 적이 있다. 그런데 이제 귀신을 논할 때 그것의 형체 없음은
천지와 같고, 그 동작은 사람과 다르지 않다고 하니, 사람이 죽어서
된 귀신에 대해 어떻게 하늘과 인간의 능력을 겸비할 수 있다고 하
겠는가? 이제 다시 세속의 말을 평해 보자. 만약 사람이 죽어도 모
두 앎이 있다면 자식을 깊이 사랑한 자애로운 어머니가 일단 돌아

---

2 (1)神姦, 사람을 해칠 수 있는 귀신. (2)存恤, 위로하다. (3)大慧(대), 거악(巨惡). (4)趙高,
조고(?~기원전 207) 진시황에 의해 중용되었으나 후에 2세 황제를 죽였다. (5)王仲淹:
수대의 유학자 왕통(王通, 584~617)을 가리킨다.

가시면 어찌 날마다 사람의 언어에 기대어, 사람의 몽매간에 기대어 그를 위로하지 않는가? 또 선에는 복을 주고 사악함에는 화를 내릴 수 있다고 하지만 작은 악으로도 중벌을 받고 거대한 악으로도 두터운 복을 누리는 경우도 이루 헤아릴 수 없이 많다. 또 말하기를 '인귀(人鬼) 가운데 정력이 세고 총명한 자는 해를 끼칠 수 있다'고 하지만, 진시황은 어찌 조고를 벌주지 않았으며, 당태종은 측천무후를 벌주지 않았을까? 또 '뭇사람이 전하는 것이 완전히 틀릴 수는 없다'고 말하지만 자고 이래로 성인은 어찌하여 귀신에 대해 한마디 말도 전하지 않았을까? 성인이 혹여 말하지 않았다 하더라도 공맹이후로 순자, 양웅, 왕중엄, 한유의 경우, 학문도 성인에 미칠 수 없었거니와 그것에 대해 대략 말한 것도 보이지 않는다. 귀신이 있다고 여겼어도 이 여러 선생은 우연히라도 말하지 않았거니와, 지금 세상에 약간 믿는 경우도 실은 직접 봤다고 말하는 자는 없다."

| 해설 | 샤머니즘적 귀신 관념은 믿기 어렵다는 의견을 피력하였다. 우레, 번개, 초목 등 자연물이 기이하게 느껴지지 않는 이유는 그것이 형체를 지녀, 인간의 감각기관에 의해 포착되기 때문이다. 또 인간이 제작해 낸 배와 수레는 그것이 합리적으로 이해될 수 있는 이치에 따라 만들어졌기 때문에 기이하게 느껴지지 않는다. 장재는 샤머니즘적 귀신 개념이 기이하게 느껴지지 않을 수 있는 조건을 갖추고 있지 못하다고 여겼다. 우선은 눈으로 보이지 않기 때문이요, 다음으로는 합리적으로 이해되지도 않기 때문이다. 또 귀신이 사람이 죽어서 변한 존재일진대, 사람과 천지의 능력을 동시에 지닌다는 것도 이해가 되지 않는다. 귀신이 만약 존재한다면 사랑하는 사람에게는 자주 나타나야 하고 악한 자에게는 벌을 내려야 할 텐데 그러지 못한다는 점, 그리고 성인이나 역대의 유학자들 어느 누구도 그것에 대해 제대로 설명한 자가 없다는 점 등이 장재가 제시한 귀신을 믿지 못하는 이유이다.

張子曰: 所謂山川門霤之神, 與郊社天地陰陽之神, 有以異乎?
『易』謂"天且弗違, 而況於鬼神乎!" 仲尼以何道而異其稱耶? 又謂
"遊魂爲變", 魂果何物? 其遊也情狀何如? 試求之使無疑, 然後可
以拒怪神之說, 知亡者之歸. 此外學素所援據以質成其論者, 不可
不察以自祛其疑耳.

|번역| 장재가 말했다. 산천, 문, 처마의 신은 교사(郊社)에 제사 지내는 천
지음양의 신과 차이가 있을까?『역』에서는 "하늘조차 어기지 않거
늘 하물며 귀신이랴!"라고 했거니와 공자께서는 어떤 원칙으로 그
명칭을 달리하셨을까? 또 "노니는 혼이 변한다"고 했는데 혼은 과연
어떤 것일까? 그 노니는 상태란 어떤 것일까? 구해 보아 의심이 없
게 되어야 귀신과 괴이한 설을 물리칠 수 있고 망자가 돌아가는 곳
을 알게 된다. 그 밖에 배울 때 평소에 인용하고 근거로 삼아 그 논
의의 바탕을 이루던 것들도 살펴 그 의심나는 것을 떨쳐 내지 않으
면 안 된다.

|해설| 이 조목은『횡거역설』「계사상」1.42와 중첩된다. 그곳의 해설을 참조하라.

1.5 張子曰: 天下凡謂之性者, 如言金性剛, 火性熱, 牛之性, 馬之性也,
莫非固有. 凡物莫不有是性, 由通蔽開塞, 所以有人物之別, 由蔽有
厚薄, 故有智愚之別. 塞者牢不可開, 厚者可以開而開之也難, 薄者
開之也易, 開則達於天道, 與聖人一.

|번역| 장재가 말했다. 세상에서 말하는 성(性)이란 쇠의 성질은 강하고 불

의 성질은 뜨겁다고 말하는 것과 같으니, 소의 성과 말의 성 등 고유하지 않은 것이 없다. 무릇 사물에 이 성(性)이 없는 것은 없으나, 통하고 가려지며 열리고 막힘으로 인해 사람과 사물의 구별이 생기게 된다. 가림에는 두터움과 얇음이 있음으로 인해 지혜로움과 어리석음의 구별이 있다. 막힌 것은 견고하여 열리지 않고, 두터운 것은 열리기는 하지만 열기가 어렵고, 얇은 것은 열기가 쉽다. 열면 하늘의 도에 통달하여 성인과 하나가 된다.

| 해설 | 세상에서 말하는 성, 만물의 각기 고유한 특성, 성질은 바로 그가 기질지성으로 개념화한 것이다. 이어지는 구절에서 "무릇 사물에 이 성이 없는 것은 없다"고 말할 때의 성은 천지지성이다. 천지에 연원을 두고 있으며 만물에 내재하고 있는 보편적 신성(神性)이다. 만물은 이 보편적 신성을 지니지만, 기질의 차이로 인해 그 신성의 표현에 장애가 생긴다. 인간을 제외한 사물은 그의 생각에 따르면 막힌 자(塞)이다. 그래서 신성을 지니지만, 그것을 제대로 표현하지 못한다. 인간의 경우는 누구든 열릴 가능성이 있는 자이다. 다만 신성의 드러냄을 가리는 요소, 예컨대 지혜의 측면에서 차이가 있다. 이러한 인간과 사물, 인간과 인간 사이의 차이를 기질로 설명하는 장재의 생각은 후에 주희에게 그대로 계승되어 보다 세밀해진다.

1.6 <u>張子曰</u>: 富貴貧賤者皆命也. 今有人均爲勤苦, 有富貴者, 有終身窮餓者, 其富貴者即是幸會也. 求而有不得, 則是求無益於得也; 道義則不可言命, 是求在我者也.

| 번역 | 장재가 말했다. 부귀와 빈천은 모두 명(命)이다. 지금 어떤 사람들이 있어 똑같이 부지런히 애쓰지만, 부귀한 자도 있고, 종신토록 빈궁하여 굶는 자도 있으니, 그 부귀한 자는 단지 행운을 만난 것일 따름

이다. 찾아도 얻지 못한다면 그것은 찾는 일이 얻는 일에 무익한 것이다. 도의(道義)의 경우에는 명을 말해서는 안 되니, 그것은 찾는 것이 나에게 있기 때문이다.

|해설| 이 조목은 『장자어록』 「어록상」 1.44와 중첩된다. 그곳의 해설을 참조하라.

1.7 問: "智愚之識殊, 疑於有性; 善惡之報差, 疑於有命." 曰: "性通極於無, 氣其一物爾; 命稟同於性, 遇乃適然爾."

|번역| 물었다. "지혜로운 자와 어리석은 자의 인식이 다른 것은 본성에 원인이 있는 것 같고, 선과 악의 과보에 차이가 나는 것은 운명에 원인이 있는 것 같다." 답했다. "본성은 궁극적으로는 무(無)에 통하니, 기는 그 본성 가운데의 하나일 뿐이요, 운명적으로 품부되는 것은 본성과 같지만, 우연은 때마침 그러한 것일 따름이다."

|해설| 이 조목은 『장자어록』 「어록하」 3.22와 내용이 중첩된다. 해설은 『장자어록』을 참조하라.

1.8 張子曰: 心統性情者也. 有形則有體, 有性則有情. 發於性則見于情, 發于情則見于色, 以類而應也.

|번역| 장재가 말했다. 심은 성과 정을 통일하는 것이다. 형태가 있으면 몸이 있고, 성이 있으면 정이 있다. 성에서 발하면 정에서 나타나고, 정에서 발하면 안색에 나타나니, 비슷한 것으로 응한다.

|해설| 후대에 주희는 장재의 심통성정(心統性情)이라는 명제를 대단히 중시했지만, 정작 장재가 이 명제를 언급한 것은 이곳 딱 한 군데에서이다. 그래서 "심이 성과 정을 통일한다"는 말은 일반적으로 "심은 성과 지각의 합"이라는 말과 일맥상통하는 것으로 이해된다. 마음은 덕성과 감정 혹은 지각을 자기 안에 아우르고 있다. "형체가 있으면 몸이 있다"는 말을 한 까닭은 성과 정의 관계가 형체(形)와 몸(體)의 관계와 유사하다고 생각했기 때문인 것 같다. 성과 정은 둘 다 의식이고, 형체와 몸은 둘 다 물질이다. 그런데 성은 정을 통해 밖으로 드러나고, 형체는 몸을 통해 드러난다는 점에서, 즉 이 둘은 "비슷한 것으로 응한다"는 점에서 유비될 수 있다. 이를 도덕의 예를 가지고 설명해 보면, 인한 본성은 측은한 감정으로 표현되고, 다시 그것은 우물에 빠지려는 어린아이를 보고 즉각 얼굴을 찡그리는 모습으로 나타난다고 할 수 있겠다.

1.9 張子曰: 道所以可久可大, 以其肖天地而[(1)]不雜也; [(2)]與天地不相似, 其違道也遠矣.[3]

|번역| 도(道)가 오래갈 수 있고 크게 될 수 있는 까닭은 그것이 천지를 닮아 그것을 벗어나지 않기 때문이다. 천지와 비슷하지 않으면 도에 크게 어긋난다.

|해설| 이 조목은 『정몽』 「지당편」 9.35와 내용이 중첩된다. 해설은 『정몽』을 참조하라.

---

3 (1)不雜, 『正蒙』, 「至當」 편에는 不雜이 不離로 기록되어 있다. 그러면 이 구절은 도가 "천지를 닮았으면서 그것을 벗어나지 않기 때문이다"라고 해석된다. 의미상 『정몽』의 離가 더 타당해 보인다. (2)與天地不相似, 其違道也遠矣: 천지와 비슷하지 않으면 도에 크게 어긋난다. 『周易』, 「繫辭上」, "천지와 비슷하므로 어긋나지 않는다."(與天地相似, 故不違.)

1.10 事無大小, 皆有道在其間, 能安分則謂之道, 不能安分謂之非道.
顯諸仁, 天地生萬物之功, 則人可得而見也; 所以造萬物, 則人不
可得而見, 是藏諸用也.

|번역| 일에는 크고 작은 일이 없으니, 모두 도가 그 사이에 있다. 분수에
편안할 수 있으면 그것을 도라고 하고 분수에 편안할 수 없으면 그
것을 도가 아니라고 한다. 인에서 드러냄은 천지의 만물을 낳는 공
이니, 사람은 그것을 볼 수 있다. 반면 만물을 만드는 것을 사람은
볼 수 없으니, 그것은 작용에서 감춤이다.

|해설| 모든 일에는 도가 깃들어 있다. 그 점에서 만사에는 크고 작은 일, 즉 더 중대한
일이나 덜 중대한 일의 차이가 없다. 따라서 모두가 각기 주어진 분수에 편안할
수 있으며, 그것이 도를 실현할 수 있는 올바른 태도이다. 이어지는 문장은 앞
문장들과 그리 직접적으로 연결되는 것 같지는 않지만, 도를 실현하는 천지의
일에 대해 말한 것으로 간주한다면 어느 정도 관련성도 있어 보인다. 천지가 만
물을 낳는 일을 함을 우리는 생명의 탄생을 통해 볼 수 있다. 그것은 인(仁)의 의
미가 드러남이다. 하지만 천지가 만물을 만들어 내는 과정을 인간이 볼 수 있는
것은 아니다. 그것은 감추어진 무형의 과정이기 때문이다.

1.11 接物處皆是小德, ⁽¹⁾統會處便是大德.⁴

|번역| 사물과 접하는 지점은 모두 작은 덕이요, 통솔하여 모으는 지점은
곧 큰 덕이다.

4 (1)統會, 통솔하여 모음.

| 해설 | 여기서 말하는 작은 덕은 견문의 기능을 뜻한다. 보고 듣는 기능을 발휘하는 것이 곧 사물과 접촉하는 것이다. 큰 덕이란 덕성을 가리키니, 모든 판단과 행동을 통솔해서 모으는 중심축이 바로 덕성이다. 장재는 모든 앎과 행동이 덕성을 기초로 이루어져야 한다고 여겼다.

1.12 洪鐘未嘗有聲, 由扣乃有聲; 聖人未嘗有知, 由問乃有知. 或謂:
"聖人無知, 則當不問之時, 其猶木石乎?" 曰: "有不知則有知, 無
不知則無知, 故曰聖人未嘗有知, 由問乃有知也. 聖人無私無我,
故功高天下而無[(1)]一介累於其心, 蓋有一介存焉, 未免乎私己也."[5]

| 번역 | 거대한 종은 소리를 지닌 적이 없고 종을 침으로 인해 소리가 있게 된다. 마찬가지로 성인은 아는 것이 있었던 적이 없고 물어봄으로 인해 앎이 있게 된다. 혹자가 말했다. "성인이 무지하다면 묻지 않았을 때 그는 목석과도 같은 것인가?" 말했다. "모르는 것이 있으면 아는 것이 있고, 모르는 것이 없으면 무지하다. 그러므로 성인은 앎이 있었던 적이 없고, 물음으로 인해 앎이 있게 된다고 말한다. 성인은 사사로움이 없고 '내'가 없다. 그러므로 공이 천하에 높이 있으면서도 그것이 하나라도 마음을 얽매는 일이 없다. 하나라도 그것이 있다면 사사로운 자기를 면치 못하게 된다."

| 해설 | 洪鐘未嘗有聲부터 由問乃有知까지는 『정몽』「중정」8.49와 중첩된다. 유교적 성인의 가르치는 태도를 설명하였다. 성인은 가만히 있다가 누군가 물어보면 그 물음에 딱 알맞은 답을 제시한다. 여기서 가만히 있다는 것은 철학적으로 무지, 무아를 뜻한다. 자기중심적인 '내'가 없고 그 자기중심적인 '나'를 잣대로 삼

---

5 (1)一介: 일개, 보잘것없는 하나.

아 타자를 대상화하여 획득한 지식도 없다는 뜻이다. 그런 자기중심성에서 최대한 벗어나야 타인의 특성과 상황에 딱 적절하게 가르침을 줄 수 있다.

1.13 <u>張子曰: 孟子於聖人, 猶是</u>[(1)]<u>麤者</u>.[6]

| 번역 | 장재가 말했다. 맹자는 성인에 비해서는 투박한 존재이다.

| 해설 | 이 조목은 『장재어록』 「어록상」 1.38과 내용이 중첩된다.

1.14 爲學所急, 在於正心求益, 若求之不已, 無有不獲, 惟勉勉不忘爲

要耳.

| 번역 | 학문에서 시급한 것은 마음을 바르게 하여 유익함을 구하는 데 있다. 만약 그것을 그침 없이 구한다면 얻지 못할 것이 없을 것이니, 오직 힘쓰고 힘써 잊지 않음이 요점이다.

| 해설 | 장재에게 공부의 두 방향은 내면의 덕을 가꾸는 일과 외부의 이치를 구하는 일이다. "마음을 바르게 하여 유익함을 구한다"는 말은 공부의 이 두 방향을 나타낸다. 장재는 이 두 방향의 공부를 잊지 말고 부단히 하라고 권하고 있다.

1.15 人若志趣不遠, 心不在焉, 雖學無成. 人惰於進道, 無自得達. 自

非成德君子必勉勉, 至從心所欲不踰矩方可放下, 德薄者終學不

---

6 (1)麤, 粗와 같음. 투박함, 조잡함.

成也.

| 번역 | 사람이 지향은 (도에서) 멀지 않더라도 마음이 거기에 있지 않다면 배운다고 해도 성취는 없게 된다. 사람이 도(道)로 나아가는 데 게으르면 자연히 도달할 수 없다. 자신이 덕을 완성한 군자가 아니라면 반드시 힘쓰고 힘써, 하고 싶은 대로 해도 법도를 넘어서지 않는 경지에 이르러야 비로소 그 일을 놓을 수 있거니와, 박덕한 자는 끝내 배움을 완성하지 못한다.

| 해설 | 도에 뜻을 두고 배우지만, 성실하지 못하면 결코 학문을 완성할 수 없다. 자유로운 행위가 윤리적 표준에 늘 부합되는 자유와 도덕의 통일에 도달할 때만 인격과 학문은 완성되니, 그런 경지에 이를 때까지 부단히 노력해야 한다.

1.16 明善爲本, 固執之乃立, 擴充之則大, 易視之則小, 在人能弘之而已.

| 번역 | 선을 밝힘을 근본으로 삼아 그것을 굳게 붙잡으면 확립되고, 그것을 확충하면 크게 되지만, 그것을 쉽게 보면 작게 되니, 사람이 그것을 넓힐 수 있느냐에 달려 있을 따름이다.

| 해설 | 마음속 덕성인 '선'을 밝힘을 '나'에게 가장 중요한 것으로 여겨, 행위의 근거로 확고히 붙잡으면 근본을 세운 것이 된다. 그 후에 그 '선'을 확충하면 '나'는 만물을 다 '나'로 여길 수 있을 정도로 크게 되지만, 그 일을 쉽게 보면 '나'는 작은 '나' 안에 갇히게 된다. 덕에 기반을 두고 '나'와 '남'을 동일시하는 일은 결코 쉽지 않다.

1.17 利, 利於民則可謂利, 利於身利於國皆非利也. 利之言利, 猶言美

之爲美. 利誠難言, 不可一槪而言. 教之而不受, 則雖強告之無益,
莊子謂"內無受者不入, 外無正者不行."

|번역| 이로움(利)이 백성에게 이롭다면 이롭다고 말할 수 있지만, 자기 몸
에 이롭거나 국가에 이롭다면 그것은 모두 이로움이 아니다. 이로
움을 이롭다고 말하는 것은 아름다움을 아름답다고 말하는 것과 같
으니, 이로움은 진실로 말하기 어려우니, 일률적으로 말해서는 안
된다. 가르쳐 주어도 받아들이지 않으면 억지로 알려 준다 해도 무
익하다. 장자는 "안에서 받아들이지 않는 것은 들어오지 못하고, 밖
에서 받아들일 주인이 없으면 나가지 못한다"고 했다.

|해설| 이 조목의 처음부터 不可一槪而言까지는 『장자어록』「어록중」 2.47과 중첩되
고, 教之而不受부터 끝까지는 『경학리굴』「학대원하」 8.19와 내용이 중첩된다.
그곳의 해설을 참조하라.

1.18 張子曰: "近臣守和", 和, 平也, 和其心以備顧對, 不可徇其喜怒
好惡.

|번역| 장재가 말했다. "임금을 가까이에서 모시는 신하는 화평함을 지킨
다"고 하니, 화(和)란 화평함(平)이다. 그 마음을 화평하게 하여 돌아
보고 응대하는 데 대비해야지, 자신의 기쁨과 노함, 좋아함과 싫어
함을 좇아서는 안 된다.

|해설| 이 조목은 『장자어록』「어록중」 2.15와 중첩된다. 그곳의 해설을 참조하라.

1.19 井田而不封建, 猶能養而不能教; 封建而不井田, 猶能教而不能養; 封建井田而不肉刑, 猶能教養而不能使. 然此未可遽行之.

|번역| 정전제를 시행하면서 봉건제를 시행하지 않으면 부양할 수는 있어도 교화할 수는 없다. 반대로 봉건제를 시행하면서 정전제를 시행하지 않으면 교화할 수는 있어도 부양할 수는 없다. 봉건제와 정전제를 시행하면서 육체에 대한 형벌을 가하지 않으면 교화하고 부양할 수는 있어도 부릴 수는 없다. 하지만 이것들은 갑작스럽게 시행해서는 안 된다.

|해설| 이 조목은 『경학리굴』「월령통」11.5와 중첩된다. 그곳의 해설을 참조하라.

1.20 禮但去其不可者, 其他取力能爲之者.

|번역| 예란 다만 그 불가한 것을 제거하는 일이고, 그 나머지는 힘을 모아 행할 수 있는 것이다.

|해설| 이 조목은 『장자어록』「어록상」1.75와 중첩된다. 그곳의 해설을 참조하라.

2

근사록습유
近思錄拾遺

2.1 <u>橫渠先生謂范巽之</u>曰: "吾輩不及古人, 病源何在?" 巽之請問. 先生
曰: "此非難悟. 設此語者, 蓋欲學者存意之不忘, 庶遊心⁽¹⁾浸熟, 有
一日脫然如大寐之得醒耳."⁷ 『文集』.

|번역| 횡거 선생이 범손지에게 말했다. "우리들이 고대 사람들에 못 미치
는 병통의 근원이 어디에 있을까?" 범육이 가르쳐 주기를 청했다.
선생이 말했다. "이는 깨닫기 어려운 것이 아니다. 이 말을 하는 까
닭은 배우는 자들이 뜻을 보존하여 잊지 말고, 성학에 노니는 마음
이 점차 성숙되어 언젠가는 가뿐히 큰 잠에서 깨어나게 하려는 데
있다." 『문집』

|해설| 이 조목에서 장재는 제자에게 자신이 고대의 성인에 미치지 못한다는 생각을 늘
잊지 않고 보존하며 마음을 성인의 학문에 집중해 노닐면 언젠가는 큰 꿈에서
깨어난 듯 커다란 깨달음을 얻을 수 있을 것이라고 하였다.

---

7 (1)浸, 점차, 차츰.

2.2 未知立心, 惡思多之致疑; 既知所立, 惡講治之不精. 講治之思, 莫
非術內, 雖勤而何厭! 所以急於可欲者, 求立吾心於不疑之地, 然後
若決江河以利吾往. [1]遜此志, 務時敏, 厥修乃來, 故雖仲尼之才之
美, 然且敏以求之. 今持不逮之資而欲徐徐以聽其自適, 非所聞
也.[8] 『文集』.

|번역| 마음을 확립할 줄 모를 때는 생각이 많아 의심함에 이르는 일을 싫
어하고, 확립할 바를 알았다면 강론하고 연구함이 정치하지 않음을
싫어한다. 강론하고 연구할 때 생각함은 성현의 도 안에 있지 않은
것이 없으니, 열심히 한다고 한들 어찌 만족스럽겠는가? 그러므로
시급히 욕구할 만한 것은 내 마음을 의심하지 않는 경지에 세워 놓
도록 하는 것이니, 그래야 강물을 튼 것처럼 내가 나아가는 데 이로
울 것이다. 그 뜻을 겸손하게 갖고 시시각각 부지런하고 민첩하여
닦으면 얻을 것이 이르게 될 것이다. 그러므로 공자의 훌륭한 재주
로도 민첩하게 그것을 구했다. 지금 그에게 미치지 못하는 자질을
지니고 있으면서 서서히 유유자적함을 따르려 한다면 이는 내가 들
어 본 적이 없는 말이다. 『문집』

|해설| 장재가 수양을 할 때 가장 먼저 요구한 것은 마음속에 근본을 확립하는 것이다.
이 근본의 확립을 이 조목에서는 '마음을 확립함'이라고 말하고 있다. 이는 근본
이 되는 신념을 굳건히 확립하는 일이다. 그런 근본이 확립되지 못하면 사람은
의심이 많아져 결국은 회의주의로 빠지게 된다. 유자로서 장재가 확립하기를
요구한 것은 선이다. 이 선이 마음속에 확립되었다면 그다음 단계에 해야 할 일
은 바로 궁리이다. 장재는 이치를 궁구할 때 이치를 정치하게 탐구할 것을 요구

---

[8] (1)遜此志, 務時敏: 『尙書』, 「說命下」: "배움에 뜻을 겸손하게 갖고 시시각각 부지런히 민
첩하게 하면 닦아 얻을 것이 이르게 된다."(惟學遜志, 務時敏, 厥修乃來.)

한다. 이치를 정치하게 탐구하는 일은 결코 쉽지 않다. 겸손한 태도로 부지런히 노력해야 그것은 가능하다.

2.3 今且只將尊德性而道問學爲心, 日自求於問學(者)[9]有所背否, 於德性有所懈否. 此義亦是博文約禮, 下學上達, 以此[(1)]警策一年, 安得不長! 每日須求多少爲益, [(2)]知所亡, 改得少不善, 此德性上之益. 讀書求義理, 編書須理會有所歸著, 勿徒寫過, 又多識前言往行, 此學問上益也, 勿使有俄頃閒度, 逐日似此, 三年庶幾有進.[10]

|번역| 지금 다만 덕성을 높이고 묻고 배움으로 인도하는 것만을 마음으로 삼아, 날마다 학문에 위배하는 것은 없는지, 덕성에 게으른 점은 없는지 스스로 구하라. 이 또한 널리 글을 익히고(博文) 예로 자신을 단속하며(約禮), 아래의 일상에서 배워(下學) 위로 통달하라(上達)는 의미이다. 이것을 가지고 일 년 정도 경계하고 독려하면 어떻게 자라나지 않겠는가! 매일 다소간 보탬이 되기를 추구해야 한다. 몰랐던 것을 알게 되고 조금의 불선함이라도 고칠 수 있다면 그것은 덕성의 측면에서 보탬이 된 것이다. 독서를 할 때는 의리를 구하고 책을 엮을 때는 귀결되는 바를 이해해야지, 단지 베끼고 지나가서는 안 된다. 또 옛사람들의 언행을 많이 기억해야 하니, 이것이 학문의 측면에서의 보탬이다. 잠깐이라도 한가하게 시간을 보내지 않도록 하라. 날마다 이와 비슷하게 하여 삼 년이 되면 거의 향상되는 것이 있

9 〈중화 주석〉'者'는 다음 구절에 근거해 삭제했다.
10 (1)警策, 경계하고 독려함. (2)知所亡, 『論語』, 「子張」, "자하가 말했다. '날마다 몰랐던 것을 알아가고 달마다 알 수 있게 된 것을 잊지 않는다면 배우기를 좋아한다고 할 수 있을 것이다.'"(子夏曰: "日知其所亡, 月無忘其所能, 可謂好學也已矣.")

을 것이다.

|해설| 장재의 교육론 혹은 수양론은 내면의 덕성을 성장하게 하고, 외적으로 사물의 이치를 궁구하는 내외 병진의 방법을 핵심으로 한다. 이는『중용』의 덕성을 높이는(尊德性) 일과 묻고 배움으로 이끄는(道問學) 일의 병행 노선과 부합한다. 이 방법은 장재에게는 이치를 궁구하는 것(窮理), 특히 예를 알아(知禮), 자신을 단속하고 궁극적으로는 위로 하늘과 합일함을 뜻한다. 이 조목에서 장재는 특히 독서를 통한 궁리를 강조한다. 매일 성현의 언행이 담긴 글을 읽고 자신의 덕성 수양에 도움이 되는 의리(義理)에 관한 지식을 증대시키는 일에 쉼없이 힘쓸 것을 권하고 있다.

2.4 爲天地立心, 爲生民立道, 爲去聖繼絕學, 爲萬世開太平.

|번역| 천지를 위해 마음을 세우고, 백성을 위해 도를 세우고, 과거의 성인을 위해 끊어진 학문을 계승하고, 만세를 위해 태평성대를 연다.

|해설| 이 조목은『장자어록』「어록중」 2.22와 중첩된다. 그곳의 해설을 참조하라.

2.5 人多以⁽¹⁾老成則不肯下問, 故終身不知. 又爲人以道義先覺處之, 不可復謂有所不知, 故亦不肯下問. 從不肯問遂生百端欺妄人. 我寧終身不知.¹¹『論語說』.

|번역| 사람들은 많은 경우에 노련하다고 여기면 아랫사람에게 물으려 하

---

¹¹ (1)老成, 경험이 많아 일을 침착하게 잘함, 노련함.

지 않는다. 그러므로 종신토록 알지 못한다. 또 사람이 도의를 먼저
깨달았다고 자처하니, 다시는 모르는 것이 있다고 말하지 못한다.
그러므로 아랫사람에게 물으려 하지 않는다. 묻지 않으려 함으로부
터 결국은 갖가지 일로 남을 속이면서도 자신은 종신토록 모른다.
『논어설』

|해설| 공자는 아랫사람에게 묻기를 부끄러워하지 않았다고 한다. 장재는 이 구절을
염두에 두고 왜 사람들은 아랫사람에게 묻기를 부끄러워하는지를 생각한 듯하
다. 그리고 자신을 높이고 앞세우려는 태도에서 그 이유를 찾았다. 자신을 높이
려는 심리 때문에, 남에게 묻기를 부끄러워하고, 결국은 아는 척 남을 속일 뿐,
자신은 아무것도 모르는 채 살아간다.

2.6 多聞不足以盡天下之故, 苟以多聞而待天下之變, 則道足以酬其所
嘗知, 若⁽¹⁾刦之不測, 則遂窮矣.¹² 『孟子說』.

|번역| 많이 듣는 것으로는 세상사의 연유를 다 알 수 없다. 만약 많이 듣는
것으로 세상의 변화에 대응한다면 그 방법으로 자신이 일찍이 알았
던 일에는 응수할 수 있지만, 만약 불측한 일로 위협한다면 결국은
궁해진다. 『맹자설』

|해설| 장재는 견문지, 즉 경험지의 한계를 여러 차례 지적했는데, 대부분은 견문으로
는 천지의 본질을 알 수 없다는 것이었다. 그런데 여기서는 "많이 듣는 것", 즉 간
접적 경험지식의 한계를 다른 측면에서 지적하는 것 같다. 들어서 아는 지식은
아직은 '내' 것으로 체화된 지식이 아니다. 따라서 그 지식으로는 '내'가 그 지식
을 획득하기 전부터 이미 직접 체험하여 알고 있었던 일에는 대응할 수 있지만,

---

¹² (1)刦, 劫과 같음. 위협함.

겪어 보지 않았고, 따라서 헤아리기 어려운 일이 생겨난다면 아무리 간접적 경험지식이 많다고 하더라도 '나'는 제대로 상황에 대처하지 못하게 된다.

2.7 竊嘗病孔孟旣沒, 諸儒囂然, 不知反約窮源, 勇於苟作, 持不逮之資而急知後世, 明者一覽如見肺肝然, 多見其不知量也. 方且創艾其弊, 默養吾誠, 顧所患日力不足, 而未果他爲也.

| 번역 | 일찍이 공맹이 돌아가신 후로 여러 유자는 소란스럽게도 요약된 곳으로 돌아가 근원을 궁구할 줄 모르고 구차하게 창작하는 데 용감하며, 미치지 못하는 자질을 가지고 후세에 알려지는 데만 급급했음을 병폐로 여겼다. 밝은 지혜를 가진 자가 보면 폐부를 들여다보는 것 같을 것이니, 많은 경우 그 감량을 알지 못함을 보게 된다. 이제 그 폐단을 징계해 다스려 나의 성(誠)을 묵묵히 기르니, 근심하는 점은 날짜와 힘이 부족하여 다른 일을 하지 못할까 하는 것이다.

| 해설 | 『문집일존』「與趙大觀書」 2.3과 중첩된다. 그곳의 해설을 참조하라.

2.8 博學于文者, 只要得習坎心亨, 蓋人經歷險阻艱難, 然後其心亨通.

| 번역 | 글에서 널리 배우는 자는 오직 중첩된 어려움을 만나야 마음이 형통한다. 사람이 험한 일과 어려운 일을 겪어야 그 마음이 형통해지기 때문이다.

| 해설 | 『경학리굴』「학대원하」 8.17과 중첩된다. 그곳의 해설을 참조하라.

2.9 凡致思到說不得處始復⁽¹⁾審思明辨, 乃爲善學也. 若⁽²⁾告子則到說
不得處遂已, 更不復求.¹³ 『孟子說』.

|번역| 무릇 생각을 끝까지 하다가 설명할 수 없는 지점에 이르면 다시 신
중하게 생각하고 밝게 분별해야 잘 배우는 것이다. 고자의 경우에
는 설명할 수 없는 지점에 이르면 결국 그만두고 다시 구하지 않았
다. 『맹자설』

|해설| 장재가 말하는 궁리란 그냥 일반적으로 이치를 궁구함이 아니다. 그것은 사물
이 담고 있는 이치를 그 심층에서 파악하는 것을 뜻한다.

2.10 『春秋』之書, 在古無有, 乃仲尼所自作, ⁽¹⁾惟孟子能知之, 非理明
義精, 殆未可學. 先儒未及此而治之, 故其說多⁽²⁾鑿.¹⁴

|번역| 『춘추』라는 책은 고대에는 없었으니, 그것은 공자가 직접 지은 것
이고, 오직 맹자만이 그것을 알 수 있었다. 이치에 밝고 의가 정밀하

---

13 (1)審思明辨, 신중하게 생각하고 밝게 분별함. (2)告子則到說不得處遂已, 『孟子』, 「公孫
丑上」, "고자는 말의 의미가 이해되지 않거든 마음속에서 그 의미를 파악하려 하지 말
라고 했다."(告子曰: 不得於言, 勿求於心.)

14 (1)惟孟子能知之: 『孟子』, 「滕文公下」, "세상이 쇠하고 도가 미약해지자 그릇된 주장과
잔학한 행위가 다시 출현하게 되었다. 신하로서 군주를 시해하는 자도 생기고, 자식으
로서 부모를 시해하는 자도 생겼다. 공자께서 이것을 근심하시어 『춘추』를 지으셨다. 『춘
추』에 담긴 것은 천자의 권한에 관한 것이었다. 이런 까닭에 공자께서는 '나를 알아 주
는 것도 오직 『춘추』일 것이고 나를 꾸짖는 것도 오직 『춘추』일 것이다.'라고 하셨다."
(世衰道微, 邪說暴行有作, 臣弑其君者有之, 子弑其父者有之. 孔子懼, 作『春秋』. 『春秋』, 天
子之事也, 是故, 孔子曰: "知我者, 其惟春秋乎! 罪我者, 其惟春秋乎!") (2)鑿, 억지로 뚫음.
견강부회함.

지 못하면 거의 배울 수 없다. 선대 유자들은 이러한 수준에 이르지 못하고 그것을 연구했으니, 그 설은 견강부회한 것이 많았다.

|해설| 장재는 공자가 『춘추』의 저자라 믿고, 그 이치는 맹자만이 제대로 이해하였다고 여겼다.

2.11 橫渠先生曰: 始學之要, 當知"(1)三月不違"與"日月至焉"內外賓主之辨, 使心意勉勉循循而不能已, 過此幾非在我者.15 『文集』.

|번역| 횡거 선생이 말했다. "학문을 시작하는 요체는 '석 달 동안 인에 어긋나지 않음'과 '하루나 한 달에 한 번 이름', 내면과 외부, 손님과 주인의 분별을 알아야 한다는 것이다. 그렇게 해서 마음으로 힘써 따르고 그만둘 수 없는 경지에 이르도록 한다. 그 이상의 경지는 거의 나에게 달려 있는 것이 아니다. 『문집』

|해설| 장재에게 학문을 하는 요체는 오랫동안 어진 마음을 유지하는 것, 내면의 인격 수양에 힘쓰고 동시에 외부의 이치도 궁구하는 것, 덕성을 마음의 주인으로 삼고, 외물은 손님으로 여기는 것이라 할 수 있다. 장재는 이 덕성을 중심으로 사고하고 행동하는 경지는 인위적 노력을 통해 이를 수 있다고 보았다. 그에 반해 인격이 원숙해져 모든 것이 자연스러워지는 성인의 경지는 인위적 노력으로 이루어지지는 않는다고 보았다.

---

15 "(1)三月不違"與"日月至焉": 『論語』, 「雍也」, "안회는 그 마음이 석 달 동안 인에 어긋나지 않는데, 나머지 사람들은 하루나 한 달에 한 번 이를 뿐이다."(回也, 其心, 三月不違仁, 其餘則日月至焉而已矣.)

2.12 人又要得剛, 太柔則入於不立. 亦有人生無喜怒者則又要得剛, 剛
則守得定⁽¹⁾不回, 進道勇敢. 載則比他人自是勇處多.¹⁶『語錄』.

|번역| 사람은 강해지기도 해야 한다. 너무 부드러우면 제대로 서지 못하
는 지경에 이른다. 또 사람이 살면서 기뻐함과 분노함이 없는 자도
있으니, 이들도 강해져야 한다. 강하면 지키는 것이 안정되어 나쁜
일을 하지 않고 도로 나아감이 용감해진다. 나는 다른 사람에 비해
자연히 용기를 내는 점이 많다. 『어록』

|해설| 부드러운 기질만으로는 사회에서 살아갈 수 없다. 사회는 악이 적지 않고 사람
의 내면에도 악으로 치달을 수 있는 성향이 있기 때문이다. 그런 맥락에서 장재
는 강해질 것을 요구한다. 강해져야 사회에서 제대로 발을 딛고 설 수 있다. 또
기뻐할 때 기뻐하고 분노할 때 분노할 줄 모르는 사람도 있다. 장재는 이런 사람
을 유약한 사람이라 진단한다. 주변의 눈치를 보다가 그렇게 되었다는 것이다.
요컨대 강해지면 바르게 되고 용감해진다.

2.13 敦篤虛靜者仁之本, 不輕妄則是敦厚也, 無所繫⁽¹⁾閡昏塞則是虛
靜也. 此難以頓悟苟知之, 須久於道實體之, 方知其味. "⁽²⁾夫仁,
亦在乎熟之而已."¹⁷『孟子說』.

|번역| 돈후하고 독실하며 텅 비고 고요함은 인의 근본이다. 경솔하고 망

---

16 (1)不回, 나쁜 일을 하지 않음, 올바름.
17 (1)閡(애), 가로막혀 떨어져 있음, 통하지 않음. (2)夫仁, 亦在乎熟之而已:『孟子』,「告子
上」, "오곡은 곡식 중에서 품종이 좋은 것이지만, 만약 익지 않으면 피만도 못하게 된
다. 인 또한 그것을 무르익게 하는 데 달려 있을 따름이다."(五穀者, 種之美者也, 苟爲不
熟, 不如荑稗. 夫仁, 亦在乎熟之而已矣.)

령되지 않음이 곧 돈후함이고, 얽매여 통하지 않거나 어두워 막히는 것이 없음이 곧 텅 비고 고요함이다. 그것은 문득 깨달아 알기는 어렵고, 도에 오래 머물며 실제로 체득해야 비로소 그 맛을 알게 된다. "인은 무르익게 하는 데 달려 있을 따름이다." 『맹자설』

|해설| 장재는 인의 근본을 허정(虛靜)하면서도 돈독함(敦篤)한 심리상태라고 여겼다. 이는 물론 도가적 자연성과 유가적 도덕성의 결합이다. 도덕성의 근원이 자연성에 있다고 보는 시각의 반영이다. 무욕의 평화로운 마음 상태에서 타자와 관계를 맺을 때 충심을 다해 상대를 위해 주는 마음이 생겨난다. 장재는 이러한 심리상태는 돈오(頓悟) 같은 직관을 통해 획득되지는 않는다고 본다. 오랫동안 실천을 통해 자신의 것으로 체화해야 비로소 그것이 무엇인지 확실히 알게 된다고 했다.

2.14 有潛心於道, 忽忽爲他慮引去者, 此氣也. 舊習纏繞, 未能脫灑, 畢竟無益, 但樂於舊習耳. 古人欲得朋友與琴瑟簡編, 常使心在於此. 惟聖人知朋友之取益爲多, 故樂得朋友之來. 『論語說』.

|번역| 도에 마음을 침잠했다가도 갑자기 다른 생각에 이끌려 가는 경우가 있는 것은 기질 때문이다. 과거의 습관이 얽어매어 벗어나지 못하면 끝내는 이익됨이 없고 단지 과거의 습관을 즐길 뿐이다. 옛사람들은 친구, 금슬, 서책을 얻어 늘 마음을 여기에 있도록 하려고 했다. 오직 성인만이 친구가 보탬이 많이 된다는 점을 알았으므로 친구가 오는 것을 즐거워했다. 『논어설』

|해설| 기질을 변화시킨다고 함은 구체적으로 과거의 나쁜 습관을 고치는 일을 포함한다. 장재는 좋은 벗, 음악, 서책을 통해 그 습관을 고치고 유학적 도에 마음을 집

중시킬 수 있다고 보았다. 그리고 그중에서도 훌륭한 벗이 큰 도움이 된다고 여
겼다.

> 2.15 舜之事親有不悅者, 爲⁽¹⁾父頑母嚚不近人情. 若中人之性, 其愛惡
> 略無害理, 姑必順之. 親之故舊, 所喜者當極力招致以悅其親, 凡
> 於父母賓客之奉, 必極力營辨, 亦不計家之有無. 然爲養又須使不
> 知其勉强勞苦, 苟使見其爲而不易, 則亦不安矣.¹⁸『記說』.

|번역| 순임금이 부모님을 섬김에 기뻐하지 않음이 있었던 것은 아버지는
완고하고 어머니는 간사하여 인지상정에 부합하지 않았기 때문이
다. 보통 사람의 본성 같은 경우는 그 사랑하고 미워함이 대체로 이
치를 해침이 없으니 일단은 반드시 순종해야 한다. 부모님의 옛 친
구로 좋아하시는 분은 마땅히 힘을 다해 초대해 부모님을 기쁘게
해 드려야 한다. 무릇 부모님의 손님을 받들 때는 반드시 힘을 다해
해야 하고, 가산의 유무는 계산하지 않는다. 하지만 봉양을 할 때는
그 힘쓰고 노고하는 것을 부모님이 알게 해서는 안 된다. 만약 그것
을 행하는 것이 쉽지 않음을 보인다면 부모님이 편안해하지 않으실
것이다. 『기설』.

|해설| 부모님에 대한 효도의 원칙과 방법을 말하고 있다. 순임금의 부모같이 비상식
적인 부모라면 순종하기 어렵겠지만, 보통의 성정을 가진 부모라면 옳고 그른
이치에 크게 위배되지는 않으므로, 그들의 말씀을 따라야 한다. 또 효행의 방법

---

18 (1)父頑母嚚:『尙書』,「堯典」, "순은 악관 고수(瞽瞍)의 아들입니다. 아버지는 완고하고
어머니는 간사했으며, 동생 상(象)은 오만했습니다."(瞽子, 父頑, 母嚚, 象傲.) 嚚(은), 어
리석다, 말에 거짓이 많다.

으로 부모님이 좋아하는 벗을 정성껏 모시되, 경제적으로 힘에 부치더라도 그 것을 부모님이 알게 해서는 안 됨을 지적하였다. 부모의 심기를 편안하게 해 드 리려는 세심한 배려가 필요함을 말한 것이다.

2.16 「斯干」詩言"⁽¹⁾兄及弟矣, 式相好矣, 無相猶矣", 言兄弟宜相好, 不 要⁽²⁾厮學. 猶, 似也. 人情大抵患在施之不見報則輟, 故恩不能終, 不要相學, 己施之而已.¹⁹『詩說』. 下同.

| 번역 | 「사간(斯干)」의 시에 이르기를 "형들과 아우들이여, 서로 화목하구 나. 서로 비슷하게 하지 마라"라고 했다. 이는 형제가 마땅히 서로 화목하게 지내야 하지만 서로 배워 맞출 필요는 없음을 말한다. 유 (猶)는 비슷함이다. 인정상 근심은 베풀어도 보답을 받지 못하면 그 만두는 데 있다. 그러므로 은혜가 끝까지 가지 못한다. 서로 배워 비 슷해지려 하지 말고 자신이 베풀 따름이다. 『시설』. 이하도 같음.

| 해설 | 사람 사이의 화목함은 누구나 추구하는 바이다. 하지만 서로 배워서 비슷해지 는 것은 기대하기 어려운 것이 현실이다. 그렇다면 '내'가 사랑으로 상대를 대했 지만, 상대도 '나'에게 그렇게 대하지 않았다고 해서 좌절할 일만은 아니다. 장재 는 그렇더라도 '나'는 사랑을 베풀어야 한다고 말하고 있다.

---

19 (1)『詩經』, 「小雅」, 「斯干」, "시냇물이 맑게 흐르고, 그윽이 남산이 바라보이네. 대숲이 무성한 듯, 소나무가 무성한 듯하구나. 형들과 아우들이여, 서로 화목하구나. 서로 비 슷하게 하지 마라."(秩秩斯干, 幽幽南山, 如竹苞矣, 如松茂矣. 兄及弟矣, 式相好矣, 無相猶 矣.) 秩秩, 시냇물이 맑게 흐르는 모습. 干, 澗과 통함. 시냇물. 南山, 서주 수도 남쪽의 산. 苞, 대나무가 무성하게 자란 모습. 式, 어조사. 好, 사이가 좋음. 猶, 일반적으로는 속 인다는 뜻으로 풀이되나 장재는 이 글자는 같음의 뜻으로 풀이했다. (2)厮(시), 서로.

2.17 人不爲「周南」・「召南」, 其猶正墻面而立, 常深思此言誠是, 不從
此行, 甚隔著事, 向前推不去. 蓋至親至近莫甚於此, 故須從此始.

|번역| 사람으로서「주남」「소남」을 공부하지 않으면 담장을 마주 보고 서
있는 것과 같다. 이 말을 깊이 생각해 보면 진실로 옳다. 이를 따라
행하지 않으면 일이 심히 막혀서 앞으로 밀고 나갈 수 없다. 지극히
친근한 것이 이보다 더한 것이 없으니, 마땅히 이로부터 시작해야
한다.

|해설| 『시경』의「주남」과「소남」은 모두 수신을 하여 집안을 화목하게 하는 일에 대해
노래하고 있다. 공자는 아들 백어에게 이 시를 배우지 않으면 담장을 마주 보고
서 있는 것처럼 타인과 소통할 수 없다고 말하였다. 장재 또한 공자의 이 발언이
지니는 타당함을 긍정하며, 공부가 마땅히 수신과 제가를 노래하고 있는「주남」
과「소남」에서 시작되어야 함을 확인하고 있다.

2.18 橫渠先生曰: 兵謀師律, 聖人不得已而用之. 其術見三王方策, 歷
代簡書. 惟志士仁人爲能識其遠者大者, 素求預備而不敢忽忘. 『文
集』.

|번역| 횡거 선생께서 말씀하셨다. "군사의 계획과 군대의 기율은 성인이
어쩔 수 없이 사용한다. 그 방법은 삼왕의 방책이나 역대 서책에 보
인다. 오직 뜻 있는 선비와 어진 사람만이 그 원대한 것을 알 수 있
다. 평소에 미리 대비하여 소홀히 하거나 잊지 않는다." 『문집』.

|해설| 군대와 같은 무력을 사용하는 일은 인을 이념으로 체화한 성인에게는 부득이할
때만 사용하는 것이다. 성인이 본받아야 할 군사 계획이나 군대의 기율에 관한

생각은 하, 은, 주를 세운 성왕의 방책이나 역대 전적에 보이니, 그 속에서 원대한 뜻을 발견할 수 있어야 한다.

2.19 [1]肉辟於今世死刑中取之, 亦足寬民之死, 過此當念其散之之久.[20]

|번역| 육형을 오늘날 사형수에게 취한다면 백성의 죽을죄를 관대하게 대하기에 족할 것이다. 그러나 이를 넘어서 백성이 흩어진 지 오래라는 점을 생각해야 한다.

|해설| 군주가 형벌을 가볍게 하는 것도 백성을 어진 마음으로 대하는 하나의 방법일 것이다. 하지만 백성이 하나로 단결하지 못하고 흩어진 지 오래되었으므로, 민심을 얻을 보다 근본적인 방법을 생각해야 한다.

2.20 橫渠先生曰: 古者有東宮, 有西宮, 有南宮, 有北宮. 異宮而同財, 此禮亦可行. 古人慮遠, 目下雖似相疎, 其實如此乃能久相親, 蓋數十百口之家, 自是飮食衣服難爲得一. 又異宮乃容子得伸其私, 所以避子之私也. 子不私其父, 則不成爲子. 古之人曲盡人情, 必也同宮, 有叔父伯父, 則爲子者何以獨厚於其父? 爲父者又烏得而當之? 父子異宮, 爲[1]命士以上, 愈貴則愈嚴, 故異宮猶今世有逐位, 非如異居也.[21] 『樂說』.

20 (1)肉辟, 육체에 가하는 형벌로 모두 다섯 가지가 있다. 이마에 새기는 묵벽(墨辟), 코를 베는 의벽(劓辟), 발꿈치를 베는 비벽(剕辟), 생식기를 베는 궁벽(宮辟), 사형인 대벽(大辟)이 그것이다.

21 (1)命士, 봉작을 받은 사람.

|번역| 횡거 선생이 말했다. "옛날에는 동궁도 있고 서궁도 있고 남궁도 있고 북궁도 있었다. 건물을 달리했지만 재산은 함께했으니, 이 예는 지금도 행할 수 있다. 옛사람들은 먼 일을 고려했으니, 당장은 비록 서로 소원한 듯하지만, 실은 그렇게 해야 오랫동안 서로 친할 수 있다. 대개 수십 명이나 수백 명의 집안에서 음식과 의복은 통일되기 어렵다. 또 건물을 달리하면 자식이 사사로운 정을 베푸는 것이 허용되니, 이는 자식의 사사로운 정을 숨겨 주는 것이다. 자식이 자신의 부모에게 사사롭지 않다면 자식이 될 수 없다. 옛사람은 인정을 곡진히 했다. 반드시 한 건물에 숙부와 백부가 있어야 한다면 자식 된 자가 어떻게 자신의 부모만을 후하게 대할 수 있겠으며, 아버지 된 자도 어떻게 그것을 감당할 수 있겠는가? 아버지와 아들이 건물을 달리하는 것은 봉작을 받은 사람 이상이었으며, 귀할수록 건물을 달리하는 것은 더욱 엄했다. 그러니까 건물을 달리한 것은 요즘 세상에서 집이 연이어 있는 것과 같지만 따로 떨어져 거주하는 것과는 다르다."『악설』.

|해설| 고대에 대가족 제도 아래에서 사람들은 넓은 한 공간에 모여 살았다. 다만 주거하는 건물은 따로 분리되어 있었다. 장재는 그렇게 건물을 따로 분리한 이유를 부모 자식 사이에 정을 나누기 위함이었다고 설명한다. 가까운 친척과 한 건물에 뒤섞여 산다면 직계 가족 사이의 특별히 친밀한 감정이 자라나기 어렵다는 것이다. 장재는 이런 정신을 체현한 주거 형태를 당시에도 실현할 수 있다고 주장하였다.

2.21 鄭衛之音悲哀, 令人意思留連, 又生怠惰之意, 從而致驕淫之心, 雖珍玩奇貨, 其始感人也亦不如是切, 從而生無限嗜好, 故孔子曰 [1]必放之. 亦是聖人經歷過, 但聖人能不爲物所移耳.[22] 『禮樂說』.

| 번역 | 정나라와 위나라의 음악은 구슬퍼 사람들의 마음을 붙들어 매고, 게으른 생각을 낳고, 이어서 교만하고 음탕한 마음을 이르게 한다. 진귀한 기호품이나 기묘한 재화더라도 그것이 처음에 사람을 감동시키는 것이 이와 같이 절실하지는 않으니, 이어서 끝없는 기호(嗜好)를 낳는다. 그래서 공자는 그것을 반드시 내쳐야 한다고 했다. 이 역시 성인이 경험하신 것이니, 다만 성인은 사물에 동요되지 않을 수 있으셨을 따름이다. 『예악설』

| 해설 | 유학은 음악이 일으키는 감정도 어느 한 극단으로 흐르는 것을 경계한다. 어떤 하나의 감정에 휩싸이는 것을 좋지 않게 보는 것이다. 그래서 지나치게 구슬픈 정나라와 위나라의 음악을 공자는 극도로 경계한 것이라고 장재는 설명한다.

2.22 (1)孟子言反經(者)²³特於鄉原之後者, 以鄉原大者不先立, 心中初 (2)無作, 惟是左右看, 順人情不欲違, 一生如此.²⁴ 『孟子說』.

| 번역 | 맹자가 불변하는 도로 돌아가는 것을 향원 다음에 말한 이유는 향원이 큰 것을 먼저 세우지 않기 때문이다. 향원은 마음에 애초부터 주인 노릇을 하는 것이 없이, 오직 좌우만 살피며 인정을 따르고 그

---

22 (1)必放之: 『論語』, 「衛靈公」, "정나라의 음악을 내치고 말재주 있는 사람을 멀리해야 한다. 정나라의 음악은 음란하고 말재주 있는 사람은 위험하다."(放鄭聲, 遠佞人. 鄭聲淫佞人殆.)

23 〈중화 주석〉 '者'는 『근사록』에 근거해 삭제했다.

24 (1)孟子言反經特於鄉原之後者: 『孟子』, 「盡心下」, "(공자께서) '향원을 싫어한 것은 덕을 어지럽힐까 해서이다.' 군자는 불변하는 도(道)로 돌아갈 뿐이다. 상도가 바로잡히면 백성들이 떨쳐 일어날 것이고, 백성들이 떨쳐 일어나면, 사악함이 없어질 것이다."(惡鄉原, 恐其亂德也. 君子反經而已矣. 經正, 則庶民興. 庶民興, 斯無邪慝矣.) (2)無作: 作은 주인 역할을 한다(作主)는 뜻.

것을 어기지 않으려 하니, 일생이 그와 같다. 『맹자설』

|해설| 향원은 많은 사람이 호평하지만 실은 주위의 눈치를 살피며 기민하게 상황에 영합하는 자일 뿐이다. 장재는 이 향원의 가장 큰 문제는 맹자가 말한 큰 것, 즉 내 마음의 근본인 도덕성을 나의 주인으로 확실히 세우지 못한 데 있다고 했다.

부록

附錄

1

여대림의 횡거선생 행장
(1)呂大臨橫渠先生行狀¹

1.1 先生諱載, 字子厚, 世⁽¹⁾大梁人. 曾祖某, 生唐末, 歷五代不仕, 以子貴贈⁽²⁾禮部侍郎. 祖復, 仕⁽³⁾眞宗朝, 爲⁽⁴⁾給事中⁽⁵⁾集賢院學士, 贈司空. 父迪, 仕⁽⁶⁾仁宗朝, 終於⁽⁷⁾殿中丞⁽⁸⁾知涪州事, 贈⁽⁹⁾尚書都官郎中. ⁽¹⁰⁾涪州卒于西官, 諸孤皆幼, 不克歸, 僑寓於鳳翔郿縣橫渠鎭之南大振谷口, 因徙而家焉.²

|번역| 선생의 이름은 장재(張載)요, 자(字)는 자후(子厚)이다. 대대로 대량

---

¹ (1)呂大臨(1040~1092): 자(字)는 여숙(與叔)이다. 초년에 장재에게서 배웠고, 후에는 정이의 제자가 되었다. 유초(游酢), 사량좌(謝良佐), 양시(楊時)와 더불어 이정 문하의 4선생이라 불린다.

² (1)大梁, 오늘날의 허난(河南) 카이펑(開封)을 가리킨다. (2)禮部侍郎, 예부의 속관이다. (3)眞宗: 재위 기간은 998~1022년이었다. (4)給事中, 송대의 문하성(門下省)에 속한 관리이다. 군주에게 바치는 문서를 수발하고 오류를 살피는 직무를 맡았다. (5)集賢院學士: 문장을 쓰고 전적을 정리하던 관리. (6)仁宗: 재위 기간은 1023~1063년이었다. (7)殿中丞: 전중성(殿中省) 아래의 속관으로, 황실의 의복, 음식, 교통 등의 일을 맡아 보았다. (8)知涪州事, 부주의 지사, 부주의 행정장관. 부주(涪州)는 쓰촨성 푸링(涪陵)현에 해당한다. (9)尚書都官郎中, 각 부문마다 사무를 관장하는 관원. (10)涪州: 장재의 아버지 장적을 가리킨다.

(大梁) 사람이었다. 증조부 아무개는 당나라 말엽에 태어나 오대(五代)를 겪으면서 벼슬을 하지 않았고, 자식에 의해 예부시랑에 추증되었다. 조부인 장부(張復)는 진종(眞宗) 대에 벼슬을 해 급사중과 집현원 학사가 되었고, 사공(司空)에 추증되었다. 부친은 장적(張迪)으로 인종(仁宗) 대에 벼슬을 하여, 전중승(殿中丞)과 부주(涪州)의 지사로 생을 마쳤고, 상서도관낭중(尚書都官郎中)에 추증되었다. 부주의 장적이 서관에서 사망했을 때 여러 아이들은 다 어려 돌아갈 수 없었고, 그래서 봉상(鳳翔) 미현(郿縣) 횡거진(橫渠鎭) 남쪽 대진곡(大振谷) 입구에 임시 기거하다가 그로 인해 그곳을 집으로 삼게 되었다.

│해설│ 장재 부계 조상의 내력을 간략히 소개했고, 장재 일가가 어떻게 횡거진에 살게 되었는지를 밝혔다.

1.2 先生⁽¹⁾嘉祐二年登進士第, 始仕⁽²⁾祁州⁽³⁾司法恭軍, 遷⁽⁴⁾丹州雲巖縣令, 又遷⁽⁵⁾著作佐郎, ⁽⁶⁾簽書渭州軍事判官公事. ⁽⁷⁾熙寧二年冬被召⁽⁸⁾入對, 除⁽⁹⁾崇文院校書. 明年⁽¹⁰⁾移疾. 十年春復召還館, ⁽¹¹⁾同知⁽¹²⁾太常禮院. 是年冬謁告西歸. ⁽¹³⁾十有二月乙亥, 行次臨潼, 卒于館舍, 享年五十有八. 是月以其喪歸殯於家, 卜以⁽¹⁴⁾元豐元年八月癸酉葬於涪州墓南之⁽¹⁵⁾兆. 先生娶南陽郭氏, 有子曰因, 尚幼.³

---

3 (1)嘉祐,송 인종의 연호이다. (2)祁州, 기주(祁州)는 오늘날 허베이성 가오청(藁城) 동북쪽에 있다. (3)司法恭軍: 주(州)를 보좌하는 관리로, 주로 법령을 논의하고 형벌을 판단했다. (4)丹州: 오늘날 샨시(陝西)성 이촨(宜川)현. (5)著作佐郎, 비서성(秘書省) 속관으로 달력을 만드는 일을 담당했다. (6)簽書渭州軍事判官公事: 簽書判官公事, 주(州)의 막료. 渭州, 지금의 간쑤(甘肅)성 핑량(平凉)현. (7)熙寧, 송 신종(神宗)의 연호이다. (8)入對, 황궁에 입궁하여 정사와 관련된 황제의 물음에 답함. (9)崇文院, 송대의 소문관(昭文館), 집현원(集賢院), 사관(史館)을 삼관(三館)이라 불렀는데, 이 삼관을 총칭해 숭문원이라 했다. (10)移疾, 병을 핑계로 사직함. (11)同知, 어떤 일을 잘 알지만, 그 일을 맡은

|번역| 선생께서는 가우(嘉祐) 2년(1057)에 진사과에 급제하시어 기주(祁州)의 사법공군(司法恭軍) 벼슬을 하시고, 단주(丹州) 운암(雲巖) 현령 자리로 옮겼고 다시 저작좌랑(著作佐郎) 자리로 옮겼고, 위주(渭州) 군사의 막료인 첨서판관공사(簽書判官公事) 직을 맡았다. 희녕(熙寧) 2년(1069) 겨울에는 입궁하여 정사에 관련된 황제의 물음에 답하였으며, 숭문원교서(崇文院校書)를 제수받았다. 이듬해에는 병을 핑계로 사직하였다. 희녕 10년(1077) 봄에 다시 부르시어 삼관으로 돌아와 태상예원(太常禮院)의 동지(同知)가 되었다. 그해 겨울에 알현하여 고하고 서쪽으로 돌아갔다. 희녕 10년 2월 을해일에 임동(臨潼)으로 행차했다가 숙소에서 사망하셨으니, 향년 58세였다. 그달에 그의 상례를 치를 때 영구를 집으로 가게 했다. 원풍(元豐) 원년(1078) 8월 계유(癸酉)일에 부주(涪州)의 남쪽 묘역에 매장했다. 선생께서는 남양(南陽) 곽씨(郭氏)를 아내로 맞이했고 인(因)이라 부르는 아들이 있었는데, 그때까지는 어렸다.

|해설| 장재가 일생 동안 맡았던 관직을 중심으로 그의 일생을 간략히 소개했다.

1.3 先生始就[1]外傅, 志氣不羣, 知虔奉父命, 守不可奪, 涪州器之. 少孤自立, 無所不學. 與[2]邠人焦寅游, 寅喜談兵, 先生說其言. 當[3]康定用兵時, 年十八, 慨然以功名自許, 上書謁[4]范文正公. 公一見知其遠器, 欲成就之, 乃責之曰: "儒者自有名教, 何事於兵!" 因勸讀『中庸』. 先生讀其書, 雖愛之, 猶未以爲足也, 於是又訪諸釋老之書,

정식 관직을 내리지 않은 것을 가리킴. (12)太常禮院, 예제를 논의한 부서. (13)十有二月乙亥, 희녕 10년 2월 을해일. (14)元豐元年, 원풍(元豐)은 송 신종의 연호이다. (15)兆, 묘역.

累年盡究其說, 知無所得, 反而求之『六經』. 嘉祐初, 見洛陽⁽⁵⁾程伯
淳正叔昆弟於京師, 共語道學之要, 先生⁽⁶⁾渙然自信曰: "吾道自足,
何事旁求!" 乃盡棄異學, 淳如也. 間起從仕, 日益久, 學益明.⁴

|번역| 선생께서는 스승에게로 나아갈 때부터 뜻이 남달랐고 부친의 명을
경건히 받들 줄 알았으며, 지키는 뜻은 빼앗을 수 없어 장적(張迪)은
선생을 마음에 들어했다. 어려서부터 홀로 자립하시어 배우지 않는
것이 없었다. 빈(邠)현 사람 초인(焦寅)과 노닐었는데, 초인이 병법
에 대해 논하기를 좋아하니, 선생께서는 그 말에 기뻐하셨다. 강정
(康定) 연간에 서하가 침입해 와 군사를 일으켰을 때, 선생의 나이는
18세였으나, 흔연히 공명을 세우겠다고 자신하고 글을 올려 범중엄
을 알현했다. 공이 보고는 그가 크게 될 그릇임을 알아채고 그를 성
취하게 하고자 하여 곧 나무라며 "유자에게는 명교(名敎)가 있거늘
무엇 하러 병법을 일삼는가!"라고 했다. 이에『중용』을 읽기를 권했
다. 선생이 그 책을 읽더니, 그것을 좋아하기는 했으나 충분하지는
않다고 여겼다. 이에 다시 석가모니와 노자의 서책을 살피며 여러
해에 걸쳐 그 학설을 끝까지 궁구했으되 얻을 것이 없음을 알고 돌
아와『육경』에서 구하게 되었다. 송 인종 가우(嘉祐) 연간(1056~1063)
에 낙양(洛陽)의 정호와 정이 형제를 수도에서 만나, 도학의 요체를
함께 이야기하고 완전히 자신하며 "나의 도는 자족하니 어찌 다른

---

4 (1)外傳, 선생님을 가리킴. 보모를 내부(內傳)라고 하고 선생님을 외부라고 했음. (2)邠
人焦寅游, 샨시(陝西)성 빈(邠)현 사람 초인과 어울려 노닐었음. (3)康定用兵: 송 인종 강
정 원년(1040)에 서하(西夏)가 침입해 오자 송나라 군대는 연전연패하다가 1044년 10월
에 화의를 맺은 일을 가리킨다. (4)范文正公: 범중엄(范仲淹, 989~1052), 북송대의 대신
이자 저명한 문인이다. (5)程伯淳正叔: 정백순은 정호(程顥, 1031~1085)이고, 정숙은 정
이(程頤, 1033~1107)이다. 백순과 정숙은 자이다. (6)渙然, 의혹, 오해, 근심 등이 확 풀
리는 모양.

곳에서 구할 필요가 있겠는가!"라고 했다. 이에 이단의 학문을 다 버렸으니, 순수해졌다. 그 사이에 벼슬을 하기도 했으되, 세월이 오래갈수록 학문은 더욱 밝아졌다.

| 해설 | 장재는 국방이 튼튼하지 못한 북송 시대에 서북쪽 변경 지역에서 살았으므로 유자로서 병법에도 관심을 가질 수밖에 없었다. 그러다가 범중엄의 권고로『중용』을 읽지만, 그것에 만족하지 못하고 다시 불교와 노장사상을 탐구한다. 결국 육경으로 다시 돌아오지만, 학문적 방황은 그가 새로운 유학을 세우는 데 적지 않은 힘이 된다.

1.4 方未第時, [(1)]文潞公以故相[(2)]判長安, 聞先生名行之美, 聘以[(3)]束帛, [(4)]延之學宮, 異其禮際, 士子[(5)]矜式焉. 其在雲巖, 政事大抵以敦本善俗爲先, 每以[(6)]月吉具酒食, 召鄕人高年會於縣庭, 親爲勸酬, 使人知養老事長之義, 因問民疾苦及告所以訓戒子弟之意. 有所敎告, 常患文檄之出不能盡達於民, 每召鄕長於庭, 諄諄口諭, 使往告其里閭. 間有民因事至庭或行遇於道, 必問"某時命某告某事聞否", 聞卽已, 否則罪其受命者. 故一言之出, 雖愚夫孺子無不預聞知. [(7)]京兆王公樂道嘗延致郡學, 先生多敎人以德, 從容語學者曰: "孰能少置意科擧, 相從於堯舜之域否?" 學者聞法語, 亦多有從之者. [(8)]在渭, 渭帥[(9)]蔡公子正特所尊禮, 軍府之政, 小大咨之, 先生夙夜從事, 所以贊助之力爲多. [(10)]並塞之民常苦乏食而貸於官, 帑不能足, 又屬霜旱, 先生力言於府, 取軍儲數十萬以救之. 又言[(11)]戍兵徒往來, 不可爲用, 不若[(12)]損數以募土人爲便.⁵

5 (1)文潞公: 문언박(文彦博, 1006~1079)을 가리킨다. 인종대에 재상을 지냈고 왕안석의 변법에 반대하다가 면직되었다. (2)判, 송대에는 고관대작이 낮은 직급의 관리를 겸직

|번역| 장재가 아직 급제하지 않았을 때 문언박이 옛 재상으로서 장안에 겸직 관리로 왔는데, 선생의 훌륭한 명성과 품행에 대해 듣고 비단 다섯 필을 예물로 보내고 그를 학궁에 끌어들여 예우함을 달리하자, 배우는 자들이 경의를 품고 그를 본받았다. 운암(雲巖)에 계실 때 정사는 근본인 농사를 중시하고 풍속을 선하게 하는 일을 우선시했으니, 매월 초하루마다 술과 음식을 갖추어 고을의 나이 많은 사람들을 현의 뜰에 불러 모아 친히 술을 권하여 사람들이 노인을 봉양하고 어른을 섬기는 의리를 알도록 했으며, 백성의 괴로움을 묻고 젊은이들에게 타이를 것을 알렸다. 가르칠 것이 있으면 늘 격문이 백성들에게 다 전달되지 못할까 염려했으며, 고을의 수장을 현의 뜰에 부를 때마다 신신당부하며 말로 가르쳐 그가 고을에 가서 알리도록 했다. 간혹 백성이 일이 있어서 뜰에 이르거나 가다가 길에서 마주치면 반드시 "아무개 때에 아무개에게 명하여 어떤 일을 알리도록 했는데 들었느냐"고 물었으니, 들었다고 하면 그만이지만, 그러지 못했다고 하면 그 명을 받은 자를 처벌했다. 그랬기 때문에 한마디 말이 밖으로 나가면 어리석은 사람이나 어린아이라 할지라도 그것을 미리 들어 알지 못하는 사람은 없었다. 경조(京兆)의 왕도(王陶)는 일찍이 군(郡)의 학생들을 불러 놓았는데, 선생은 대부분 덕으로 사람들을 가르치시며 조용히 배우는 자들에게 이렇게 말씀하셨다. "누가 과거에 뜻을 덜 두어 요순의 영역을 따를 수 있습니

하는 것을 판(判)이라 칭했다. (3)束帛, 한 묶음으로 묶은 다섯 필의 비단. (4)延, 사람을 접대함, 끌어들임. (5)矜式, 경의를 품고 본받음. (6)月吉, 매월 초하루. (7)京兆王公樂道 嘗: 경조(京兆)는 오늘날의 샨시성 장안이다. 王公樂道, 왕도(王陶, 1020~1080). 낙도는 자(字)이다. (8)在渭, 위주(渭州)에 있을 때. 장재가 위주에서 군사판관으로 있을 때를 가리킨다. (9)蔡公子正特: 채정(蔡挺, 1014~1079)을 가리킨다. (10)並塞: 並은 곁 방(傍) 자와 통한다. 並塞란 국경 지역의 요새를 가리킨다. (11)戍兵, 변방을 지키는 병사. (12) 損數, 각지에서 조달하는 변방 수비군의 병력 숫자를 줄이는 것을 뜻함.

까?" 배우는 자 가운데 그 법어(法語)를 듣고 그것을 따르는 자가 많이 생겨났다. 위주(渭州)에 계실 때는 위주의 장수 채정(蔡挺)이 특별히 존숭하여 예우했으니, 군부의 크고 작은 정사를 자문했다. 선생께서는 아침저녁으로 그 일에 종사하시었으니, 많은 도움이 되었다. 국경 부근 요새에 사는 백성들은 자주 먹거리가 부족해 고통을 받아 관아에서 그것을 빌렸는데, 창고의 재물이 부족했고, 서리가 내리고 가뭄이 들었으니, 선생께서는 관부에 힘써 말하여 군수품 수십만을 내어 그들을 구제하도록 했다. 또한 변방을 지키는 병사들이 괜히 왔다 갔다 하여 쓸모가 없으므로, 각지에서 불러들이는 변방 수비군의 숫자를 줄여 군사를 모집하는 것이 더 편리할 것이라고 했다.

|해설| 운암 현령으로 있을 때 매월 초 관청에서 노인을 위한 잔치를 베풀어 노인 공경의 자세를 몸소 보여 주었고, 백성 교화의 가르침이 자신이 관할하는 마을 구석구석까지 다 전달되도록 했다. 또 위주(渭州)에서 군사의 막료로 있을 때는 장수 채정에게 백성 구제와 수비군 감축 등에 관한 여러 조언을 했다.

1.5 ⁽¹⁾上嗣位之二年, 登用大臣, 思有變更, ⁽²⁾御史中丞⁽³⁾呂晦叔薦先生
于朝曰: "張載學有本原, 四方之學者皆宗之, 可以召對訪問." 上卽
命召. 旣入見, 上問治道, 皆以漸復三代爲對. 上悅之, 曰: "卿宜日
見⁽⁴⁾二府議事, 朕且將大用卿." 先生謝曰: "臣自外官赴召, 未測朝
廷新政所安, 願徐觀⁽⁵⁾旬月, 繼有所獻." 上然之. 他日見⁽⁶⁾執政, 執
政嘗語曰: "新政之更, 懼不能任事, 求助於子何如?" 先生對曰: "朝
廷將大有爲, 天下之士願與⁽⁷⁾下風. 若與人爲善, 則孰敢不盡! 如⁽⁸⁾敎
玉人追琢, 則人亦故有不能." 執政默然, 所語多不合, 寖不悅. 旣命

校書崇文, 先生辭, 未得謝, 復命⁽⁹⁾案獄⁽¹⁰⁾浙東. 或有爲之言曰: "張
載以道德進, 不宜使之治獄." 執政曰: "⁽¹¹⁾淑問如皐陶, 猶且獻囚,
此庸何傷!" 獄成, 還朝. 會弟⁽¹²⁾天祺以言得罪, 先生益不安, 乃謁告
西歸, 居于橫渠故居, 遂移疾不起.⁶

|번역| 신종은 즉위 2년(1069)에 대신을 등용함에 변화를 주고자 했는데,
어사중승으로 있던 여공저(呂公著)가 선생을 조정에 추천하며 이렇
게 말했다. "장재는 배움에 본원이 있어 사방의 학자들이 다 그를 으
뜸으로 여깁니다. 그를 불러 대면하시어 물으십시오." 주상이 즉시
명하여 불러들였다. 입조하여 알현하니, 주상이 다스리는 도를 묻
자, 선생은 모두 하상주 삼대의 도를 점차 회복할 것으로 대답했다.
주상이 기뻐하며 말했다. "경은 의당 정치와 군사를 담당하는 중서

6 (1)上嗣位之二年: 주상(主上)은 신종을 가리킨다. 신종이 즉위한 2년째는 1069년이다.
(2)御史中丞, 송대에 어사대를 실질적으로 책임지던 관리로 감찰의 업무를 맡았다. (3)
呂晦叔, 여공저(呂公著, 1018~1086)를 가리킨다. (4)二府, 송대에 중서성과 추밀원을 이
부(二府)라 칭했다. 정치와 군사를 담당하는 두 부서였다. (5)旬月, 10일에서 한 달 정도
되는 짧은 시간. (6)執政, 국정을 총괄하는 자리로, 왕안석을 가리킨다. (7)下風, 바람의
아래쪽. 아래에 있는 백성들이 정치개혁의 바람을 따른다는 뜻. (8)敎玉人追琢: 옥을 다
듬는 사람으로 하여금 옥을 조탁하게 함. 이 말은 『맹자』 「양혜왕하」의 다음과 같은 말
에 근거를 두고 있다. "가령 여기에 가공을 하지 않은 옥 덩어리가 있다고 합시다. 비록
만금의 가치를 지닌다 하더라도 반드시 옥을 다듬는 장인으로 하여금 그것을 조탁하게
해야 합니다. 그런데 나라를 다스리는 문제에 이르러 왕께서 '잠시 네가 배운 것을 버리
고 나를 따르라'고 하시니, 옥을 다듬는 사람으로 하여금 옥을 조탁하게 하는 것과는 어
찌하여 다르게 하시는 겁니까?"(今有璞玉於此. 雖萬鎰, 必使玉人彫琢之, 至於治國家, 則
曰姑舍女所學而從我, 則何以異於敎玉人彫琢玉哉?) 이 말에 비추어 장재는 타인이 원하지
않는 일을 억지로 따르게 하지 말라는 뜻으로 위 말을 한 것으로 이해된다. (9)案獄, 옥
사를 살핌. (10)浙東, 오늘날 저장(浙江)성 동남부 지역을 가리킨다. (11)淑問如皐陶(숙
문여고도):『詩經』, 「魯頌」, 「泮水」, "고요처럼 심문 잘하는 이, 반궁에 죄수를 바친다."
(淑問如皐陶, 在泮獻囚.) 淑, 잘한다(善)는 뜻. 皐陶(고요), 요임금 때의 신하로, 판결을
잘하는 이로 알려져 있다. (12)天祺: 장전(張戩). 장재의 동생. 왕안석의 변법에 반대하
다가 면직되었다.

성과 추밀원 이부(二府)에 두고 매일 국사를 논의해야 할 것이니, 짐은 장차 경을 크게 쓰겠다." 선생께서 사양하며 말했다. "신은 외지의 관리로 있다가 부르심에 달려왔으니, 조정에서 시행하는 신정(新政)의 좋은 점을 아직 헤아리지 못했습니다. 원컨대 10여 일에서 한 달 정도 천천히 살핀 후 진헌하는 바가 있었으면 합니다." 주상이 그러라고 했다. 그러던 어느 날 집정 왕안석을 만났다. "새로운 정치 개혁을 맡을 사람이 없을까 두려운데 그대에게 도움을 구하면 어떻겠습니까?" 선생이 대답하셨다. "조정에서 장차 크게 어떤 일을 하려 한다면 천하의 선비들이 따르기를 원할 것입니다. 만약 남과 선한 일을 하려고 한다면 누가 감히 그 일을 다하지 않겠습니까! 만약 옥을 다듬는 장인들에게 옥을 자신의 뜻대로 조탁하라고 강요한다면 사람들은 할 수 없는 것이 있게 됩니다." 집정이 침묵했고, 말한 바가 많은 경우 합치되지 않아 점차 기쁘지 않게 되었다. 그러다가 숭문교서로 임명했는데, 선생께서는 사양했으나 윤허를 얻지 못하고 다시 절동(浙東) 지역의 옥사를 살피도록 명했다. 이 일로 인해 어떤 이가 이렇게 말했다. "장재는 도덕으로 나아간 자이니, 그에게 옥사를 다스리게 하는 것은 합당치 않습니다." 집정이 말했다. "고요(皐陶)처럼 심문을 잘하고 죄수를 바친다면 그것이 어찌 해가 되겠는가!" 옥사가 이루어지고 조정으로 돌아왔다. 동생 장천기(張天祺)가 말로 미움을 샀음을 안 뒤, 선생이 더욱 불안해하시더니, 이에 주상을 알현하고 서쪽의 집으로 돌아가겠다고 고한 후, 횡거진의 옛 집에 머물며 결국은 병을 핑계로 대고 관직에 나아가지 않았다.

┃해설┃ 장재가 조정에 불려가 중앙에서 잠시 일하던 일을 기록하였는데, 중심 내용은 왕안석과 의견이 맞지 않아 결국은 사직하고 고향으로 돌아오게 되었다는 것이다. 그런데 유의할 점은 장재가 왕안석의 변법에 적극 찬동하지 않았지만, 그렇다고 그것을 적극 공격하지도 않았다는 것이다. 잘 알려져 있듯 왕안석의 변법

에 사마광, 정호, 정이 등은 모두 격렬히 반대했으나, 장재는 그러지 않았는데, 그 이유는 개혁, 변혁 자체는 적극 환영하는 장재의 사상적 경향과 관련이 깊다. 그가 반대했던 것은 개혁을 독단적으로 추진하는 방식이었다.

1.6 橫渠至僻陋, 有田數百畝以供歲計, 約而能足, 人不堪其憂, 而先生處之益安. 終日危坐一室, 左右簡編, 俯而讀, 仰而思, 有得則識之, 或中夜起坐, 取燭以書, 其志道精思, 未始須臾息, 亦未嘗須臾忘也. 學者有問, 多告以知禮成性變化氣質之道, 學必如聖人而後已, 聞者莫不動心有進. 又以爲敎之必能養之然後信, 故雖貧不能自給, 門人之無貲者, 雖(1)糲疏亦共之. 其自得之者, 窮神化, 一天人, 立大本, 斥異學, 自孟子以來未之有也. 嘗謂門人曰: "吾學旣得於心, 則修其(2)辭命, 辭無差, 然後斷事, 斷事無失, 吾乃(3)沛然. 精義入神者, 豫而已矣."[7]

|번역| 횡거진은 대단히 후미져 있고 황량하여, 밭 수백 무로 1년의 생계에 필요한 것을 공급했으되, 검약하여 만족할 수 있었으니, 다른 사람은 그 근심을 견디지 못했지만, 선생님은 그런 상태에 머무르심에 더욱 편안해하셨다. 종일 방 한곳에 꼿꼿이 앉아 계셨고, 좌우에는 책이 놓여 있었다. 고개를 숙여 책을 읽으시고, 고개를 들어 생각하셨으며, 얻은 것이 있으면 그것을 기록하셨다. 간혹 한밤중에 일어나 앉아 촛불을 밝혀 글을 쓰셨으니, 도에 뜻을 두고 정밀하게 생각하시는 일을 잠시라도 쉰 적이 없으셨고, 잠시라도 잊은 적이 없으셨다. 배우는 자가 묻는 것이 있으면 많은 경우 예를 알아 본성을 완

---

7 (1)糲疏, 거친 밥과 나물. 糲(려), 거친 현미. (2)辭命, 언사. (3)沛然, 신속히 행함.

성하고 기질을 변화시키는 도로 가르치고, 배움은 반드시 성인과 같이 된 후에야 그치라고 가르쳤으니, 그것을 들은 자 중에 마음이 움직여 전진하지 않은 이가 없었다. 또한 가르칠 때는 반드시 그들을 부양할 수 있어야 미덥게 된다고 여겨, 가난해 자급하지도 못했지만, 문인 가운데 재물이 없는 자와는 거친 밥과 나물이라도 함께 하셨다. 그가 스스로 얻으신 것은 신화(神化)를 다하는 것, 하늘과 인간을 합일시키는 것, 큰 근본을 세우는 것, 이단의 학문을 배척하는 것으로, 맹자 이래로 그런 분은 없었다. 일찍이 문인들에게 이렇게 말씀하셨다. "나의 학문은 마음에서 얻으면 그 언사를 갈고 닦아 글에 오류가 없어야 그것으로 일에 대해 결단하니, 일을 결단함에 잘못이 없으면 나는 곧 신속히 행한다. 의리를 정밀하게 탐구해 신묘함에 들어서는 것은 미리 대비하는 것일 따름이다."

|해설| 횡거진에서 학문을 연마하는 모습을 기록했다. 경제적으로 궁핍하면서도 가난한 학생과 음식을 함께 나누었고, 밤낮으로 쉬지 않고 책을 읽고 사색하며 깨달은 바를 기록해 나갔다는 점 등이 인상적이다.

> 1.7 近世喪祭無法, 喪惟^(1)致隆三年, 自期以下, 未始有^(2)衰麻之變; 祭
> 先之禮, 一用流俗節序, ^(3)燕褻不嚴. 先生繼遭期功之喪, 始治喪
> 服, 輕重如禮; 家祭始行^(4)四時之薦, 曲盡誠潔. 聞者始或疑笑, 終
> 乃信而從之, 一變從古者甚衆, 皆先生倡之.[8]

|번역| 근세에 상례와 제례에는 법도가 없으니, 상례는 단지 3년 동안 성대

---

[8] (1)致隆, 성대한 의례를 치름. (2)衰麻, 최복(衰服)과 질(絰). (3)燕褻, 무람없고 오만불손함. (4)四時之薦, 계절마다 각기 다른 제수품.

한 의례를 치르는 것일 뿐이요, 1년상 이하로는 최복(衰服)과 질(経)의 변화가 없다. 선조에게 제사를 지내는 예로는 한결같이 유행하는 풍속의 절차를 따르니 무람없고 엄격하지 않다. 선생님은 기년상이나 공복의 상을 당하시면 상복을 만들기 시작하셨는데, 그 가볍고 무거움을 예법과 같게 하셨다. 집안 제사에서는 계절마다 다른 제수품으로 거행하시어, 정성과 정결함을 다하셨다. 이를 들은 자가 처음에는 혹 의심하고 비웃었으나, 마침내 믿고 그것을 따랐으니, 한 차례 변하여 옛것을 따르는 자가 아주 많았다. 모두 선생님이 창도하신 것이다.

| 해설 | 장재가 1년상 이하의 상례를 당했을 때 대공복, 시마복 등을 입었다는 사실은 『잡시』의 「초상(有喪)」편을 보면 알 수 있다. 또 그가 정성을 다해 계절음식을 바치는 천(薦)을 지냈다는 점은 『문집』의 「시제를 처음 정할 때 사당에 고하는 글(始定時薦告廟文)」을 통해서도 확인할 수 있다.

1.8 先生氣質剛毅, 德盛貌嚴, 然與人居, 久而日親. 其治家接物, 大要正己以感人, 人未之信, 反躬自治, 不以語人, 雖有未喩, 安行而無悔, 故[1]識與不識, 聞風而畏, 非其義也, 不敢以一毫及之. 其家童子, 必使灑掃應對, [2]給侍長者; 女子之未嫁者, 必使親祭祀, 納酒漿, 皆所以養[3]孫弟, 就成德. 嘗曰: "事親奉祭, 豈可使人爲之!" 聞人之善, 喜見顔色. 答問學者, 雖多不倦, 有不能者, 未嘗不開其端. 其所至必訪人才, 有可語者, 必丁寧以誨之, 惟恐其成就之晩. 歲値大[4]歉, 至人相食, 家人惡米[5]不鑿, 將舂之, 先生亟止之曰: "饑殍盈野, 雖疏食且自愧, 又安忍有擇乎!" 甚或咨嗟對案不食者[6]數四.[9]

|번역| 선생님은 기질이 강하고 굳세셨으며, 덕은 성대하고 용모는 엄하셨다. 하지만 사람들과 함께 오래 지내면 날로 친해지셨다. 집안을 다스리시고 외물과 접촉하실 때 큰 요체는 자기를 바르게 하여 남을 감화시키는 것이었다. 남이 믿지 않으면 몸에 돌이켜 자신을 다스리고 남에게 말하지 않으셨다. 아직 깨우치지 못한 것이 있어도 편안하게 행하고 후회함이 없으셨다. 그리하여 단순히 인식하는 것과 인식하지 못하는 것, 풍문으로 듣고 두려워하는 것은 그 의리가 아니므로 추호도 그것을 언급하지 않으셨다. 그 집안의 어린아이는 반드시 물 뿌리고 마당 쓸고 응대하여 윗사람을 섬기도록 했다. 시집가지 않은 여자는 반드시 친히 제사를 지내 술과 음료를 바치도록 했으니, 모두 공손함을 길러 덕을 이룸으로 나아가게 하기 위함이었다. 일찍이 이렇게 말씀하셨다. "부모를 섬기고 제사를 받드는 일을 어떻게 남이 하도록 할 수 있겠는가!" 누군가 선하다는 말을 들으시면 기뻐함이 안색에 드러났다. 배우는 자와 문답을 하실 때는 비록 질문이 많더라도 피곤해하지 않으셨고, 하지 못하는 것이 있는 자에게 그 단초를 열어 주지 않으신 적이 없다. 가는 곳마다 반드시 인재를 찾으셨고, 이야기할 만한 자가 있으면 반드시 신신당부해 가르치시며 그 성취함이 늦지나 않을까 하셨다. 크게 흉년이 든 해에는 사람들이 서로 잡아먹기에 이르렀는데, 집안사람이 나쁜 쌀을 정미하지 않다가 이제 빻으려고 할 때, 선생님이 급히 중지시키며 말씀하셨다. "굶어 죽은 주검이 들판에 가득하여, 거친 밥도 부끄러운데 어찌 먹는 것을 가리는 일이 있는가!" 심지어 간혹 탄식하며

9 (1)識, 장재가 말하는 識은 인식을 뜻한다. 그는 덕성이 바탕이 되지 않는 인식은 절대 의리를 파악할 수 없다고 하였으므로 여기서 識은 부정적인 의미로 쓰였다. (2)給侍, 모심. 섬김. (3)孫弟, 遜悌와 같음. 공손함. (4)歉(겸), 흉년이 듦. (5)不鑿, 빻지 않음, 정미하지 않음. (6)數四, 여러 차례, 비일비재.

상을 대하시고 드시지 않는 경우도 비일비재했다.

|해설| 장재가 일상에서 사람을 대하는 태도가 어땠는지를 소개했다. 그 요체는 여대
림이 말하듯 "자기를 바르게 해 타인을 감화시키는 것(正己以感人)"이었으니, 그
원칙은 늘 자기를 되돌아보며, 타인에게도 일상의 일에 정성을 다하여 공손함을
기르게 하고, 흉년에는 거친 밥마저 차마 제대로 먹지 못하는 자세로 나타났다.

1.9 熙寧九年秋, 先生感異夢, 忽以書屬門人, 乃集所立言, 謂之『正蒙』,
出示門人曰: "此書予歷年致思之所得, 其言殆於前聖合與! 大要發
端示人而已, 其觸類廣之, 則吾將有待於學者. 正如老木之株, 枝別
固多, 所少者潤澤華葉爾." 又嘗謂: "『春秋』之爲書, 在古無有, 乃
聖人所自作, 唯孟子爲能知之, 非理明義精殆未可學. 先儒未及此
而治, 之故其說多穿鑿, 及『詩』『書』『禮』『樂』之言, 多不能平易其
心, 以意逆志." 方且[1]條擧大例, 考察文理, 與學者[2]緖正其說.[10]

|번역| 희녕(熙寧) 9년(1076) 가을에 선생님이 이상한 꿈을 꾸시고는 갑자기
책을 문인에게 맡기시고, 세운 주장을 모아 『정몽(正蒙)』이라 불렀
다. 문인에게 그것을 꺼내 보이시고 이렇게 말씀하셨다. "이 책은
내가 여러 해에 걸쳐 생각을 다하여 얻은 것이니, 그 말은 거의 앞선
성인의 그것과 합치될 것이라! 개요와 발단만을 사람들에게 보여
줄 따름이다. 종류별로 그 주장의 의미를 넓혀 가는 일을 나는 배우
는 자들에게 기대한다. 이는 마치 늙은 나무에 가지는 물론 많지만
반지르르한 꽃잎이 적은 것과 같다." 또 말씀하셨다. "『춘추』라는

10 (1)條擧, 조목에 따라 거론함. (2)緖正, 두서를 정리하고 순서를 배열함.

책은 고대에는 없었으니, 성인이 스스로 지으신 것으로, 오직 맹자만이 그것을 알 수 있었으니, 이치에 밝고 의리에 정밀하지 않다면 배울 수 없을 것이다. 선대의 유자들은 이에 미치지 못하면서 그것을 연구한 까닭에 그 학설에는 견강부회가 많았다. 『시』, 『서』, 『예』, 『악』의 말에 이르러서도 많은 경우, 그 마음을 평온하게 갖지 못하고 자신의 뜻으로 작자의 본뜻을 추측했다." 통례를 조목에 따라 들어 문장의 의미를 살피고 배우는 자들과 그 설을 정리하고 배열하셨다.

| 해설 | 만년에 장재는 살 날이 얼마 남지 않았음을 직감하고 서둘러 자신의 생각을 담은 글을 모아 『정몽』이라 칭했으니, 그의 대표작은 이렇게 탄생했다. 아울러 여러 유교 경전에 대한 나름의 해석을 제자들과 함께 정리해 냈다.

1.10 先生⁽¹⁾慨然有意三代之治, 望道而欲見. 論治人先務, 未始不以經界爲急, 講求法制, 粲然備具, 要之可以行於今, 如有用我者, 舉而措之爾. 嘗曰: "⁽²⁾仁政必自經界始. 貧富不均, 教養無法, 雖欲言治, 皆苟而已. 世之病難行者, 未始不以亟奪富人之田爲辭, 然茲法之行, 悅之者衆, 苟處之有術, 期以數年, 不刑一人而可復, 所病者特上未之行爾." 乃言曰: "縱不得行之天下, 猶可驗之一鄉." 方與學者議古之法, 共買田一方, 畫爲數井, 上不失公家之賦役, 退以其私正經界, 分宅里, 立斂法, 廣儲蓄, 興學校, 成禮俗, 救菑恤患, 敦本抑末, 足以推先王之遺法, 明當今之可行. 此皆有志未就.¹¹

---

11 (1)慨然, 대범하게, 스스럼없이. (2)仁政必自經界始: 『孟子』, 「滕文公上」, "어진 정치는 반드시 경계를 나누는 데서 시작해야 합니다."(夫仁政必自經界始.)

|번역| 선생님은 대범하게 삼대의 정치에 뜻을 두고 도(道)를 희망하며 실현하고자 했다. 사람을 다스리는 급선무를 논할 때는 경계를 나누는 것을 급한 일로 여기지 않은 적이 없었다. 법제에서 강구하여 분명히 갖추어, 요컨대 오늘날 그것을 시행할 수 있으니, 만약 자신을 써 주는 자가 있다면 그것을 시행할 것이라고 하셨다. 일찍이 이렇게 말씀하셨다. "어진 정치는 반드시 경계를 나누는 데서 시작해야 한다. 빈부가 고르지 않으면 백성을 가르쳐 기르는 일에 법도가 없게 되니, 다스림을 말하고자 해도 모두 구차할 뿐이다. 세상에서 실행의 어려움을 탓하는 자는 부자들의 전답을 재빨리 빼앗은 적이 없음을 구실로 삼는다. 하지만 이 법이 시행되면 기뻐하는 자가 많을 것이다. 적절한 방법으로 처리한다면 기대하건대 몇 년 안에 한 사람도 형벌에 처하지 않고 옛 제도를 회복할 수 있을 것이다. 비평하는 자는 단지 위에서 그것을 행한 적이 없었을 따름이다." 이어서 이렇게 말씀하셨다. "설사 그것을 천하에 시행할 수 없더라도 향(鄕) 한 곳에서 실험해 볼 수는 있을 것이다." 바야흐로 배우는 자들과 고대의 방법을 논의하시기를, 함께 전답 1방을 사들여 여러 개의 우물 정자로 구획하되, 위로는 관에 대한 부역을 빼놓지 않고, 그다음으로 사전의 경계를 바르게 하고 택지를 나누고 징세 방법을 확립하며, 저축을 증대하고 학교를 세우고 예의바른 풍속을 이루고 재해를 구휼하고, 농사를 중시하고 상업을 억누르면 선왕께서 남기신 법을 족히 밀고 나갈 수 있다고 하시어, 오늘날에도 행할 수 있음을 밝히셨다. 이것들은 모두 뜻은 있었지만 이루지는 못했다.

|해설| 장재는 정치적 이상을 실현하기 위해 가장 먼저 해야 할 일로 정전제의 시행을 들었다. 그에게 정전제는 빈부격차를 줄일 수 있는 가장 유효한 제도일 뿐 아니라, 평화적으로 시행할 수 있는 것으로도 여겨졌다. 그는 이 제도의 시행을 크게 염원했으나 뜻을 이루지는 못했다.

1.11 會⁽¹⁾秦鳳帥呂公薦之曰: "張載之學, 善發聖人之遺意, 其術略可措
之以復古, 乞召還舊職, 訪以⁽²⁾治體." 詔從之. 先生曰: "吾是行也,
不敢以疾辭, 庶幾有遇焉." 及至都, 公卿聞風慕之, 然未有深知先
生者, 以所欲言嘗試於人, 多不之信. 會有言者欲請行冠婚喪祭之
禮, 詔下禮官. 禮官⁽³⁾安習故常, 以古今異俗爲說, 先生獨以爲可
行, 且謂⁽⁴⁾稱不可非儒生博士所宜", 衆莫能奪, 然議卒不決. ⁽⁵⁾郊
廟之禮, 禮官預焉. 先生見禮不致嚴, 亟欲正之, 而衆莫之助, 先
生益不悅. 會有疾, 謁告以歸, 知道之難行, 欲與門人成其初志,
不幸告終, 不卒其願.¹²

|번역| 진봉(秦鳳)의 장수 여대방을 만났는데, 그를 천거하며 말씀하셨다.
"장재의 학문은 성인이 남기신 뜻을 훌륭히 발전시키고 있으며, 그
방법은 대체로 옛것을 회복하는 데 쓰일 수 있으니, 과거의 직책으
로 복귀시켜 치국의 방법을 물으시기 바랍니다." 황제가 그 말을 따
랐다. 선생님이 말씀하셨다. "나의 이번에 나아감은 병으로 사양하
기 어려우니, 아마도 기회를 만난 듯하다." 도성에 이르시자, 공경
들이 소문을 듣고 그를 사모하였으나, 선생님을 깊이 이해하지 못
한 자들은 말하고자 하는 것을 가지고 탐색해 보고는 많은 경우에
믿지 않았다. 그러던 중에 관혼상제의 예를 행해 달라고 말하려는
자가 있어 의례를 관장하는 관리에게 고했다. 의례를 관장하는 관
리는 관례에 익숙해하며 고금의 풍속이 다름을 말하였으나, 선생님

---

12 (1)秦鳳帥呂公: 여대방(呂大防, 1027~1097)을 가리킨다. 자는 미중(微中)이다. 진봉(秦
鳳)은 그가 다스리던 곳으로, 오늘날의 간쑤(甘肅)성 톈수이(天水)시에 해당한다. (2)治
體, 나라를 다스리는 기본적인 법도. (3)安習故常, 관례에 익숙해함. (4)稱, 의례에 관한
규정, 명칭. (5)郊廟, 천자가 교외에서 천지와 조상에게 제사를 지내는 것.

은 홀로 옛 의례를 행할 수 있다고 여기셨을 뿐 아니라, "의례에 관한 규정이 유생과 박사에게는 적합한 것이 아니라고 해서는 안 된다"고 하셨다. 뭇사람들은 그 뜻을 꺾을 수는 없었으나, 논의는 결국 결정되지 못하였다. 천자가 교외 제사는 의례를 관장하는 관리가 준비했다. 선생님은 의례가 엄격하지 못함을 보시고 속히 바로잡고자 하셨지만 뭇사람들 가운데 돕는 이가 없었으니, 선생님은 더욱 불쾌해하셨다. 때마침 병에 걸리자 알현하여 귀향하겠다고 고하였다. 도를 행하기 어려움을 아시고, 문인들과 함께 애초의 뜻을 이루고자 하셨으나, 불행히도 돌아가시어 그 바람을 이루지 못하셨다.

해설 장재의 생애 마지막 중앙 조정 출사 상황을 기록하였다. 장재는 예법의 준수를 매우 중시했다. 그의 『어록』과 『문집』 여러 곳에 보이듯, 그는 특히 상례, 제례를 될 수 있으면 옛 예법대로 치르려 했다. 그래서 시대가 변했으니 옛 예법을 따르는 것은 곤란하다는 예관(禮官)의 생각과 행동에 불만을 느꼈으며, 결국 다시 귀향하다 사망하게 되었다.

> 1.12 ⁽¹⁾沒之日, 惟一甥在側, 囊中⁽²⁾索然. 明日, 門人之在長安者, 繼來
> 奔哭致⁽³⁾賻襚, 始克斂, 遂奉柩歸殯以葬. 又卜以三月而葬, 其治
> 喪禮一用古, 以終先生之志.¹³

번역 돌아가시던 날에는 생질 한 사람만이 곁에 있었고 주머니에는 아무것도 없었다. 다음날 장안에 있던 문인들이 연이어 달려와 곡을 하고 부의와 수의를 바치니, 비로소 염을 할 수 있었고, 마침내 영구를

---

13 (1)沒之日, 송 신종 희녕 10년(1077) 음력 12월의 어느 날을 가리킨다. (2)索然, 아무것도 없는 모습. (3)賻襚, 부의(賻儀)와 수의(襚衣).

모셔 돌려보내어 장례를 지냈다. 다시 부고를 내어 3개월이 지난 뒤 장례를 치렀으니, 그 상례는 일률적으로 옛 법도를 따름으로써 선생님의 뜻에 따라 일을 마쳤다.

1.13 某惟先生之學之至, 備存於書, 略述於⁽¹⁾論議矣, 然欲求文以表其 墓, 必得行事之迹, 敢次以書.[14]

|번역| 내 생각에 선생님 학문이 이르신 것은 서책에 다 보존되어 있고, 시호를 내리기 위한 논의에 개략적으로 서술되어 있다. 그렇지만 문장을 구해 그의 무덤에 표기를 하려면 반드시 일을 행하신 자취를 얻어야 하므로 감히 위와 같은 순서로 썼다.

1.14 朱熹⁽¹⁾『伊洛淵源錄』: "按「行狀」今有兩本, 一云'盡棄其學而學焉', 一云'盡棄異學淳如也.' 其他不同處亦多, 要皆後本爲勝. 疑與叔 後嘗刪改如此, 今特據以爲定. 然『龜山集』中有「跋橫渠與伊川簡」 云: '橫渠之學, 其源出於程氏, 而關中諸生尊其書, 欲自爲一家. 故予錄此簡以示學者, 使知橫渠雖細務必資於二程, 則其他固可 知已.' 按橫渠有一簡與伊川, 問其叔父葬事, 末有"⁽²⁾提耳悲激"之 言, 疑龜山所跋即此簡也. 然與伊川此言, 蓋退讓不居之意. 而橫 渠之學, 實亦自成一家, 但其源則自二先生發之耳."[15]

---

14 (1)論議, 재상이나 유자들이 사망한 뒤에 조정에서 시호를 내리기 위해 그의 생전 업적을 논의하고 평가하는 일.
15 (1)『伊洛淵源錄』: 송 효종(孝宗) 건도(乾道) 9년(1173)에 주희가 저술한 책으로, 주돈이,

|번역| 주희(朱熹)의 『이락연원록』(伊洛淵源錄)에는 이런 말이 있다. "살펴보건대 「횡거선생행장」으로 오늘날에는 판본이 두 가지가 있는데, 한 곳에서는 '(장재가) 자신의 학문을 다 버리고 (이정에게서) 배웠다'고 했고, 다른 곳에서는 '이단의 학문을 다 버리고 순수해졌다'고 했다. 다른 상이한 곳도 많지만, 중요한 것들은 모두 후자의 판본이 더 낫다. 아마도 여대림이 후에 그와 같이 삭제하고 고친 것 같으니, 이제 단지 그것에 근거해 정설로 삼는다. 그런데 양시의 『구산집』(龜山集) 가운데 「장횡거와 정이천의 서간문 발문」(跋橫渠與伊川簡)이라는 글에 다음과 같은 말이 있다. '횡거의 학문은 그 근원이 이정에게서 나온 것인데, 관중 지역의 여러 유생은 그의 책을 존숭하여 스스로 일가를 이루고자 하였다. 그래서 나는 이 서간문을 기록해 배우는 자들에게 보여 주어 횡거가 비록 세세하지만 반드시 이정에게 의존했으니, 나머지도 알 수 있음을 알게 하려 한다.' 살펴보건대 횡거에게 이천에게 보내는 서간문이 하나 있는데, 그는 거기서 숙부의 장례에 관한 일을 묻고 말미에 '절실한 가르침에 감격한다'는 말이 나온다. 아마도 양시가 발문에서 쓴 것은 이 서간문인 것 같다. 그러나 이천에게 한 이 말은 겸손하여 자기를 내세우지 않았음을 뜻한다. 횡거의 학문은 실은 스스로 일가를 이루었다. 다만 그 원천은 이정 선생으로부터 발원했다.

|해설| 여대림이 쓴 횡거의 행장 가운데 그가 자신의 학문을 다 버리고 이정의 학문을 따랐다는 기록을 했다는 사실은 앞서 정이가 그것을 비판한 글에서도 확인할 수 있다.(『장자어록』「후록상」 5.16 참조.) 후에 여대림은 정이의 비판을 받고 「행장」의 그 내용을 고쳐 쓴 것 같고, 주희가 갖고 있는 두 개의 「행장」 판본은 바로

정호, 정이, 소옹, 장재의 언행을 기록하였다. 중국에서 비교적 이른 시기에 저술된 학술사상사 분야의 저술로 평가된다. (2)提耳, 절실한 가르침.

정이의 비판 전후의 두 판본인 듯하다. 주희는 그럼에도 불구하고 양시가 장재의 서찰 문구 한 구절을 근거로 그의 사상이 이정의 그것을 다 따른 것처럼 주장하는 것은 오류임을 지적하며, 장재의 사상은 확실히 이정과는 구별되는 '나름의 일가를 이루었음'을 분명히 했다. 주희의 이런 평가는 올바르다. 다만 그 역시 마지막 구절에서 장재 사상이 이정에서 발원했다고 하고 있는데, 이 말 역시 정확한 것은 아니다. 장재가 이정과 학문적 교류를 하며 상호 영향을 받았을 것임은 분명하지만, 그의 사상이 이정에서 발원했다는 주장은 그 어디에서도 객관적인 근거를 찾기 어렵다.

2

『송사』「장재전」
宋史張載傳

2.1 張載, 字子厚, 長安人. 少喜談兵, 至欲結客取⁽¹⁾洮西之地. 年二十一, 以書謁范仲淹, 一見知其遠器, 乃警之曰: "儒者自有名教可樂, 何事於兵!" 因勸讀『中庸』. 載讀其書, 猶以爲未足, 又訪諸釋老, 累年究極其說, 知無所得, 反而求之『六經』. 嘗坐虎皮講『易』京師, 聽從者甚衆. 一夕, 二程至, 與論『易』, 次日語人曰: "比見二程深明『易』道, 吾所弗及; 汝輩可師之." 撤坐輟講. 與二程語道學之要, 渙然自信曰: "吾道自足, 何事旁求!" 於是盡棄異學, 淳如也.[16]

|번역| 장재는 자가 자후이고 장안 사람이다. 어려서 병법을 논하기를 좋아해 빈객들과 사귀어 조하(洮河) 서쪽 지역을 취하고자 했다. 나이 21살에 서찰을 써 범중엄을 알현하였다. 범중엄은 보자마자 그가 크게 될 그릇임을 알아보고 경계하여 "유자에게는 자연히 즐거워할 만한 명교가 있거늘, 무엇 하러 병법을 일삼는가!" 그리하여 『중용』

---

16 (1)洮西之地: 조하(洮河) 서쪽 지역으로 오늘날의 간쑤(甘肅), 칭하이(靑海) 일대를 가리킨다. 당시에는 서하(西夏)국이 이 지역을 차지하고 있었다.

읽기를 권했다. 장재는 그 책을 읽었으되, 부족하다고 여겨 다시 석가모니와 노자를 탐구하였다. 몇 년에 걸쳐 그 학설을 깊이 연구하였으나 얻을 것이 없음을 알고 돌아와 『육경』에서 구하게 되었다. 일찍이 호피를 깔고 앉아 수도에서 『주역』을 강론했는데 듣고 따르는 자가 아주 많았다. 어느 날 저녁, 이정 형제가 이르러 함께 『주역』에 대해 논하더니, 이튿날 사람들에게 "가까이에서 보니 이정 형제는 『주역』의 도를 깊이 이해하고 있어, 내가 미칠 바가 아니다. 그대들은 이들을 스승으로 삼을 만하다"라고 하고는, 좌석을 치우고 강론을 멈추었다. 이정 형제와 도학의 요체를 논하시더니, 완전히 자신하며 "나의 도는 자족하니 어찌 다른 곳에서 구할 필요가 있겠는가!"라고 했다. 이에 이단의 학문을 다 버렸으니, 순수해졌다.

2.2 舉進士, 爲祁州司法參軍, 雲巖令. 政事以敦本善俗爲先, 每月吉, 具酒食召鄉人高年會縣庭, 親爲勸酬, 使人知養老事長之義, 因問民疾苦, 及告所以訓戒子弟之意.

|번역| 진사로 발탁되어 기주(祁州)의 사법참군(司法參軍), 운암(雲巖) 현령이 되었다. 정사는 농사를 중시하고 풍속을 선하게 만드는 일을 우선시했다. 매월 초하루마다 술과 음식을 갖추어 고을의 나이 많은 사람들을 현청 뜰에 모아 친히 술을 권하여 사람들이 노인을 봉양하고 어른을 섬기는 의리를 알도록 했으며, 백성의 괴로움을 묻고 젊은이들에게 타이르는 뜻을 알렸다.

2.3 <u>熙寧初</u>, 禦史中丞<u>呂公著</u>言其有古學, <u>神宗</u>方一新[(1)]百度, 思得[(2)]才哲士謀之, 召見, 問治道. 對曰: "爲政不法<u>三代</u>者, 終苟道也." 帝悅, 以爲崇文院校書. 他日見<u>王安石</u>, <u>安石</u>問以新政, <u>載</u>曰: "公與人爲善, 則人以善歸公; 如敎玉人琢玉, 則宜有不受命者矣."[17]

|번역| 희녕 연간 초에 어사중승으로 있던 여공저(呂公著)가 장재는 옛 학문을 갖추고 있다고 했다. 신종은 갖가지 법도를 일신하려고 하여 재주가 뛰어난 선비를 얻어 도모할 것을 생각하였으니, 불러 접견하고는 다스리는 도에 대해 물었다. 대답하여 말했다. "정치를 하면서 삼대를 본받지 않는다면 끝내는 구차한 도입니다." 황제가 기뻐하며 숭문원교서로 삼았다. 그러던 어느 날 왕안석을 만났다. 왕안석이 신정(新政)에 대해 묻자 장재는 이렇게 말했다. "공께서 사람들과 선을 행한다면 사람들은 선으로 공께로 귀의하겠지만, 만약 옥을 다듬는 장인들에게 옥을 자신의 뜻대로 조탁하라고 강요한다면 사람들은 명을 받아들이지 않는 자들이 있을 것입니다."

2.4 [(1)]<u>明州苗振</u>獄起, 往治之, 未殺其罪. 還朝, 即移疾[(2)]屛居[(3)]<u>南山</u>下, 終日危坐一室, 左右簡編, 俯而讀, 仰而思, 有得則識之, 或中夜起坐, 取燭以書. 其志道精思, 未始須臾息, 亦未嘗須臾忘也. 敝衣蔬食, 與諸生講學, 每告以知禮成性變化氣質之道, 學必如聖人而後已. 以爲知人而不知天, 求爲賢人而不求爲聖人, 此秦漢以來學者大蔽也. 故其學尊禮貴德, 樂天安命, 以『易』爲宗, 以『中庸』爲體,

---

17 (1)百度, 갖가지 법도. (2)才哲, 재주가 뛰어난 사람

以孔孟爲法, 黜怪妄, 辨鬼神. 其家婚喪葬祭, 率用先王之意而⁽⁴⁾傅以今禮. 又論定井田·宅里·⁽⁵⁾發斂·學校之法, 皆欲條理成書, 使可擧而措諸事業.¹⁸

|번역| 명주(明州)에서 묘진(苗振)의 옥사가 일어나자 가서 다스렸으되, 그 죄를 처벌하지 않았다. 조정으로 돌아와서는 바로 병을 핑계로 남산 자락 아래에 은거했다. 종일 방 한곳에 꼿꼿이 앉아 계셨고, 좌우에는 책이 놓여 있었다. 고개를 숙여 책을 읽으시고, 고개를 들어 생각하셨으며, 얻은 것이 있으면 그것을 기록하셨다. 간혹 한밤중에 일어나 앉아 촛불을 밝혀 글을 쓰셨으니, 도에 뜻을 두고 정밀하게 생각하시는 일을 잠시라도 쉰 적이 없으셨고, 잠시라도 잊은 적이 없으셨다. 해진 옷을 입고 나물을 먹으며 여러 학생과 강학을 하되, 매번 예를 알아 본성을 완성하고 기질을 변화시키는 도와 배움은 반드시 성인과 같이 된 후에야 그치라고 가르쳤다. 사람을 알되 하늘은 모르고 현인이 되기를 구하되 성인이 되기를 구하지 않는 것이 진한대 이래로 배우는 자들의 커다란 폐단이라고 여겼다. 그리하여 그의 학문은 예를 존숭하고 덕을 귀히 여겼으며, 하늘을 즐거워하고 명에 편안했으며, 『주역』을 으뜸으로 여기고, 『중용』을 근간으로 삼았으며, 공맹을 법도로 삼아 괴이하고 거짓된 것을 물리치고 귀신을 변별했다. 그 집안의 혼례와 상례, 장례와 제례는 대체로 선왕의 뜻을 따르되 지금의 예로 보완했다. 또 정전, 택지, 징세와 징발, 학교에 관한 법을 논하여 정해, 모두 정리해 책으로 만들어

---

18 (1)明州苗振獄起: 明州, 오늘날 저장(浙江)성 닝뽀(寧波) 남쪽에 해당하는 지역. 苗振獄, 송 인종 때의 진사 묘진(苗振)이 독직 사건을 일으킨 것으로 알려진 옥사이나, 장재가 가 보니 그는 독직한 것이 아니라 관에서 돈을 빌린 것일 뿐이었다고 한다. (2)屛居, 은거함. (3)南山: 횡거진을 가리킴. (4)傅, 도움, 보완함. (5)發斂, 세금 징수와 노역 징발.

사업에 적용할 수 있게 하려 했다.

2.5 <u>呂大防</u>薦之曰: "載之⁽¹⁾始終, 善發明聖人之遺旨, 其論政治, 略可復
古, 宜還其舊職以備諮訪." 迺詔⁽²⁾知太常禮院, 與有司議禮不合,
復以疾歸. 中道疾甚, 沐浴更衣而寢, 旦而卒. 貧無以斂, 門人共買
棺奉其喪還. 翰林學士⁽³⁾<u>許將</u>等言其恬於進取, 乞加⁽⁴⁾贈卹, 詔賜
⁽⁵⁾館職⁽⁶⁾半賻.¹⁹

|번역| 여대방이 그를 천거하며 말했다. "장재는 일생 동안 성인이 남기신
뜻을 훌륭히 발전시키고 있고, 그의 정치에 대한 논의로 대체로 옛
것을 회복할 수 있으니, 과거의 직책으로 되돌려 자문하게 하시는
것이 합당합니다." 이에 태상예원을 관장하도록 조서를 내렸는데,
전담하는 관리와 예를 논함이 합치되지 않아 다시 병을 핑계로 귀
향했다. 그런데 중도에 병이 심해져, 목욕하고 옷을 갈아입고 잠이
들었는데, 아침에 사망했다. 가난하여 염을 할 수 없었으므로, 문인
들이 함께 관을 사서 그 상여를 모시고 돌아왔다. 한림학사 허장(許
將) 등은 그가 나아가 취하는 일에 초연했다고 말하며 유가족에게
재물을 더해 주기를 간청하자 삼관(三館)직 관리에게 주는 부의금
절반을 주도록 명했다.

---

19 (1)始終, 시작과 끝, 일생. (2)知太常禮院, 태상예원을 관장하는 일. (3)許將: 자는 충원
(沖元)이다. 송 신종 원풍 연간에 한림학사로 있었다. (4)贈卹, 망자 가족들에게 재물을
주어 위로함. (5)館職, 사관(史館), 소문관(昭文館), 집현원(集賢院)의 삼관(三館) 관리.
(6)半賻, 절반 정도 상례에 지출하는 돈.

2.6 載學古力行, 爲關中士人宗師, 世稱爲橫渠先生. 著書號『正蒙』, 又作「西銘」.[20]

|번역| 장재는 옛것을 배우고 힘써 행하여 관중 지역 선비들의 으뜸가는 스승이 되었으니, 세상에서는 그를 횡거 선생이라 칭한다. 저서는 『정몽』이라 부르고, 「서명」 또한 지었다.

2.7 程頤嘗言: "「西銘」明理一而分殊, 擴前聖所未發, 與孟子性善養氣之論同功, 自孟子後蓋未之見." 學者至今尊其書.

|번역| 정이는 일찍이 이렇게 말했다. "「서명」은 이일분수(理一分殊)의 이치를 밝혀 과거의 성인이 설명하지 못한 것으로 넓혔으니, 맹자가 본성의 선함과 호연지기를 기를 것을 논한 것과 공이 같다. 맹자 이후로 보지 못한 일이다." 배우는 자들은 오늘날까지도 그 책을 높이고 있다.

2.8 (1)嘉定十三年, 賜謚曰明公. (2)淳熙元年, 封郿伯, 從祀孔子廟庭.[21]

|번역| 가정 13년(1220)에 명공(明公)이라는 시호를 내렸다. 순희 원년(1174)에 미백(郿伯)으로 봉해지고 공자의 사당에 배향되었다.

---

20 〈중화 주석〉 원래는 「서명」 전문이 실려 있었으나 여기서는 삭제했다.
21 (1)嘉定十三年: 가정(嘉定)은 남송 영종(寧宗) 대의 연호이다. 가정 13년은 1220년이다.
    (2)淳熙元年: 남송 효종 대의 연호이다. 순희 원년은 1174년이다.

3

사마광의 시호에 대해 논한 편지
司馬光論謐書

3.1 光啓: 昨日承問張子厚謐, 倉卒奉對, 以"漢魏以來此例甚多, 無不可者." 退而思之, 有所未盡.

|번역| 사마광이 적습니다. 어제 장자후의 시호에 관한 하문을 받들어 창졸지간에 "진한 이후로 그러한 예는 아주 많사오니 안 될 것도 없습니다"라고 답했습니다. 하지만 물러나 생각해 보니 미진한 구석이 있습니다.

3.2 竊惟子厚平生用心, 欲率今世之人, 復三代之禮者也, 漢魏以下蓋不足法. 「郊特牲」曰: "[1]古者生無爵, 死無謐", 爵, 謂大夫以上也. 「檀弓」記禮所由失, 以爲士之有[2]誄自[3]縣賁父始. 子厚官比諸侯之大夫則已貴, 宜有謐矣. 然「曾子問」曰: "[4]賤不誄貴, 幼不誄長, 禮也. 惟天子稱天以誄之. 諸侯相誄, 非禮也." 諸侯相誄, 猶爲非禮, 況弟子而誄其師乎! 孔子之沒, 哀公誄之, 不聞弟子復爲之謐

也. 子路欲使門人爲臣, 孔子以爲欺天; 門人厚葬顏淵, 孔子歎不得
視猶子也.[22]

|번역| 제 생각에 장자후가 평생 마음을 쓴 것은 지금 세상 사람들을 이끌고 삼대의 예를 회복하고자 함이었고, 한나라, 위나라 이후의 것은 본받기에 부족하다고 했습니다. 「교특생」(郊特牲)에서는 "고대에는 살아 있을 때 작위가 없었다면 죽은 후에 시호를 내리지 않는다"고 했습니다. 작위란 대부 이상을 말합니다. 「단궁」(檀弓)에서는 예를 상실한 연유를 기록했는데, 사(士) 계층에게도 애뢰(哀誄)를 짓는 일은 현분보(縣賁父)에게서 시작되었다고 여겼습니다. 장자후의 관직은 제후의 대부에 대한 것과 비교해 보면 이미 귀하니 마땅히 시호가 있어야 합니다. 하지만 「증자문」(曾子問)에서는 이렇게 말합니다. "천한 자는 귀한 자를 위해 뇌(誄)를 짓지 않고, 어린 자는 어른을 위해 뇌를 짓지 않는 것이 예이다. 오직 천자만이 하늘을 칭하며 뇌를 짓는다. 제후들이 서로 뇌를 짓는 것은 예가 아니다." 제후들이 서로 뇌를 짓는 것도 예의가 아니거늘, 하물며 제자로서 자기 스승

22 (1)古者生無爵, 死無諡, 『禮記』, 「郊特牲」, "고대에는 살아 있을 때 작위가 없었다면 죽은 후에 시호를 내리지 않는다." (2)誄(뇌), 애뢰(哀誄), 즉 망자의 살아 생전 덕행을 적어 놓은 글로 시호를 지을 때 근거가 되기도 했다. (3)縣賁父: 『禮記』, 「檀弓上」에 나오는 인물이다. 노장공(魯莊公)이 송나라와 전투를 할 때 노장공의 수레를 몰던 사람이었는데, 말이 쓰러지자 노장공은 현분보와 그를 수행하던 복국(卜國)이 용기가 없음을 질책했다. 이에 현분보는 전장으로 달려가 싸우다가 전사하는데, 나중에 알고 보니 말은 다리에 화살을 맞아 쓰러졌던 것이다. 이에 노장공은 현분보에게 미안한 마음이 들어 그를 위한 조사를 지었다고 하는데, 이는 대부 이상에게만 조문을 내리는 당시의 예법에 맞지 않는 것이었다. (4)賤不誄貴, 幼不誄長, 禮也. 惟天子稱天以誄之. 諸侯相誄, 非禮也: 『禮記』, 「曾子問」, "천한 자는 귀한 자를 위해 조문을 짓지 않고, 어린 자는 어른을 위해 조문을 짓지 않는 것이 예이다. 오직 천자만이 하늘을 칭하며 조문을 짓는다. 제후들이 서로 조문을 짓는 것은 예가 아니다."

을 위해 뇌를 짓는 일이겠습니까! 공자가 돌아가시자 애공이 그를 위해 뇌를 지었지만, 제자들 중에 다시 그를 위해 시호를 붙였다는 말은 들은 적이 없습니다. 자로는 문인들이 신하가 되게 하려고 했지만 공자는 그것을 하늘을 속이는 일이라 여겼습니다. 또 문인들은 안연을 후하게 장례 지내려 했지만, 공자는 자식처럼 그를 대할 수 없음을 탄식했습니다.

3.3 君子愛人以禮, 今關中諸君欲謚子厚而不合于古禮, 非子厚之志. 與其以⁽¹⁾陳文範·⁽²⁾陶靖節·⁽³⁾王文中·⁽⁴⁾孟貞曜爲比, 其尊之也. 曷若以孔子爲比乎? 承關中諸君決疑於伯淳, 而伯淳謙遜, 博謀及於⁽⁵⁾淺陋, 不敢不盡所聞而獻之以備萬一, 惟伯淳擇而折衷之! 光再拜. 橫渠之沒, 門人欲謚爲"明誠夫子", 質於明道先生. 先生疑之, 訪於溫公, 以爲不可. 此⁽⁶⁾帖不見於『文集』, 令藏龜山楊公家.[23]

|번역| 군자는 사람을 사랑하는 일을 예로 하려고 할진대, 오늘날 관중의 제군들이 장자후에게 시호를 주고 싶어 하지만 이는 고대의 예에 합치되지 않으니, 장자후의 뜻이 아닙니다. 그를 진식, 도연명, 왕통, 맹교와 비교해 보면 그가 더 높지만, 어찌 공자에 비할 수 있겠습니까? 관중 제군의 뜻을 받들어 정호에게 난제를 해결해 달라고 했으니, 정호는 겸손하여 널리 도모함이 식견이 빈약한 자에 이르

---

23 (1)陳文範, 후한 말기의 진식(陳寔, 104~187)이다. 청렴한 관리로 알려져 있으며, 문범은 그의 시호이다. (2)陶靖節, 도연명(陶淵明, 365~427), 동진 시대의 전원파 시인으로 정절은 그의 시호이다. (3)王文中, 수대의 유학자 왕통(王通, 584~617)으로 문중은 그의 시호이다. (4)孟貞曜, 당대의 저명한 시인 맹교(孟郊, 751~814)로 정요는 그의 시호이다. (5)淺陋, 식견이 빈약한 사람. (6)帖(첩), 간략히 쓴 편지.

니, 들은 것을 다 모아 바쳐 만일에 대비하지 않을 수 없을 것입니다. 오직 정호만이 그것을 가려내어 절충할 수 있을 것입니다! 사마광이 재배(再拜)합니다. 횡거가 사망하자 문인들은 '명성부자(明誠夫子)'라는 시호를 부여하고자 명도 선생에게 문의했다. 선생이 이를 의심하여 사마광에게 묻더니 불가하다고 생각하였다. 이 짧은 편지는 『문집』에는 보이지 않으니, 양시의 집에 보관하도록 했다.

| 해설 | 장재 사후에 그의 제자들은 그에게 시호를 부여하고자 했는데, 이에 대해 사마광이 자신의 견해를 적은 글이다. 그는 장재의 옛 예법을 따르려는 정신에 근거해 시호를 부여하는 것에 관한 『예기』의 기록을 살펴보면, 시호는 원칙적으로 대부 이상에게만 부여할 수 있고, 시호를 짓는 데 근거가 되는 뇌(誄)는 윗사람이 아랫사람에게만 지을 수 있으니, 제자들이 스승을 위해 뇌를 짓고 시호를 부여하는 일은 있을 수 없다고 여겼다. 그리고 이 시호를 부여하는 문제를 정호가 살펴 판단해 줄 것을 기대하고 있다.

4

사마광, 다시 횡거를 애도하는 시
又哀橫渠詩

4.1 先生負才氣, 弱冠遊窮邊; 麻衣揖⁽¹⁾巨公, 決策期萬全, 謂言叛⁽²⁾羌輩, 坐可執而鞭.⁽³⁾ 意趣少參差, 萬金莫留連. 中年更折節, 『六籍』事鑽研; 羲農及周孔, 上下皆貫穿. 造次循⁽⁴⁾繩墨, 儒行無少愆. 師道久廢闕, 模範幾無傳; 先生力振起, 不絶尚聯綿. 教人學雖博, 要以禮爲先; 庶幾百世後, 復覩百王前. 釋老比尤熾, 群倫將蕩然; 先生論性命, 指示令知天. 聲光動京師, 名卿爭⁽⁵⁾薦延; ⁽⁶⁾寘之石渠閣, 豈徒修簡編! 丞相正⁽⁷⁾自用, 立有⁽⁸⁾榮枯權; 先生不可屈, 去之歸⁽⁹⁾臥堅.⁽¹⁰⁾ 孤婺聚滿室, 糊餬口耕無田; 欣欣茹⁽¹¹⁾藜藿, 皆不思⁽¹²⁾肥鮮. 近應詔書起, 尋取病告旋; 舊盧不能到,⁽¹³⁾ 丹旐風翩翩. 人生會歸盡, 但問愚與賢;⁽¹⁴⁾ 借令陽虎壽, 詎足驕顔淵! 況於⁽¹⁵⁾朱紫貴, 飄忽如雲煙; 豈若有淸名, 高出太白巓! 門人俱絰帶,⁽¹⁶⁾ 雪涕會⁽¹⁷⁾松阡. 厚終信爲美, 繼志仍須專. 讀經守舊學, 勿爲利祿遷; 好禮效古人, 勿爲時俗牽; 修內勿修外, 執中勿執偏. 當令⁽¹⁸⁾洙泗風, 郁郁滿秦川. 先生倘有知, 無憾歸⁽¹⁹⁾重泉.²⁴

|번역| 선생께서는 재주를 지니시고 약관의 나이에 궁벽한 변방에서 노니
셨다. 베옷 입고 큰 분께 읍하고 정책 결정에 만전을 기하며, 배신한
강족 무리는 앉아서 편달할 수 있다고 하셨네. 뜻이 다소 들쑥날쑥
하시어 만금처럼 귀한 것에 머묾이 없으셨다. 중년에 뜻을 바꾸시
어『육경』을 연구하셨네. 복희, 신농에서 주공, 공자에 이르기까지
위와 아래로 모두 꿰뚫으셨다. 창졸간에도 규범을 따르시니, 유자
의 행위에 조금도 잘못이 없으셨네. 스승의 도는 상실된 지 오래되
어 모범은 거의 전해지지 않았으되, 선생께서 힘껏 떨쳐 일어나시
니 끊어지지 않고 연결되었네. 사람들에게 배움은 넓어야 하지만
예를 우선시해야 거의 백 세대 후에 다시 역대 제왕 전을 보게 된다
고 하셨다. 석가모니와 노자가 더욱 창궐하니 뭇 윤리가 장차 사라
질새, 선생께서는 성명(性命)을 논하시며 하늘을 알도록 지시하셨

24 (1)巨公, 위대한 인물, 여기서는 장재가 10대 때 만난 범중엄을 가리킨다. (2)羌輩, 서융
(西戎), 즉 당시의 서하국(西夏國)을 가리킴. (3)意趣少參差, 萬金莫留連:『중용』을 읽고
만족하지 못하여 불교와 노장철학을 탐구하던 것을 가리킨다. 萬金, 만금처럼 귀한 것.
유학의 진리. (4)繩墨, 먹줄과 먹. 목수가 직선을 그을 때 사용하던 도구인데, 그로부터
규범, 법도의 뜻이 파생되었다. (5)薦延, 천거하여 제왕이 부름. (6)實之石渠閣, 豈徒修簡
編: 장재가 맡은 숭문원교서는 서적을 교감하고 정리하던 관직이었지만 조정에 나아간
목적이 단지 그것에만 있지는 않았음을 빗대는 구절이다. 진식(陳寔)은 앞서 소개한 후
한 말기의 문인. 석거각은 한대의 장서각. (7)自用, 스스로 옳다고 여기는 것을 행함. 다
른 의견은 받아들이지 않음. (8)榮枯, 번성과 쇠락. 인간세상의 성쇠. (9)臥堅, 은거하며
절대 출사하지 않음. (10)孤嫠聚滿室: 어린아이와 부녀자만 집에 가득하여 땅을 받아 농
사를 지을 수 없음을 뜻함. 孤嫠(리), 고아와 과부. (11)藜藿, 명아주 잎과 콩잎. 보잘것
없는 반찬. (12)肥鮮, 말랑말랑하고 신선함. (13)丹旐(조), 영구 앞에 망자의 관직과 성
명을 세워 놓은 긴 깃발. (14)借令陽虎壽, 詎足驕顏淵!: 장재가 비교적 일찍 사망했지만,
장수한 자가 그 앞에서 교만을 떨 수 없다는 뜻이다. 陽虎: 양호는 춘추시대 후기의 노
나라 사람으로 계씨를 누르고 노나라 국정을 농단하다가 진나라로 가서 거기서도 중용
되어 권력을 휘두르던 자이다. (15)朱紫, 붉은색과 자색. 고대에 높은 관리가 입던 복식
의 색깔. (16)雪涕, 눈물을 닦음. (17)松阡, 소나무를 심어 놓은 무덤. (18)洙泗風, 수수
(洙水)와 사수(泗水). 공자가 이 두 하류 유역에 속한 곡부(曲阜)에서 학생들을 모아 가
르쳤다 하여 붙은 이름. 따라서 '수사(洙泗)의 바람'이란 유학의 학풍을 뜻한다. (19)重
泉, 구천(九泉). 사람이 죽은 뒤 간다고 생각한 저승.

네. 명성이 수도를 뒤흔들어 유명한 경대부들이 천거하여 부르는구나. 진식이 석거각으로 간 것이 어찌 단지 서책을 정리하는 일뿐이었겠는가! 승상은 자신이 옳다고 여긴 것을 행하여 세상의 성쇠를 결정하는 권한을 세웠으나, 선생께서는 굽힐 수 없었으니 그곳을 떠나 귀향하여 은거하며 출사하지 않았더라. 고아와 과부가 집에 가득하여, 입에 풀칠해 붙어먹고자 하나 농사지을 밭이 없으되, 기쁘게 명아주잎과 콩잎 먹으나 모두 말랑말랑하고 신선하기를 기대하지 않네. 근자에 황제 조서에 응하여 일어났다가 병에 걸려 돌아가겠다고 고했으나, 옛 초려에 이르지 못하고 망자의 죽음을 알리는 깃발만이 바람에 나부꼈네. 사람이 태어나 언젠가는 돌아가기 마련일진대, 다만 그가 어리석었는지 현명했는지 물으니, 가령 양호(陽虎)가 장수했다손 치더라도 어찌 안연을 교만하게 대할 수 있었겠는가! 하물며 고관대작의 복색도 구름과 연기처럼 하릴없이 사라짐이랴. 만약 깨끗한 명성이 있다면 태백산 꼭대기보다 어찌 높지 않겠는가! 문인들이 모두 질대(絰帶)를 매고, 눈물을 닦으며 소나무 심은 무덤에 모였네. 장례를 후하게 치름은 참으로 아름답지만, 뜻을 잇는 일에 모름지기 전념해야 하네. 경전을 읽고 옛 학문을 지키되 이로운 녹봉에 마음이 옮겨 가서는 안 된다네. 예를 좋아해 옛사람을 본받되 세속에 이끌려 가서는 안 된다네. 내면을 닦아야지 외면을 닦아서는 안 되고, 중용을 붙잡아야지 치우친 것을 붙잡아서는 안 된다네. 유학의 바람이 진(秦)의 하천에 가득하도록 하라. 선생께서 아신다면 아쉬움 없이 구천으로 가실 것이로다.

5

여남의 『장자초석』 서문
呂柟張子抄釋序

5.1 橫渠張子書甚多, 今其存者止「二銘」·『正蒙』·『理窟』·『語錄』及
『文集』; 而『文集』又未完, 止得二卷於[^(1)]三原馬伯循氏. 然諸書皆
言簡意實, 出於精思力行之後. 至論仁孝·神化·政教·禮樂, 蓋
自孔孟後未有能如是切者也. 顧其書散見漫行, 渙無統紀, 而一義
重出, 亦容有之. 暇嘗[^(2)]稡抄成帙, 注釋數言, 略發大旨, 以便初學
者之觀省. 謫[^(3)]解之第三年, 巡按[^(4)]潛江初公, 恐四方無是本也, 命
刻諸解梁書院以廣布云.

5.2 嘉靖五年, 三月, 辛丑, 後學[^(5)]高陵[^(6)]呂柟序.[^25]

---

[^25]: (1)三原馬伯循氏: 마백순(馬伯循, 1474~1556)은 마리(馬理)이다. 서안 삼원현 사람이다. (2)稡(졸), 모음. (3)解: 지금의 샨시(山西)성 윈청(運城)시에 해당하는 곳. (4)潛江, 오늘날의 후베이(湖北)성 쳰장(潛江)시. (5)高陵, 샨시성 시안(西安)시에 있는 지명으로 여남이 그곳 출신이어서 이렇게 칭했다. (6)呂柟: 여남(1479~1542), 명대의 학자로 경야(涇野) 선생이라 칭했다.

|번역| 장횡거가 쓴 책은 아주 많았는데, 현존하는 것은 단지 「서명」과 「동명」, 『정몽』, 『경학리굴』, 『장자어록』, 그리고 『문집』뿐이다. 게다가 『문집』은 완벽하지 않아, 2권을 삼원현의 마백순에게서 얻었을 따름이다. 하지만 이 책들은 모두 말이 간명하면서도 의미가 충실하니, 정밀하게 생각하고 힘써 행한 후에 나온 것들이다. 인효(仁孝), 신화(神化), 정치적 가르침, 예악에 대해 논한 것들로 공맹 이후에 그렇게 적절하게 말할 수 있는 이는 없었다. 그 책들은 흩어져 유포되어 두서가 없고 한 가지 의미가 거듭해서 출현하는 경우도 있다. 틈틈이 모아 베껴서 책을 만들어 몇 마디 주석을 달고 큰 뜻을 개략적으로 밝힘으로써 초학자들이 살피는 데 도움이 되도록 했다. 산서(山西) 해주(解州)에 귀양 가 있던 3년 차에 잠강(潛江)과 초공(初公) 지역을 순시해 살폈는데, 사방에 이 판본이 없는 것 같아, 해량서원(解梁書院)에 이 책을 새겨 널리 배포하도록 명했다.

가정 5년(1527) 3월 신축일에 후학 고릉 사람 여남이 서론을 쓰다.

|해설| 여남(呂枏)은 명대 중기의 저명한 교육자이자 실학자이다. 장재가 활동했던 섬서(陝西) 지역 사람으로 해량서원(解梁書院)은 그가 많은 학생을 길러 낸 곳이기도 하다. 『장자초석』은 그 전까지 흩어져 유포되던 장재의 여러 저술을 완전하지는 않지만 하나로 모아 정리한 최초의 서적이라는 데 그 의의가 있다.

6

원응태의 만력 무오년본 『장자전서』 서문
袁應泰萬歷戊午本張子全書序

6.1 斯道自孔孟而後, 得其傳者莫盛於周·程·張·朱, 其所論著與『四書』⁽¹⁾埒, 有補於學者大矣. ⁽²⁾郡伯⁽³⁾沈公表章理學, 刻行『周子全書』矣; 復念張子郡產也, 爲建橫渠書院, 肖像以祀之, 幷刻其全書而屬序于余.[26]

|번역| 공맹 이후로 이 도를 전할 수 있었던 자로 주돈이, 이정, 장재, 주희보다 더 훌륭한 이들은 없었으니, 그들의 논저는 『사서』와 (그 위상이) 동등하여, 배우는 자들에게 크게 도움이 된다. 군백(郡伯) 심자창(沈自彰)은 이학을 널리 알리려고 『주자전서(周子全書)』를 간행했다. 다시 장재가 그 군의 출신임을 생각하여 그를 위해 횡거서원을 세우고 초상을 만들어 제사를 지냈으며, 그의 전서(全書)를 간행하고 나에게 서문을 부탁했다.

[26] (1)埒(랄), 동등함. 같음. (2)郡伯, 원나라와 명나라 때 쓰던 작위의 명칭으로 송대의 지부(知府)와 같은 작위이다. (3)沈公: 심자창(沈自彰), 북경 사람으로 장재가 살았던 봉상부(鳳翔府)의 지사로 있었다. 1617년에 『장자전서』를 간행했으며, 장재의 사당을 중수했다.

6.2 <u>張子</u>立言, 精深⁽¹⁾浩渺, 豈余⁽²⁾不佞所能窺測! 請序其略. 如曰⁽³⁾"孫 其志於仁則得仁, 孫其志於義則得義"; "⁽⁴⁾志大則才大事業大, 志久 則氣久德性久一"; "⁽⁵⁾發意便要至聖人猶不得, 況便自謂不能, 人若 志趣不遠, 雖學無成", 欲學者之立志也. 曰"⁽⁶⁾天下之富貴, 在外者 皆有窮已, 惟道義則無爵而貴, 取之無窮"; "⁽⁷⁾學者舍禮義, 則飽食 終日, 無所猷爲, 與下民一致"; "⁽⁸⁾仁之難成久矣, 人人失其所好, 蓋人人有利欲之心, 與學正相背馳, 故學者要寡欲"; "⁽⁹⁾當生則生, 當死則死, 今日萬鐘, 明日棄之, 今日富貴, 明日饑餓亦不恤, 惟義 所在", 欲學者之寡欲也. 曰"⁽¹⁰⁾學者中道而立, 則有位以弘之, 無中 道而弘, 則窮大而失其居, 失其居則無地以崇其德"; "⁽¹¹⁾大中至正 之極, 文必能致其用, 約必能感其通", "⁽¹²⁾博文以集義, 集義以正 經, 正經然後一以貫天下之道", 欲學者之立本也. 曰"⁽¹³⁾由太虛有 天之名, 由氣化有道之名, 合虛與氣有性之名, 合性與知覺有心之 名", "⁽¹⁴⁾太和所謂道", "⁽¹⁵⁾至當之謂德", "⁽¹⁶⁾推行有漸爲化, 合一不 測爲神"; 氣有無形・客形, 性有無感・客感; 欲學者之識道體也. 曰"⁽¹⁷⁾德不勝氣, 性命于氣, 德勝其氣, 性命于德"; "⁽¹⁸⁾天本參和不 偏, 養其氣, 反之本而不偏, 則性盡"; "⁽¹⁹⁾氣與志, 天與人, 有交勝之 理, ⁽²⁰⁾必學至於如天則成性, 成性則氣無由勝", 欲學者之變氣質 也. 曰"⁽²¹⁾仁體事無不在, 禮儀三百, 威儀三千, 無一物而非仁也"; "⁽²²⁾禮之原在心, ⁽²³⁾禮所以持性, 凡未成性, 須禮以持之, 能守禮已 不畔道矣, ⁽²⁴⁾禮即天地之德, 聖人之成法, 進人之速, 無如禮學", 欲學者之崇禮也. 曰"⁽²⁵⁾敬斯有立, 有立斯有爲, ⁽²⁶⁾不誠不莊, 不可 謂之盡性窮理"; "⁽²⁷⁾靜者善之本, 虛者靜之本, ⁽²⁸⁾學者靜以入德, 至成德亦只是靜", 欲學者之主敬而主靜也. 曰"⁽²⁹⁾和樂道之端, 和則可大, 樂則可久"; "(30)有無一, 內外合, 此人心之所自來也"; "(31)精義入神, 事豫吾內以利吾外, 利用安身, 素利吾外以養吾內"; "(32)言有敎, 動有法, 晝有爲, 宵有得, 息有養, 瞬有存"; 欲學者之密涵養也. 曰"(33)大其心則能體天下之物, 物有未體則心爲有外, 世人之心止於聞見之狹, 聖人盡性, 不以見聞牿其心, 其視天下, 無一物非我"; "(34)天(人)[大]無外, 故有外之心不足以合天心, 見聞之知乃物交而知, 非德性所知, 德性所知不萌於見聞"; "(35)心苟不忘, 則雖接人事卽是實行, 莫非道也, 心若忘之, 則終身由之只是俗事, (36)學者存意之不忘, 庶遊心浸熟, 有一日脫然如大寐之得醒"; 欲學者之默體認也. 曰"(37)未知立心, 惡思多之致疑, 旣知所立, 惡講治之不精"; "(38)陽明勝則德性用, 陰濁勝則物欲行"; "(39)纖惡必除, 善斯成性矣, 察惡未盡, 雖善必粗矣"; 欲學者之常省察也. 曰"(40)人私意以求是未必是, 虛心以求是方爲是." (41)"責己者當知天下國家無皆非之理." (42)人之恥於就問, 便謂我勝於人, 只是病在不知求是爲心, 故學者當無我", "(43)無我而後大, 大成性而後聖"; 欲學者之克己也.[27]

---

27 (1)浩渺, 광대함. (2)不佞, 재주 없음. 보잘것없음. 자신을 겸손하게 지칭하는 말. (3)『정몽』「중정편」에서 출전. (4)『정몽』「지당편」에서 출전. (5)"發意便要至聖人猶不得, 況便自謂不能"은 『장자어록』, 「어록하」에서 출전. "人若志趣不遠, 雖學無成"은 『경학리굴』, 「의리」편에 "人若志趣不遠, 心不在焉, 雖學無成"이라고 되어 있는데, 중간에 "마음이 거기에 있지 않으면"이라는 말이 생략됨으로써 의미가 약간 달라졌다. 즉 장재의 원뜻은 "사람이 만약 지향이 도에서 멀지 않더라도 마음이 거기에 있지 않으면 배우더라도 성취가 없다"는 것인데, 중간의 "마음이 거기에 있지 않다"는 말을 빼면 "사람이 만약 뜻이 원대하지 않다면 배우더라도 성취가 없게 된다"는 뜻이 된다. (6)『경학리굴』, 「학대원하」편에서 출전. "天下之富貴, 假外者皆有窮已, 蓋人欲無厭而外物有限, 惟道義則無爵而貴, 取之無窮矣." (7)『정몽』「중정편」에서 출전. (8)『경학리굴』, 「학대원상」에서 출전. (9)『경학리굴』, 「자도」에서 출전. (10)(11)(12)『정몽』「중정편」에서 출전. (13)(14)『정몽』, 「태화편」에서 출전. (15)『정몽』, 「지당편」에서 출전. (16)『정몽』, 「신화편」에서 출

|번역| 장재가 세운 주장은 정밀하고 심오하며 광대하니, 나같이 보잘것없는 자가 어떻게 엿보고 헤아릴 수 있으리오! 그 대략을 나열하면 다음과 같다. "인(仁)에 대해 마음을 겸손하게 가지면 인을 얻고, 의에 대해 마음을 겸손하게 가지면 의를 얻는다." "뜻이 크면 재주도 크고 일의 업적도 크다. 뜻이 오래가면 기운도 오래가고 덕성도 오래가고 한결같다." "의지를 발휘해 성인에 이르려고 해도 그럴 수 없거늘 하물며 스스로 자신은 그럴 수 없다고 말함이랴! 사람이 지향이 원대하지 않으면 배운다고 해도 성취는 없게 된다." 배우는 자들이 뜻을 세우도록 한 말들이다. 또 말했다. "천하의 부귀한 것으로 외부에 있는 것들은 모두 궁해짐이 있고, 오직 도의만이 작위가 없이 귀하고 거기에서 취하면 궁함이 없다." "배우는 자가 예의(禮義)를 버리면 종일토록 배불리 먹고 계획하고 하는 일이 없어 하층의 백성들과 같아진다." "인(仁)을 완성하는 일이 어렵게 된 지 오래되었다. 사람마다 그 좋아할 바를 잃으니, 사람마다 사익을 욕망하는 마음이 있어 배운 것과 서로 배치된다. 그러므로 배우는 자는 욕심을 적게 가져야 한다." "살아 마땅하다면 살고, 죽어 마땅하다면 죽

전. (17)(18)『정몽』, 「성명편」에서 출전. (19)『정몽』, 「태화편」에서 출전. (20)『경학리굴』, 「기질」에서 출전. (21)『정몽』, 「천도편」에서 출전. (22)(23)『경학리굴』, 「예악」에서 출전. (24)『경학리굴』, 「예악」에서 출전. (25)『정몽』, 「지당편」에서 출전. (26)『정몽』, 「성명편」에서 출전. "진실하지 않고 장중하지 않으면 본성을 다하고 이치를 궁구한다고 할 수 있을까?"(不誠不莊, 可謂之盡性窮理乎?) (27)『장자어록』, 「어록하」에서 출전. (28)『경학리굴』, 「학대원상」에서 출전. (29)『정몽』, 「성명편」에서 출전. (30)『정몽』, 「건칭편」에서 출전. (31)『정몽』, 「신화편」에서 출전. (32)『정몽』, 「유덕편」에서 출전. (33)(34)『정몽』, 「대심편」에서 출전. (35)『경학리굴』, 「의리」에서 출전. (36)(37)『근사록』 습유. (38)(39)『정몽』, 「성명편」에서 출전. (40)『경학리굴』, 「학대원상」에서 출전. (41)『정몽』, 「중정편」에서 출전. (42)『경학리굴』, 「학대원하」에서 출전. 『리굴』에서의 원문 중에는 "便謂我好勝於人"이라는 구절이 나와 위 인용문과는 약간 다르다. 『리굴』의 이 구절은 "나는 남을 이기기를 좋아한다고 말한다"는 뜻이 되고, 여기서는 "나는 남보다 낫다고 말한다"는 뜻이 되기 때문이다. (43)『정몽』, 「신화편」에서 출전.

고, 오늘 재산이 많지만 내일 그것을 버리고, 오늘 부귀하지만 내일 굶더라도 돌아보지 않으며, 오직 옳음만이 있을 뿐이다." 배우는 자들이 욕심을 적게 갖도록 하기 위한 말들이다. 또 말했다. "배우는 자가 중도(中道)를 확립하면 그 위치에 있으면서 그것을 확충한다. 중도(中道)의 원칙이 없이 확충하면, 커지는 것을 추구하다가 그 머물러야 하는 원칙을 잃게 된다. 머물러야 하는 원칙을 잃으면 덕을 높일 기반이 없어진다." "최고 수준으로 적절하고 바른 경우, 문헌 지식은 반드시 그 쓰임을 다할 수 있고, 예로 요약하는 실천은 반드시 교감하여 소통할 수 있다." "글을 널리 읽어 의(義)를 모으고, 의를 모아 근본원칙을 바로잡고, 근본원칙을 바로잡은 연후에 하나의 원칙으로 천하의 도에 관통한다." 배우는 자들이 근본을 세우도록 하는 말들이다. 말했다. "태허로부터 하늘의 개념이 있고, 기화(氣化)로부터 도(道)의 개념이 있으며, 허(虛)와 기를 종합하여 본성(性)의 개념이 있고, 본성(性)과 지각(知覺)을 종합하여 마음(心)의 개념이 있다." "태화(太和)라는 도", "지극히 합당한 것을 덕이라 하며", "밀고 나아가는 것이 점진적이면 화(化)가 되고, 합일되어 헤아릴 수 없으면 신(神)이 된다." 기에는 무형의 기와 일시적 형태를 지닌 기가 있고, 성(性)에는 지극히 고요해 감응함이 없음과 일시적인 감응이 있으니, 이는 배우는 자들이 도체(道體)를 알도록 하는 말들이다. 또 말했다. "덕이 기를 이기지 못하면 성(性)과 명(命)이 기에 있게 되고, 덕이 기를 이기면 성과 명이 덕에 있게 된다." "하늘은 본디 셋으로서 조화를 이루어 치우치지 않는다. 그 기를 기르고 근본으로 되돌아가 치우치지 않으면 성을 다하게 된다." "기와 뜻, 하늘과 사람 사이에는 교대로 이기는 이치가 있으니, 반드시 배움이 하늘과 같은 수준에 이르러야 성을 완성할 수 있고, 성을 완성하면 기는 이길 수 있는 방도가 없다." 이는 배우는 자들이 기질을 변화시키도록 하는 말들이다. 또 말했다. "인(仁)은 없는 곳이 없이 만사에 체현되어 있으니 예의 3백 가지, 세부 예법 3천 가지 중에서 어떤 것도 인(仁)이 아닌 것이 없다." "예의 근원은 마음에 있으니, 예는 성을 보존하는 것이다. 성을 완성하지 못했다면 예로 그것을 보존해야 한다. 예를 지킬 수 있으면 이미 도에서 어긋나지 않는 것이다. 예는 곧 천지의 덕이요, 성인이 이미 이루어 놓은 법규로 사람을 신속하게 나아가게 하는 데 예학만 한 것은 없다." 이는 배우는 자들이 예를 존승함을 배우도록 하는 글이다. "공경하면 예로 서게 되고, 예로 서면 하는 일이 있게 되니, 진실하지 않고 장중하지 않으면 본성을 다하고 이치를 궁구한다고 할 수 없다." "고요함이란 선의 근본이요, 허함은 고요함의 근본이다. 배우는 자는 고요함으로 덕에 진입하니, 덕을 완성함에 이르러서도 고요할 따름이다." 배우는 자들이 주경(主敬)하고 주정(主靜)하도록 하는 말들이다. 또 말했다. "평화롭고 즐거움은 도(道)의 실마리다. 평화로우면 커질 수 있고, 즐거우면 오래 지속될 수 있다." "유와 무가 하나이고, 안과 밖이 합일되는 것, 그것이 사람의 마음이 유래한 바이다." "'의리를 정밀하게 알아 신묘함에 들어선다'는 것은 일이 '내' 안에서 미리 정해져 '내' 밖을 이롭게 하는 것이다. '이롭게 작용하여 몸을 편안히 한다'는 것은 '내' 밖을 이롭게 하여 '내' 안을 기르는 데 이르는 것이다." "말에는 성현의 가르침이 있고 움직임에는 법도가 있으며, 낮에는 적극적으로 하는 일이 있고 밤에는 얻는 것이 있으며, 한번 숨 쉴 때도 기르는 것이 있고 순간마다 보존하는 것이 있다." 배우는 자들이 엄밀하게 함양하도록 하는 말들이다. 말했다. "마음을 크게 하면 천하의 사물을 체현할 수 있다. 체현하지 못하는 사물이 있다면, 이는 마음에 바깥 있는 것이다. 세인들의 마음은 듣고 보는 협소한 데서 머문다. 성인은 본성을 다하며, 보고 듣는 것으로 마음을 묶어 두지 않는다. 그가 천하를 볼 때에는 어떤 사물도 '나' 아닌 것이 없다." "하늘은 커서 바깥이 없으므로 바깥이 있는 마음은 하늘의 마음과 합일되기에 부족하다. 보고 들어서 아는 것은 사물이 교감하여 아는 것으로 덕성에 의해 아는 것이 아니다. 덕성에 의해 아는 것은 듣고 보는 데서 싹트지 않는다." "마음속으로 진실로 잊지 않는다면 설사 사람과 접촉하는 일이라고 하더라도 그것이 바로 실행이며, 도가 아닌 것이 없을 것이다. 마음속으로 만약 그것을 잊는다면 종신토록 따른다고 하더라도 단지 속된 일일 뿐이다. 배우는 자들이 뜻을 보존하여 잊지 않고, 성인의 학문에 노니는 마음이 점차 성숙되면 언젠가는 가뿐히 큰 잠에서 깨어나게 될 것이다." 배우는 자가 묵묵히 체인하도록 하는 말들이다. 또 말했다. "마음을 확립할 줄 모를 때는 생각이 많아 의심함에 이르는 일을 싫어하고, 확립할 바를 알았다면 강론하고 연구함이 정치하지 않음을 싫어한다." "양기의 밝은 것이 이기면 덕성이 쓰이고, 음기의 탁한 것이 이기면 물욕이 행해진다." "미세한 악마저도 반드시 제거해야 선은 덕성을 완성하게 된다. 반대로 악을 살피는 것이 미진하면, 설사 선하더라도 틀림없이 조잡스럽게 된다." 배우는 자가 항상 성찰하도록 하는 말들이다. 또 말했다. "사람이 사사로운 마음으로 옳음을 추구한다면 꼭 옳은 것은 아니니, 마음을 비워 옳은 것을 추구해야 옳은 것이 된다." "자기를 나무라는 자는 틀림없이 천하의 국가가 모두 그른 이치란 없다는 것을 알아야 한다." "사람이 남에게 다가가 묻는 일을 부끄럽게 여기면서 '나'는 남보다 낫다고 말한다면 그 병폐는 단지 옳음을 추구할 줄 모르는 것을 마음으로 삼은 데 있을 뿐이다. 그러므로 배우는 사람은 마땅히 '내'가 없어야 한다." "무아(無我)인 뒤라야 크고, 커서 성(性)을 완성한 뒤라야 성(聖)스럽다." 배우는 자가 극기하도록 하는 말들이다.

|해설| 장재의 수양 혹은 공부와 관련한 여러 언설들을 나열하면서 그것들을 주제별로 분류했다. 정리하자면 뜻을 세울 것(立志), 욕심을 적게 가질 것(寡欲), 근본을 세울 것(識本), 도체를 알 것(識道體), 기질을 변화시킬 것(變化氣質), 예를 숭상할 것(崇禮), 경(敬)과 정(靜)을 위주로 할 것, 함양을 엄밀히 할 것(密涵養), 합일을 묵묵히 체득할 것(默體認), 늘 성찰할 것(常省察), 극기할 것(克己)이다.

6.3 其極功在於窮神化, 一天人, 盡性以至命. 其說曰: "[(1)]性者萬物之一源, 非有我之得私." 故以乾坤稱父母, 民物爲胞與, "[(2)]立必俱立, 知必周知, 愛必兼愛, 成不獨成", "[(3)]爲天地立心, 爲生民立道, 爲去聖繼絶學, 爲萬世開太平"而後已. 其尤所[(4)]惓惓者, 在於窮理率性, 辨諸子之淺妄, 闢釋氏之誕淫以衛道. 故其說曰: "[(5)]太虛不能無氣, 氣不能不聚而爲萬物, 萬物不能不散而爲太虛"; "[(6)]聚亦吾體, 散亦吾體, 知死之不亡者, 可與言性", "[(7)]諸子淺妄, 有有無之分", "[(8)]釋氏不知天命, 而以心法起滅天地", 比之[(9)]凝冰; 謂儒者 "[(10)]天人合一, 致學而可以成聖, 得天而未始遺人"; "[(11)]自釋氏之說熾傳中國, 使英才間氣, 生則溺耳目恬習之事, 長則師世儒宗尚之言, 冥然被驅, 因謂聖人可不脩而至, 大道可不學而知, 故未識聖人心, 已謂不必求其迹, 未見君子志, 已謂不必事其文, 此人倫所以不察, 庶物所以不明, 治所以忽, 德所以亂"; 以不知窮理蔽浮鄙之失, 以聞知便了爲學者深戒. 此其大略也.[28]

---

28 (1)(2)『정몽』, 「성명편」에서 출전. (3)『근사록』에서 출전. (4)惓惓, 충심을 다함. (5)(6)(7)『정몽』, 「태화편」에서 출전. (8)『정몽』, 「대심편」에서 출전. (9)凝冰은 『정몽』, 「대심편」에 근거해 疑冰으로 고쳐야 할 것으로 보임. 얼음을 의심하는 자'란 식견이 좁아 명백히 실재하는 것을 허망한 것이라 의심하는 불교를 가리킴. (10)(11)『정몽』, 「건칭편」에서 출전.

| 번역 | 그의 최대의 공은 신화(神化)를 다하고 하늘과 인간을 합일시키고, 덕성을 다 드러내어 천명에 이르는 데 있다. 그는 이렇게 말했다. "본성(性)은 만물의 통일적 근원으로, 내가 사사로이 얻은 것이 아니다." 그래서 건곤을 부모님이라 칭하고, 백성과 자연물을 동포와 벗이라 칭했고, "설 때에는 반드시 다 같이 서고, 알 때에는 반드시 두루 알며, 사랑할 때에는 반드시 두루 사랑하며, 이룰 때에는 혼자서 이루지 않는다"고 했다. 또 "천지를 위해 마음을 세우고, 백성을 위해 도를 세우며, 과거의 성인을 위해 끊어진 학문을 계승하고, 만세를 위해 태평성대를 연" 후에야 그친다고 했다. 그가 특히 충심을 다한 것은 이치를 궁구하고 본성을 따르며, 제자(諸子)의 얕고 거짓됨을 변별하고 불교의 편파적이고 지나친 말을 배격해 도를 옹호하는데 있었다. 그래서 이렇게 말했다. "태허에는 기가 없을 수 없고 기는 모여 사물이 되지 않을 수 없으며, 만물은 흩어져 태허가 되지 않을 수 없다." "모여도 '나'의 본체요, 흩어져도 '나'의 본체이니, 죽음이 없어지는 것이 아님을 아는 자와는 함께 본성(性)에 대해 말할 수 있을 것이다." "제자는 천박하고 거짓되어 유와 무의 구분이 있다"라고 했다. "불교는 천명(天命)에 대해 알지 못하고 심법(心法)으로 천지를 일으키고 소멸시킨다"고도 하여, 그것을 얼음을 의심하는 것에 비유했다. 또 유자는 "하늘과 인간이 합일되고, 배움을 다하여 성인이 될 수 있으며, 하늘의 지위를 얻고서 사람을 버린 적은 없다"고 했다. 또 이렇게 말했다. "불교의 설이 중국에 왕성하게 전파된 이후로 드물게 출현하는 영웅이더라도 태어나면 눈과 귀로 편안하게 익히는 일에 빠져 버리고, 성장해서는 세상의 유자들이 으뜸으로 삼아 숭상하는 말을 배우다가 결국 혼미한 가운데 내몰려, 성인은 닦지 않아도 이를 수 있고, 큰 배움은 배우지 않아도 알 수 있다고 말한다. 그리하여 성인의 마음을 알지 못하면서도 그 행적을 구

할 필요가 없다고 말하고, 군자의 뜻을 알지 못하면서도 그 미덕을 일삼을 필요가 없다고 말한다. 이것이 인륜이 살펴지지 않고, 뭇 사물이 밝혀지지 않으며, 다스리는 일이 소홀해지고 덕이 어지러워지는 까닭이다." 이치를 궁구할 줄 몰라 들떠 비루해지는 상실로 가려지고, 들어서 아는 것으로 끝을 맺으려는 학자들을 깊이 경계했다. 이것이 그 대략적인 내용이다.

| 해설 | 장재가 학문적으로 세운 가장 큰 공은 그의 신화(神化) 이론을 기반으로 한 천인합일론에 있고, 그 이론을 세우는 과정에서 특히 불교에 대한 이론적 비판에 크게 힘썼다는 점을 밝혔다.

6.4 今學者大患, 患其志之不立. 志立矣而功或不繼, 功勤矣乃復⁽¹⁾淪胥空寂, 變於夷而不自覺, 悠悠⁽²⁾氾氾, 斯道何賴焉! 倘讀是書者, ⁽³⁾爽然悟, 慨然有立志, 進進不已, 而不爲異學所惑, 非苟知之, 亦⁽⁴⁾允蹈之, 發張子之蘊以發孔孟之蘊, 而衍斯道之傳於不墜, 斯固張子立言之旨, 沈公表章之意乎!

6.5 萬曆戊午九月朔, 岐陽後學⁽⁵⁾袁應泰序.²⁹

| 번역 | 지금 배우는 자들의 커다란 근심은 뜻이 확립되지 못한다는 점이고, 뜻이 확립되었더라도 공부가 이어지지 않고, 공부를 부지런히 하더라도 다시 공적(空寂)한 데로 빠져 버려 오랑캐에 의해 변화되

---

29 (1)淪胥, 함몰됨, 빠짐. (2)氾氾, 부유함, 떠다님. (3)爽然, 확 트이는 모양. (4)允蹈, 충실히 지킴. (5)袁應泰(?~1621): 명나라 말기의 관리로 동림당 사람이었다. 〈중화 주석〉 본문 가운데 인용한 『정몽』의 오자는 모두 『정몽』에 근거해 고쳐 바로잡았다.

면서도 자각하지 못하고 유유히 떠다닌다는 데 있으니, 이 도는 어디에 기댈 것인가! 이 책을 읽는 자라면 확 깨달아, 조금도 주저함이 없이 뜻을 세우고 끊임없이 전진하여 이단의 학문에 미혹되지 않을 것이고, 참으로 그것을 알지는 못한다고 해도 충실히 지킬 것이다. 장재의 뜻을 밝혀 공맹의 뜻을 밝힘으로써 이 도가 전하는 것을 퍼뜨려 무너뜨리지 않게 하는 것은 물론 장재가 주장을 세운 취지이자, 심자창이 그것을 널리 알린 뜻이다.

만력 연간 무오(戊午)년 9월 초하루, 기양(岐陽)에서 후학 원응태(袁應泰)가 서론을 쓰다.

| 해설 | 현존하는 가장 오래된 『장자전서』는 이 책 서문에서 장다이녠이 밝혔듯이 명대 만력 48년(1620)에 심자창이 봉상부에서 편찬한 것이다. 이상의 서문은 이 심자창 『장자전서』에 쓴 원응태의 서문이다. 이 번역서가 저본으로 삼은 중화서국본 『장재집』은 바로 심자창 『장자전서』(張子全書)의 여러 결함을 보완하고 오류를 바로잡은 것이다.

유삼외의 순치 연간 계사년본
『장자전서』 서문
喻三畏順治癸巳本張子全書序

7.1 予⁽¹⁾髫年於⁽²⁾芸窗之下披閱圖史, 每值橫渠先生撰著, 初讀一過, 輒目爽心豁, 及再四吟咏, 不覺⁽³⁾意曠神怡, 徘徊⁽⁴⁾擊節, 不能去懷, 知先生之⁽⁵⁾羽翼道統, ⁽⁶⁾宗盟斯文, 係匪淺鮮也, 但以不獲先生全集之爲歉耳. 後得⁽⁷⁾筮仕關中, ⁽⁸⁾叨佐岐陽, 知關中爲先生故里, 豈意先生竟鳳之鄙塢人也, 大快予數年來景仰之至意矣. 甫下車, 即展拜祠下, 先生儀像儼然, 令人起敬起肅, ⁽⁹⁾恍如受先生⁽¹⁰⁾耳提面命焉.³⁰

|번역| 내가 다박머리 유년기에 서재에서 도서와 역사책을 뒤적이다가 횡

---

³⁰ (1)髫(초)年, 다박머리를 하던 시기, 유년기. (2)芸窗, 서재를 가리킴. (3)意曠神怡, 마음이 환해지고 기분이 유쾌함. (4)擊節, 박자를 맞춤. 어떤 작품에 대해 칭찬을 아끼지 않음. (5)羽翼, 보좌해 줌, 도와줌. (6)宗盟, 종주로 삼아 동맹함. (7)筮仕, 처음으로 출사함. (8)叨佐, 보좌해 다스림. (9)恍如, 마치. (10)耳提面命, 면전에서 가르칠 뿐 아니라 귀를 잡아당겨 당부함. 가르침이 간절하고 요구가 엄격함을 뜻함.

거 선생의 저작을 마주할 때마다 처음 훑어보면 시야가 탁 트이고 마음이 상쾌하였으며, 재삼 읊으면 나도 모르게 마음이 환해지고 기분이 유쾌해졌다. 그것에 푹 빠져 칭찬을 아끼지 않으며 그 품을 떠나지 못했다. 이로부터 선생께서 도통(道統)을 곁에서 보좌하시고 사문(斯文)을 종주로 삼아 연합하는 데 미약하지 않으셨음을 알게 되었다. 다만 선생의 전집을 얻지 못한 것이 아쉬울 따름이었다. 후에 처음으로 관중에 출사하여 기양(岐陽)을 보좌해 다스리게 되면서 관중 지방이 선생의 고향임을 알게 되었으니, 어찌 선생께서 봉상(鳳翔) 미오(郿塢) 사람인 줄 알았겠는가. 지난 수년 동안 경모해 온 지극한 뜻이 크게 통쾌해짐을 느꼈다. 막 수레에서 내려 사당 아래에서 무릎 꿇고 절하였는데, 선생의 모습은 엄숙하여 사람들에게 경건함과 정숙함을 일으켰으니, 마치 선생이 간절하게 가르치시는 것 같았다.

7.2 遂求先生全集于文獻之家, 而鄉[1]先達果進予而言曰: "先生著作, 雖傳今古, 遍天下, 惟吾郡實爲大備. 前[2]都門[3]芳揚沈太公祖尊先生敎, 搜索殆編, 壽之木以廣其傳, 至今家弦戶誦, 衍先生澤使之[4]靈長者, 沈公力也. 惜兵火[5]頻仍, 災及[6]棗梨, 致殘其半矣." 予聆之, 惻然心悵, 隨命取舊刻而序次之, 果落遺者不僅數十葉也. 予嘆曰: "予幼而學先生學, 佩服先生有年矣, 至今日而忍令先生之文章道德淪爲斷簡殘編耶!" 敬捐薄俸, 爰命[7]梓人補爲[8]完璧, 敢曰[9]媲前賢沈大人之有功文敎乎? 特快予[10]夙心云爾, 並亦使後起者繼先生爲有據也. 敬序.

|번역| 마침내 선생의 전집을 문헌 수장가에게서 구하니, 고향 선배가 과
연 내게 와서 이렇게 말했다. "선생의 저작은 고금에 전해지고 천하
에 두루 존재하지만, 우리 군이 실로 크게 갖추고 있다. 예전에 수도
북경의 방양(芳楊) 심자창은 선생의 가르침을 으뜸으로 받들어 자세
히 뒤져 거의 다 두루 아우르고 오래된 목재로 만들어 그것을 널리
전하니, 오늘에 이르러 집집마다 암송하여 선생의 은택을 넘치게
해 면면히 이어지게 한 것은 심자창 덕분이다. 안타깝게도 전화(戰
火)가 끊임없이 이어져, 재앙이 인쇄물에도 미쳐 그 절반이 훼손되
기에 이르렀다." 내가 그 이야기를 듣노라니 마음이 숙연해졌다. 명
에 따라 옛 판본을 꺼내 차례를 배열해 보니, 과연 떨어져 나간 것이
수십 쪽 정도만이 아니었다. 나는 탄식하며 말했다. "나는 어려서
선생의 학문을 배워 선생을 탄복한 지 오래되었는데, 오늘에 이르
러 선생의 문장과 도덕이 떨어져 나간 서적으로 전락해 버린 것을
보게 되었구나!" 박봉을 삼가 바쳐 판각 장인에게 명하여 보완해 복
원하고는 앞선 현자 심 대인이 문화교화에 공을 세움에 필적하지
않겠느냐고 감히 말하였으니, 다만 평소 바라던 마음이 개운해졌음
을 말한 것일 따름이요, 뒤에 일어나는 자들이 선생을 계승하는 데
근거가 있도록 함이다. 삼가 서문을 쓰다.

---

31 (1)先達, 선배에 대한 칭호. (2)都門, 도성 문, 즉 수도를 가리킴. (3)芳揚, 심자창의 자로
芳揚은 芳楊의 오기임. (4)靈長, 면면히 이어짐. (5)頻仍, 끊임없이 계속됨. (6)棗梨, 조판
인쇄물, 옛날에는 주로 대추나무나 배나무로 인쇄를 했기 때문에 이런 이름이 붙음. (7)
梓人, 목판에 글자를 새기는 장인. 각판(刻板) 장인. (8)完璧, 원래의 물건을 완벽하게
되돌려 놓음. 복원함. (9)媲(비), 필적함. (10)夙心, 평소 바라던 마음. (11)喻三畏, 자(字)
는 염자(念玆)이고, 호는 동인(同人)이다. 청대의 요동(遼東) 철영(鐵嶺) 사람이다.

순치(順治) 연간의 계사(癸巳)년 길일에 삼한의 후학 유삼외가 서
문을 씀.

|해설| 청대에 유삼외가 전란으로 인해 절반 정도 훼손된 심자창의 『장자전서』를 자비
를 들여 다시 복원한 뒤에 쓴 서문이다. 글쓴이의 장재에 대한 숭모의 마음과『장
자전서』를 다시 복원하게 된 경위를 알 수 있는 글이다.

8

이월계의 강희 임인본『장자전서』서문
李月桂康熙壬寅本張子全書序

8.1 ⁽¹⁾粤考⁽²⁾雍州之域, 土厚風朴, 故其間多⁽³⁾淳龐⁽⁴⁾博雅, 或以理學⁽⁵⁾鳴, 或以⁽⁶⁾詞翰顯, ⁽⁷⁾論列非不⁽⁸⁾爛然⁽⁹⁾盈帙, ⁽¹⁰⁾袞然爲一代文章宗匠, 至究其實, 則支離衍蔓, 無裨世敎, 君子奚取乎! 今觀於橫渠先生所著而有感焉.[32]

|번역| 옹주(雍州) 지역을 살펴보면 풍토가 두텁고 순박하여, 그 사이에 순박하고 두터우며 학식이 넓고 품행이 단정한 이들이 많다. 혹은 이학으로 유명해지고 혹은 시문으로 드러내, 일일이 나열하자니 너무 많아 서적을 가득 채워 문드러질 정도다. 모으면 한 시대 문장의 으뜸가는 장인이겠지만, 그 실질을 궁구함에 이르면 지루하고 복잡하여, 세상의 가르침에 보탬이 됨이 없으니, 군자가 어찌 그것을 취하

---

[32] (1)粤, 문장 첫머리에 쓰이는 발어사. (2)雍州之域: 옛 구주 가운데 하나로 오늘날의 샨시(陝西), 간쑤(甘肅) 대부분과 칭하이(靑海) 등지를 포함하는 지역을 가리킨다. (3)淳龐, 순박하고 두터움. (4)博雅, 학식이 넓고 품행이 단정함. (5)鳴, 유명해짐. (6)詞翰, 시문. (7)論列, 일일이 논함. (8)爛然, 문드러진 모양. (9)盈帙, 책을 가득 채움. (10)袞(부), 모음.

겠는가! 지금 횡거 선생이 저술하신 것을 보니 느끼는 바가 있다.

8.2 先生性嗜誦習, 初上書謁見範文正公, 因勸讀『中庸』, 先生猶以爲
未足, 又訪諸釋老之旨, 知無所得, 反而求之經學. 故乃靜座一室,
右左簡編, 仰而讀, 俯而思, 將以順性命之理, 合陰與陽而立天之
道, 合柔與剛而立地之道, 合仁與義而立人之道. 不尚釋氏, 不崇虛
無, 上接羲文之奧義, 下承周孔之[(1)]薪傳; 表章絕學, 闡發微言, 深
得河洛之密旨, 渾然太極之純粹. 千秋百代之後, 讀先生書, 想見先
生之爲人, [(2)]俎豆尸祝, [(3)]直更僕難數, 其與程朱諸賢共爲宗盟道
統, 非[(4)]淺尠也.[33]

|번역| 선생께서는 천성적으로 송독하며 익히는 것을 좋아하시다가 처음
에 글을 올려 범중엄을 알현하셨다. 그가 『중용』 읽기를 권하였는
데, 선생은 충분하지 않다고 여기시고 석가와 노자의 취지를 탐구
했으되, 얻을 것이 없음을 알게 되자, 돌아와 경학에서 구하게 되었
다. 그리하여 방 한곳에서 고요히 앉아 서책을 주변에 놓고 고개를
들어 읽으시고 고개를 숙여 생각하셨다. 성명(性命)의 이치를 따름
으로써 음과 양을 합하여 하늘의 도를 세우고, 부드러움과 강함을
합하여 땅의 도를 세웠으며, 인과 의를 합하여 사람의 도를 세웠다.
석씨를 높이지 않아 허무를 숭상하지 않고, 위로는 복희와 문왕의
심오한 뜻과 맞닿고, 아래로는 주공과 공자의 학문을 계승했다. 끊

---

33 (1)薪傳, 도와 학문을 계승함을 뜻함. (2)俎豆尸祝: 俎豆는 제기를 뜻하고, 尸祝은 제사를
지낼 때 축원을 담당하는 사람을 뜻한다. 여기서 俎豆尸祝은 제사 지내는 것을 가리킨
다. (3)直更, 밤에 야경을 돎. (4)淺尠, 淺鮮과 같음. 경미함.

어진 학문을 널리 알리고, 은미한 말씀을 밝히시어 하도, 낙서의 은 밀한 종지를 깊이 얻으셨으니, 혼연히 태극의 순수함을 체현하셨 다. 천추의 백 세대 이후에 선생의 책을 읽고 선생의 사람됨을 알고 싶어 하고 제사를 지내는 자가 야경을 도는 노복도 세기 어려울 정 도로 많으니, 그가 정주의 여러 현자들과 함께 도통을 잇기로 회맹 한 것은 경미한 일이 아니다.

8.3 余弱冠時, 披誦歷代名籍, 夙聞先生載籍, 學有本源, 景仰遺芳, 有 求未獲, 每一念及, 徘徊[(1)]太息. 余今[(2)]分藩[(3)]關西, [(4)]親炙[(5)]里居, 得全集而置之案頭, 政事暇而[(6)]講求吟咏, [(7)]紬繹領略, 心曠神怡, 嚴如[(8)]師保在前, 不啻耳提面命. 先生之有功數聖, 有補世教, 殆非 飾章繪句炫人觀美者所可[(9)]擬也. 先生序中有確論矣, 奚俟余言! 余得受讀撫卷, 窺著作之奧而不揚先生之休, 有弗忍也, 謹漫爲序, 亦以少慰仰企之心云耳.

8.4 時康熙壬寅[(10)]仲秋, [(11)]欽差分守關西道兼管[(12)]糧餉[(13)]驛傳陝西布 政司右參政後學李月桂謹撰.[34]

|번역| 나는 약관의 나이에 역대의 유명한 전적을 들춰 송독하여 선생의

---

[34] (1)太息, 장탄식을 함. (2)分藩, 관리가 나가 지방을 다스림. (3)關西, 함곡관 서쪽 지역 을 가리킴. (4)親炙, 직접 가르침을 받음. (5)里居, 고향으로 돌아와 머무름. (6)講求, 연 구함. (7)紬繹, 풀어냄. (8)師保, 스승. (9)擬, 흉내 냄. 모방함. (10)仲秋, 음력 8월. (11)欽 差, 황제의 명령으로 파견되어 나옴. (12)糧餉, 군대에서 관리와 사병에게 제공되던 식 량과 돈. (13)驛傳, 역참.

서적에 대해 일찌감치 들었으니, 학문에 본원이 있어 멀리서 명성을 경모했으되, (책을) 구했지만 얻지 못하여 생각이 미칠 때마다 어쩔 줄 몰라 하며 장탄식을 했다. 내가 이제 관서(關西) 지역을 다스려, 직접 가르침을 받으며 고향에 머물게 되었는데, 전집을 얻어 그것을 책상머리에 두고 정사를 돌보다 틈이 나면 연구하고 읊조리며, 풀어 내고 이해하니, 마음이 탁 트이고 정신이 유쾌해졌다. 마치 스승이 앞에서 간절히 가르치시는 것 같았다. 선생이 여러 성현에게 공이 있고, 세상의 교화에 보탬이 되는 것은 장구를 꾸며 사람을 현란하게 만들고 아름다운 것을 관찰하는 자가 흉내 낼 수 있는 것이 아니다. 선생의 서론 가운데 확실한 논의가 있으니, 어찌 내가 말할 필요가 있겠는가! 나는 그것을 받아 읽어 책을 어루만지며 저작에 담긴 심오한 뜻을 엿보되 선생의 훌륭함을 선양하지 않으니, 차마 그렇게 하지 못함이 있기 때문이다. 삼가 어지러이 서문을 쓰는 것 또한 조금이나마 경모하고 바라는 마음에 위안을 얻기 위함이다. 강희(康熙) 연간 임인(壬寅)년 음력 8월에 황제의 명령으로 관서(關西)를 다스리고, 아울러 군대의 식량과 역참도 관리하는 섬서(陝西) 포정사, 우참정 후학 이월계(李月桂)가 삼가 편찬한다.

┃해설┃ 이월계(李月桂)가 서문을 쓴 『장자전서』는 강희(康熙) 원년(1662)에 간행되었다.

9

장백행의 강희 47년본 『장횡거집』서문
張伯行康熙四十七年本張横渠集序

9.1 道以居正爲大, 學以盡心爲要, 此古今不易之理也. 然不極於知性知天, 則心無由盡, 正大之情無從可見, 而道於是乎晦矣.

|번역| 도는 바름에 머무름을 큰 원칙으로 삼고 배움은 마음을 다함을 요체로 하거니와, 이는 고금에 바뀌지 않는 이치이다. 그러나 성(性)을 알고 하늘을 아는 극한에 이르지 않으면 마음은 다할 방도가 없고, 바르고 큰 정황은 드러날 수 없으며, 도는 이에 어두워진다.

9.2 溯自堯·舜·禹·湯·文·武·周公·孔子以道相承, 爲萬世立極, 而子思孟子從而發明之, 斯道始大著. 孟子沒而微言絶, 歷千餘載, (1)濂·洛·關·閩諸君子又起而修明之, 今其書倶在, 可考而知也.[35]

---

35 (1)濂·洛·關·閩諸君子: 호남 염계(濂溪)의 주돈이, 낙양의 이정, 관중의 장재, 복건의 주자를 각각 가리킨다.

|번역| 위로 요, 순, 우, 탕, 문왕, 무왕, 주공, 공자께서 도로 서로를 계승하여 만세를 위해 표준을 세웠고, 자사와 맹자는 그것을 밝혀 이 도가 크게 드러나기 시작했다. 하지만 맹자가 돌아가신 후 은미한 말이 끊어진 것이 1,000여 년이었으되, 염계, 낙양, 관중, 복건의 여러 군자가 다시 일어나 그것을 닦아 밝히니, 오늘날 그 책들이 다 있어서 살펴서 알 수 있다.

9.3 橫渠張先生著「西銘」·『正蒙』·『經學』諸書, 呂與叔撰行狀, 以爲 "窮神化, 一天人, 立大本, 斥異學, 自孟子以來未之有也"; 明道亦 言"「西銘」道理, 孟子以後無人及此", 是豈虛稱也哉! 其學當時盛 傳於關中, 雖自成一家之言, 然與二程昆弟首推氣質之說, 以明性 善之本然, 而漢唐以下諸儒紛議之惑泯焉. 其有功性敎, 夫豈淺小 哉!

|번역| 장횡거 선생은 「서명」, 『정몽』, 『경학리굴』 등 여러 책을 저술하였고, 여대림은 선생의 행장을 찬술하여, 그를 "신화(神化)를 다하고 하늘과 인간을 합일하였으며, 큰 근본을 세우고, 이단의 학문을 배척한 이로, 맹자 이래로 그와 같은 인물은 없었다"고 여겼다. 정명도 또한 "「서명」의 이치를 보건대 맹자 이후로 아무도 그러한 경지에 이른 이는 없었다"고 했다. 이러한 것들이 어찌 헛된 칭찬이겠는가! 그의 학문은 당시에 관중 지역에 크게 전해졌다. 비록 일가의 주장을 이루기는 했으나 이정 형제와 함께 처음으로 기질에 관한 설을 내놓아 성선(性善)의 본연을 밝혔으니, 한당(漢唐) 이래로 여러 유자가 분분히 논의하던 미혹됨이 사라지게 되었다. 성(性)에 관한 가르

침에서 그가 세운 공이 어찌 작다고 하겠는가!

│해설│ 장백행은 장재의 가장 큰 학문적 공로가 그의 성론에 있다고 보았다. 이정과 마찬가지로 기질지성 개념을 제시해 성선설을 보완했다는 것이다.

9.4 閒嘗竊讀先生之書, 其高極乎乾父坤母之大, 而實不離乎吾體吾性之常; 其⁽¹⁾詣必造於窮神知化之妙, 而實不外乎存心養性以爲功; 其旨歸在乎有無合一以爲常, 而動静虛實之機⁽²⁾灼然⁽³⁾不爽; 其致用務爲化裁推行以盡利, 而隱微⁽⁴⁾幽獨之際防亦不懈. 大中至正之道畢具乎此, 而巨細⁽⁵⁾精粗亦莫不貫, 其正且大爲何如哉!³⁶

│번역│ 한가할 때 일찍이 선생의 책을 읽었는데, 높기로는 건곤부모라는 거대함의 극한에 이르되, 실제로는 '내' 본체와 '내' 성(性)의 영원함을 떠나지 않았다. 그 경지는 반드시 신을 다하고 화를 아는 오묘함에 도달하려 했으되, 실제로는 마음을 보존하고 성을 기르는 일을 공부로 삼는 것을 벗어나지 않았다. 그 귀결되는 취지는 유와 무의 합일을 상도로 여기는 데 있으되, 움직이고 고요하며 허하고 실한 기틀이 밝게 드러나 착오가 없다. 그 작용을 다함은 무형의 변화를 재단하여 밀고 나가 이로움을 다하는 데 힘쓰지만, 은미하게 홀로 있을 때에도 방비함을 게을리하지 않는다. 크게 적절하고(大中) 지극히 바른 도가 여기에 다 갖추어져 있고, 거대한 것과 미세한 것, 정밀한 것과 거친 것에 관통하지 않음이 없으니, 그 바르고 큼이 어

36 (1)詣, 학문이 도달한 경지. (2)灼然, 밝게 드러나 분명한 모양. (3)不爽, 착오가 없음. (4)幽獨之際, 그윽히 홀로 있을 때. (5)精粗, 정밀하여 눈에 보이지 않는 것과 거칠어서 눈에 보이는 것. 즉 형이상학적인 것과 형이하학적인 것.

떠한가!

| 해설 | 장백행은 장재가 천지의 기화나 그 이치, 그 천지와 완전히 합일하는 성인의 경지 같이 거대한 세계나 드높은 경지를 강조해 이야기한 것 같지만, 실은 인간 덕성의 영원함과 그 덕성을 기르는 일, 마음의 허실과 행위의 동정과 관련한 세밀한 원칙 등도 거의 비슷한 무게로 강조했음을 발견했다고 말하고 있다.

9.5 夫大亦吾心所自有, 何待他求? 但不能窮理好學, 則無以知夫吾性之所固有而自盡其心, 或牿於見聞之狹, 或[(1)]騖爲高遠之論, 其於道也何有![37]

| 번역 | 무릇 크게 되는 것 또한 '내' 마음이 지니고 있는 것으로 어찌 타자에게서 구할 필요가 있겠는가? 다만 이치를 궁구하고 배움을 좋아하지 않으면 '내' 성(性)에 본디 있는 것인지 알아 스스로 그 마음을 다할 방도가 없게 되어, 보고 듣는 협소한 것에 갇히거나 고담준론에 힘쓰니 그것이 도를 얻는 데 무슨 도움이 되겠는가!

| 해설 | 장재의 대심설을 변호하는 듯한 뉘앙스를 풍기는 구절이다. 주희는 일찍이 장재의 대심설을 비판했는데, 장백행은 그의 대심의 수양이 궁리의 공부와 병행되는 것이므로 견문지에만 갇히거나 고담준론에 빠지는 양 편향성을 벗어난 것이라 말한다.

9.6 余竊懼焉, 故編輯是集, 以破[(1)]庸淺之見, 以祛習俗之陋, 俾學者有

---

37 (1)騖(무), 務와 같음.

所操持存養以趨向於本原之地, 而因以自盡其心焉. 雖然, 其未易
言也. 38

|번역| 나는 그것을 두려워하여 이 전집을 편집하여 용속하고 천박한 견해
를 깨뜨리고 습속의 비루함을 떨어 내어 배우는 자들이 붙잡아 지
니고 보존하여 기름으로써 근본이 되는 경지로 나아가 그 마음을
다하도록 하려 한다. 하지만 그것을 쉽게 말할 수 있는 것은 아니다.

9.7 張子之於道, 蓋自謂"俯讀仰思, 求之『六經』而後得"者也. 今學者
於『六經』·孔·孟之言不日(1)浸灌於胸中, 而驟而語之, 未有不(2)河
漢其言而(3)逡巡退却也; 且無張子晝爲宵得·息養瞬存功夫, 亦無
以識其用意之所存, 而能反覆究研, 庶幾有得也. 噫! 學者於此不一
盡其心, 而徒汲汲於華靡之詞以博(4)世資, 吾知其渺乎小矣, 是何
足以語道也哉!39

|번역| 장재는 도에 대해 "고개를 숙여 읽고 고개를 들어 생각하며 『육경』
에서 구한 후에 얻은" 것이라고 스스로 말했다. 오늘날 배우는 자들
은 『육경』과 공맹의 말씀을 얼마 지나지 않아 흉중에 가득 집어넣
어 신속히 그것을 말하되 그 말이 실제와 동떨어졌다고 여겨 머뭇
거리고 물러나지 않음이 없다. 또 장재처럼 낮에 행하여 밤에 얻고,
한 번 숨 쉴 때도 기르고 순간마다 보존하는 공부가 없으며, 또 그

---

38 (1)庸淺, 용속하고 천박함.
39 (1)浸灌, 가득 집어넣음. (2)河漢, 말이 공허해 실제와 동떨어짐. (3)逡巡, 머뭇거리며 앞
으로 나아가지 못함. 逡(준), 뒷걸음질 치다. (4)世資, 대대로 이어지는 인망(人望).

의도가 어디에 있는지 알지 못하여 반복적으로 연구해야 비로소 얻는 것이 있을 수도 있다. 아! 배우는 자가 여기에 한결같이 그 마음을 다하지 않고, 단지 화려한 말로 세상의 인망만 넓히는 데 급급하니, 나는 그것이 보잘것없음을 안다. 그것으로 어떻게 도를 말할 수 있겠는가!

9.8 余固非知道者也, 然不敢謂無志於盡心之學, 略附管見於『正蒙』, 餘俟同志君子其爲討論焉. [(1)]銖銖而較之, 寸寸而度之, 深造而有得焉, 是亦張子而已矣.

9.9 康熙四十七年戊子孟秋月, [(2)]儀封後學[(3)]張伯行書於[(4)]榕城之正誼堂.[40]

|번역| 나는 물론 도를 아는 자가 아니지만, 마음을 다하는 학문에 뜻이 없다고 말할 수도 없어,『정몽』에서 엿본 얕은 식견을 약간 덧붙였으니, 그 나머지는 뜻을 같이하는 군자들이 토론하기를 기다리노라. 아주 세밀하게 논의하고 단락마다 헤아려 깊게 이르러 얻는 것이 있다면, 그 역시 장재일 것이다.

강희 47년(1708) 무자(戊子)년 음력 7월, 의봉(儀封)의 후학 장백행(張伯行)이 용성(榕城)의 정의당(正誼堂)에서 쓰다.

[40] (1)銖銖, 극히 세밀함. (2)儀封, 오늘날의 허난(河南)성 란카오(蘭考)현 북쪽을 가리킴. (3)張伯行(1651~1725), 자는 효선(孝先), 호는 서재(恕齋), 만년의 호는 경암(敬庵). 청나라의 대신이자 성리학자였다. (4)榕城, 오늘날의 푸저우(福州)를 가리킴.

|해설| 장백행(1651~1725)은 강희 47년(1708)에 복건성에서『장횡거집』을 간행했고,
『정몽』을 주석하기도 했다. 그는 정주리학을 신봉했으므로, 정주리학의 관점에
서 장재철학을 풀이했다. 그랬기 때문에 위에서 말한 것처럼 장재의 성론을 중
시했고, 그것에 찬동했으며, 장재의 궁리설을 가지고 그의 대심설을 변호하기
도 했다.

10

주식의 강희 58년본 『장자전서』 서문
朱軾康熙五十八年本張子全書序

10.1 歲己丑, 余奉命巡學[(1)]陝右, 蒞[(2)]扶風, 率諸生謁橫渠張子廟, 雖車
服禮器鮮有存者, 然登其堂, 不覺[(3)]斂容[(4)]屏息, 肅然起敬焉.[41]

|번역| 기축년에 나는 명을 받들어 섬서(陝西) 지역을 돌며 배우고 부풍(扶
風)에 이르러 여러 학생을 인솔해 장횡거의 사당을 알현했다. 비록
수레, 옷, 의례용 기물 가운데 남아 있는 것은 별로 없었지만, 그 마
루에 오르고 보니, 부지불식간에 웃음기를 거두고 숨을 죽이며 숙
연히 경건해졌다.

10.2 既而博士繩武示余『橫渠全集』, 且曰: "是書多錯簡, 欲重刻未逮
也." 余自幼讀「西銘」『正蒙』, 雖未窺見奧蘊, 然每一展卷, 輒取胸

---

[41] (1)陝右, 옛사람들에게 右는 西를 뜻했다. 따라서 陝右는 陝西를 가리킨다. (2)扶風, 부
풍현(扶風縣)은 오늘날 샨시(陝西)성 바오지(寶鷄)시에 위치해 있다. (3)斂容, 웃음기를
거둠. 정색을 함. (4)屏息, 숨을 죽임.

臆爽豁, 既得讀全書, 益有鼓舞不盡之致焉. 大抵言性言命, 使人
心玩之而如其所欲言者, 必身體之而適得其力之能至者也.

|번역| 얼마 지나지 않아 박사 승무(繩武)가 내게 『횡거전집』을 내보이고는
이렇게 말했다. "이 책은 착간(錯簡)이 많은데 다시 간행하고 싶었으
나 그러지 못했습니다." 나는 어려서부터 「서명」과 『정몽』을 읽었
으되, 오묘한 뜻을 엿보지 못했으나, 책을 펼 때마다 곧 마음이 시원
해지곤 했으니, 전서를 읽을 수 있다면 더욱 끝없이 고무되는 일이
있을 터였다. 대체로 성(性)을 논하고 명(命)을 논하는 일은 사람의
마음으로 음미해야 말하고자 하는 대로 표현되고, 반드시 몸소 체
득해야 힘으로 이를 수 있는 것을 얻는다.

10.3 集中『經學理窟』諸篇, 於禮樂·詩書·井田·學校·宗法·喪祭,
討論精確, 實有可見之施行. (1)薛思菴曰: "張子以禮爲敎." 不言理
而言禮, 理虛而禮實也. 儒道宗旨, 就世間綱紀(2)倫物上着脚, 故
由禮入最爲切要, 即約禮復禮(3)的傳也. 「西銘」言仁, 大而非誇,
蓋太極明此性之全體, 「西銘」狀此性之大用, 體虛而微, 用弘而實
焉. 『正蒙』論天地太和絪縕, 風雨霜雪, 萬品之流形, 山川之融結,
即器即道, 皆前人之所未發, 朱子所謂"親切嚴密"是也.42

|번역| 『경학리굴』의 여러 편에 집중하면, 예악, 시서, 정전제, 학교, 종법,

42 (1)薛思菴: 설경지(薛敬之, 1435~1508), 자(字)는 현사(顯思), 호는 사암(思菴)이다. 명대
에 관학(關學)을 전승한 인물이다. (2)倫物, 인륜과 사물의 이치. (3)的傳, 즉 嫡傳. 정통
으로 계승함.

상례와 제례에 대한 토론이 자세하고 확실해 실로 실행할 수 있는 것들이 있다. 설사암(薛思菴)은 "장재는 예를 가르침으로 삼았다"고 했다. 리(理)를 말하지 않고 예(禮)를 말하였으니, 리는 형식이고 예는 실질이다. 유학의 도의 근본 취지는 세간의 기강, 인륜과 사물의 이치에 발을 딛고 있다. 따라서 예로 진입함이 가장 긴요하다. 즉 예로 요약함, 예를 회복함이 정통으로 계승함이다. 「서명」에서 말한 인(仁)은 거대하지만 과장은 아니다. 무릇 태극은 이 성(性)의 전체를 밝히고 있으며, 「서명」은 이 성의 커다란 작용을 묘사하였으니, 본체는 허하고 은미하되, 작용은 넓고 실질적이다. 『정몽』에서는 천지의 커다란 조화(太和)와 인온(絪縕), 바람, 비, 서리, 눈, 만물의 유행, 산천의 응결 등 기물에 즉하여 도를 논하였으니, 모두 선대 사람들이 밝히지 못한 것이다. 주자가 "분명하고 엄밀하다"고 말한 것이 그것이다.

| 해설 | 장재가 창도한 관학(關學) 학파는 대대로 예를 중시했다. 설경지(薛敬之)는 여남과 함께 명대에 관학을 계승한 대표적 인물이었다. 바로 그런 학문적 배경 속에서 그는 리는 형식적인 것인 데 반해 예는 실질적인 것이라고 했으며, 작용, 실제, 실학 등을 중시했다.

10.4 史稱橫渠以『易』爲宗, 以『中庸』爲體, 以孔孟爲法. 與諸生言學, 每告以知禮成性・變化氣質之道, 學必爲聖人而後已. 以爲[(1)]知人而不知天, 求爲賢人而不求爲聖人, 此學者大蔽也"; 又曰: "[(2)]爲天地立心, 爲生民立命, 爲往聖繼絶學, 爲萬世開太平." 卓哉張子, 其諸光輝而近於化者歟! 若其所從入, 則[(3)]循循下學, 『正蒙』所謂"[(4)]言有教, 動有法, 息有養, 瞬有存", 數語盡之矣.[43]

| 번역 | 역사에서는 횡거가 『역』을 으뜸으로 삼고 『중용』을 근간으로 하며, 공맹을 모범으로 삼았다고 칭한다. 여러 학생과 학문을 논할 때면 매번 예를 알아 성을 완성할 것, 그리고 기질을 변화시키는 도를 가르쳤고, 배움은 반드시 성인이 된 후에야 그쳐야 한다고 가르쳤다. "사람을 알되 하늘을 모르고 현자가 되기를 추구하되 성인이 되기를 추구하지 않으니, 이는 배우는 자들의 커다란 폐단이다"라고 했다. 또 말하기를 "천지를 위해 마음을 세우고, 백성을 위해 명을 세우고, 과거의 성인을 위해 끊어진 학문을 계승하고, 만세를 위해 태평성대를 연다"고 했다. 뛰어나다, 장재여. 그의 여러 광휘는 성인의 화(化)하는 경지에 가깝다! 하지만 그 진입하는 단계의 경우는 순서에 따라 아래에서 배우니, 『정몽』의 "말에는 성현의 가르침이 있고 움직임에는 법도가 있으며, 낮에는 적극적으로 하는 일이 있고 밤에는 얻는 것이 있으며, 한번 숨 쉴 때도 기르는 것이 있고 순간마다 보존하는 것이 있다"는 몇 마디 말이 그것을 다 드러내고 있다.

| 해설 | 『주역』을 으뜸으로 삼고 『중용』을 근간으로 하며, 『예』를 작용으로 삼으며, 공맹을 모범으로 삼은 것은 장재의 사상적 특징일 뿐 아니라, 관학 학파의 공통된 특징이기도 하다.

10.5 是故學張子之學而實踐其事者, 斯不愧讀張子之書而洞晰其理. 余也不敏, 何足以言學! 然竊喜讀張子書而有鼓舞不盡之致, 用校正而梓之, 以成博士志焉.

---

43 (1) 『송사』 「장재전」에서 출전. (2) 『근사록』에서 출전. (3) 循循, 순서, 차례를 따르는 모습. (4) 『정몽』, 「유덕편」에서 출전.

10.6 時康熙五十八年冬至月, ⁽¹⁾高安後學⁽²⁾朱軾序.⁴⁴

| 번역 | 그러므로 장재의 학문을 배우고 그 일을 실천하는 자는 장재의 책을 읽고 그 이치를 분명히 밝히는 일을 하기에 부끄럽지 않겠지만, 나의 경우는 불민하니, 어찌 배웠다고 말하기에 충분하겠는가! 하지만 장재의 책을 읽기를 좋아하여 끝없이 고무되는 일이 있으니, 교정하고 각판하여 박사의 뜻을 이루노라.

　　강희 58년(1720) 동짓달에 고안(高安)의 후학 주식(朱軾)이 서문을 쓰다.

| 해설 | 주식(朱軾)은 장재의 사상을 충실히 따른 학자로서 특히 그의 몸소 실천하는(身體力行) 것을 매우 중시하였다.

---

44 (1)高安, 오늘날 장시(江西)성의 현급 시. (2)朱軾(1665~1736), 자는 약첨(若瞻) 혹은 백소(伯蘇)이고, 호는 가정(可亭). 청대 중기의 명신. 저명한 역사학자이다.

11

섭세탁(葉世倬)의 가경(嘉慶) 병인본
『장자전서』서문
葉世倬嘉慶丙寅本張子全書序

11.1 張橫渠先生後裔, 世居郿縣之槐芽鎭, 有全集木刻藏於⁽¹⁾貢生景留家. 嘉慶三年二月十八日, ⁽²⁾白蓮賊焚掠鎭上, 家人驚避, ⁽³⁾瘞版地下, 賊掘視之, 且詈且擲, 凡碎四十餘片, 景留家⁽⁴⁾赤貧, 無力補刻, 自是集非完書, 流傳益鮮. 今年三月四日, 余代守岐陽, 郡城東街舊有先生祠, 下車次日往謁, 詢得其情, 隨檢所缺, 亟付⁽⁵⁾剞劂補之. 工竣, 爰識顚末於後, 以授景留, 俾知版之厄於賊, 而猶幸未毁於火也, 世世子孫其善藏之!⁴⁵

|번역| 장횡거 선생의 후예는 대대로 미현(郿縣) 괴아진(槐芽鎭)에 거주했

---

45 (1)貢生, 명청대에 지방에서 추천해 수도의 국자감에서 공부한 생원을 가리킨다. (2)白蓮賊, 1796년에 일어난 백련교도의 난을 가리킨다. 경제적 궁핍에 시달리던 백성이 湖北, 四川, 陝西 3성의 산악지대를 무대로 청조에 저항해 일으킨 봉기이다. (3)瘞(예), (땅에) 묻어 숨김. (4)赤貧, 가진 것이 하나도 없을 정도로 매우 가난함. (5)剞劂(기궐), 새기는 데 쓰는 칼. 여기서는 조판한다는 뜻.

고, 전집 목각이 있어 공생(貢生) 경유(景留)의 집에 수장되어 있었다. 그러다가 가경(嘉慶) 3년(1798) 2월 18일에 백련교의 도적들이 괴아진을 불사르고 노략질하자, 집안사람들이 놀라 대피하며 목판을 땅속에 묻어 숨겼으나, 도적들이 그것을 파 내어 보고는 욕하며 내던져 40여 조각이 부서졌다. 경유의 집은 매우 가난하여 보완해 새길 힘이 없었으므로, 전집은 자연히 완결된 책이 아니게 되고 유전되는 일 또한 더욱 드물게 되었다. 그러다 올해 3월 4일에 나는 기양(岐陽) 지역을 대신해 지키게 되었다. 기양군 성 동쪽 거리에 예로부터 선생의 사당이 있었기에 수레에서 내려 다음날 가서 배알하고, 그 정황을 문의해 듣고는 결손이 된 것을 검사하여 속히 조판하여 그것을 보완하도록 청했다. 일이 끝나자 이에 끝에 일의 전말을 기록하여 경유에게 주면서 목판이 도적에 의해 액운에 처했지만, 다행히 불에 훼손되지는 않았으니, 대대로 자손들이 그것을 잘 보존해야 함을 알도록 했다.

11.2　時嘉慶十一年, [1]歲次丙寅六月[2]下浣, 知鳳翔府事西安淸軍[3]同
　　　知[4]上元葉世倬謹識.[46]

|번역| 때는 가경 11년(1807) 연차(年次)로는 병인년 6월 하순으로 봉상부(鳳翔府) 지사이자 서안(西安) 청군동지(淸軍同知)인 상원(上元) 사람

46 (1)歲次, 연차. 고대에는 목성을 기준으로 연도를 기록했는데, 매년 목성이 이른 별의 위치와 그 간지(干支)를 세차, 연차라 했다. (2)下浣, 관리가 매월 하순이 되어 쉬는 날을 가리키는데, 여기서는 매월 하순이라는 뜻이다. (3)同知, 청대에 부(府), 주(州)에 설치한 보좌 역할을 맡은 관직 명칭. (4)上元葉世倬: 섭세탁(葉世倬, 1751~1823)의 자는 자운(子云)이고, 호는 건암(健菴)이다. 강소(江蘇) 상원현(上元縣) 사람이다.

섭세탁(葉世倬)이 삼가 기록하였다.

|해설| 백련교도의 봉기로 후손이 소장하고 있던 『장자전집』 목각본이 일부 훼손되자,
당시 관리로 있던 섭세탁(葉世倬)이 훼손된 것들을 새겨 1807년에 다시 간행하
였다.

12

무징의 도광 임인년본『장자전서』서문
武澄道光壬寅本張子全書序

12.1 太守<u>豫星階</u>先生自丙申來⁽¹⁾典郡, 尊儒重道, 廣立⁽²⁾義學以端風化
之原. 一日, 過横渠祠, 見其⁽³⁾廢圮, 慨焉傷之, 乃延⁽⁴⁾<u>鄭冶亭士</u>
<u>範</u>·<u>李靜菴</u>正諸名士建議重修, 且又⁽⁵⁾捐廉以爲紳士倡, 至庚子功
竣, 蓋欲以鄉之前賢勉來學也.⁴⁷

|번역| 태수 예성계(豫星階) 선생은 병신(丙申)년 이래로 군의 정사를 맡으
시면서 유자를 높이고 도를 중시하여 무료로 배울 수 있는 학교를
널리 세워 풍속 교화의 서막을 열었다. 그러다 하루는 횡거의 사당
을 지나게 되었는데, 그것이 부서지고 무너진 것을 보시고는 개탄
하며 마음 아파하시더니, 정야정, 이정암 등 여러 명사를 초청하여
사당 중수를 건의하고 또 녹봉 외의 가봉(加俸)을 기부하여 지역유
지들을 선도하였다. 경자년에 이르러 공사가 끝나자 고을의 선배

47 (1)典郡, 군의 정사를 주관함. (2)義學, 공금 혹은 사비로 세워 무료로 배울 수 있는 학
교. (3)廢圮(비), 부서지고 무너짐. (4)鄭冶亭, 정사범(1795~1873), 청대 말기의 경학자.
자는 야정(冶亭). 봉상현 사람이다. (5)捐廉, 관리가 녹봉 외에 직무 등급에 따라 받는
가봉(加俸)을 기부함.

현인들이 와서 배우기를 권면했다.

12.2 越壬寅春, 澄假館祠內, 賢裔張君連科謂澄曰: "祠宇者, 所以妥橫
渠之神; 全書者, 所以載橫渠之道也. 今將⁽¹⁾殺青重刊, 子盍爲我
校之." 澄譬猶⁽²⁾撼樹蚍蜉, 不自量力, 因竭數月之功, 與李靜葊同
年⁽³⁾讎校商訂, 訖九月告成, 時冶亭遠仕貴陽, 以不獲⁽⁴⁾就正爲
憾.⁴⁸

| 번역 | 임인(壬寅)년 봄을 지나는 시기에 내가 사당 안을 빌렸을 때 성현의
후예인 장연과(張連科)가 내게 이렇게 말했다. "사당은 횡거의 신위
를 편히 앉히기 위한 것이요, 전서는 횡거의 도를 실은 것입니다. 지
금 교감하여 다시 간행하려 하건대 그대는 어찌하여 나에게 교감해
달라고 하지 않는 것입니까?" 나는 비유컨대 큰 나무를 뒤흔들려고
하는 왕개미처럼 자신의 힘을 헤아리지 못하고, 몇 개월 힘을 다해
이정암과 그해에 글을 토론해 교정하여, 9월에 이르러서 완성했으
니, 그때 정야정은 멀리 귀양(貴陽)에서 벼슬을 해 가르침을 구하지
못한 것이 유감이었다.

12.3 吁! 全書成矣, 讀全書者, 空讀其書無益也. 橫渠生於千載之上, 人

---

48 (1)殺青, 고대에는 책을 교감할 때 처음에는 죽간에 쓰고 개정한 뒤에 다시 비단 위에
썼다. 이로 인해 후대에 정본을 완성하거나 교감하여 인쇄하는 것을 가리키게 되었다.
(2)撼樹蚍蜉: 撼, 뒤흔듦. 蚍蜉(비부), 왕개미. 큰 나무를 흔들려고 하는 왕개미. 스스로
힘을 헤아리지 않음을 뜻함. (3)讎校, 글을 교정함. (4)就正, 바로잡아 달라고 가르침을
구함.

也; 吾儕生於千載之下, 亦人也. 然橫渠之心, 能視天地萬物爲吾
父母同胞, 而吾儕肝膽間, 顧⁽¹⁾格格焉判若楚越, 此何故哉?

12.4 道光二十二年, 歲在壬寅, 秋九月⁽²⁾穀旦, 岐山後學⁽³⁾武澄謹序.⁴⁹

|번역| 아! 전서가 완성되었으되, 전서를 읽는 자가 그 책을 읽기만 해서는
무익하다. 횡거는 천 년 전에 태어났지만, 그도 사람이고, 우리들은
천 년 이후에 태어났지만, 우리 역시 사람이다. 하지만 횡거의 마음
은 천지만물을 자신의 부모와 동포로 볼 수 있었던 데 반해, 우리는
간과 쓸개처럼 가까우면서도 서로 저촉되어 갈라진 것이 초나라와
월나라 사이 같으니, 이는 무엇 때문인가?

　도광(道光) 22년(1843), 연차로는 임인년 가을 9월 쾌청하게 좋은
날, 기산(岐山)의 후학 무징(武澄)이 삼가 서문을 쓰다.

|해설| 무징(武澄)은 1842년에 경학자 정사범 등과 장재 사당을 중수했고, 이듬해에는
『장자전서』를 다시 정리해 출간했다.

---

49 (1)格格, 서로 저촉됨. (2)穀旦, 길일. 쾌청하게 좋은 날. (3)武澄: 생졸 연월 미상. 기산
　현 사람이다. 시문에 능했다고 알려져 있다.

13

이신의 동치 9년본 『장자전서』서문
李愼同治九年本張子全書序

13.1 <u>孔子之道</u>, ⁽¹⁾墜緒⁽²⁾就湮, 微言中絶者屢矣. 何以至有宋濂·洛·關·閩諸賢出而聖人之道大明, 既明而遂不復晦? 豈非由於諸賢之扶正敎, 闢邪說, 同時奮起, ⁽³⁾百折不回, 而又各有著述, 其擇也精, 其語也詳, 足以抉奧闡微, 羽翼斯道於千載也哉!⁵⁰

|번역| 공자의 도는 추락하고 묻혀 은미한 말씀이 중간에 단절되는 일이 여러 차례 일어났다. 그런데 어째서 송대에 이르러 염계, 낙양, 관중, 복건의 여러 현자가 출현하여 성인의 도가 크게 밝아지고, 밝아지자 다시 어두워지지 않게 된 것일까? 여러 현자가 바른 가르침을 북돋고 사악한 주장을 물리치며, 동시에 떨쳐 일어나, 백 번의 좌절을 당해도 굽히지 않고 또한 각기 저술이 있어, 그 가려냄은 정밀하고 그 말은 상세하여 오묘함을 가려내고 은미함을 밝힐 수 있었으니, 이 어찌 천 년 후에 이 도가 전해지는 데 도움이 된 것이 아니겠

---

50 (1)墜緒, 머지않아 추락하는 학설. (2)就湮, 잠기거나 묻히는 방향으로 나아감. (3)百折不回, 백 번의 좌절을 당해도 굽히지 않음.

는가!

13.2 余束髮受書, 溺於俗學, 以記誦詞章爲務, 於道毫無所窺. 繼與友
人崇文山遊, 見其持論行事一[(1)]軌於正, 因盡棄所學而學焉, 始解
讀『小學』·『近思錄』與諸先儒之書以發明經旨. 因文山而獲見[(2)]倭
艮峰先生, 得讀所著『爲學大旨』, 始知聖人之道如日用飲食之不
可一日或離, 而從事之久, 則趣益深, 理益明, 又不容以一蹴而至
也. [(3)]無如力學不勇, 悠忽終無所得.[51]

|번역| 나는 15세가 되어 머리를 묶고 교육을 받았는데, 속된 학문에 빠져
사장을 기억하고 암송하는 것에 힘쓰고 도에 대해서는 전혀 엿본
것이 없었다. 이어서 친구인 숭문산(崇文山)과 노닐다가 그의 지론
과 행동이 한결같이 바른 것을 따름을 보고 배우던 것을 모두 버리
고 그에게서 배워,『소학』,『근사록』과 여러 선대 유자들의 책을 해
독하기 시작하여 경전의 취지를 밝혔다. 숭문산이 왜간봉(倭艮峰)
선생을 뵙고 그가 저술한『위학대지(爲學大旨)』를 읽고는 일용하는
음식에서 하루라도 벗어날 수 없는 것과 마찬가지로 성인의 도에서
벗어날 수 없으며, 오래 그 일을 하면 맛이 더욱 깊어지고 이치는 더
욱 밝아지니, 한걸음에 도달할 수 없다는 사실도 알게 되었다. 이러
지도 저러지도 못하여 힘써 배우는 데 용기를 내지 않고, 여유롭고
해이하면 끝내 얻는 것이 없게 된다.

51 (1)軌, (궤도를) 따름. (2)倭艮峰: 본명은 烏齊格里 倭仁(1804~1871)이고. 자는 艮峰, 艮齋
이다. 몽골인. 청대 말기의 대신이자 이학자이다. (3)無如, 어쩌지 못함. 이러지도 저러
지도 못함.

13.3 同治六年, 出守鳳翔, 固橫渠夫子之鄉也. 拜謁祠下, 肅然仰前哲
之⁽¹⁾遺徽, 徘徊久之不能去, 從守祠張生述銘求全書之所在. 張生
曰: "是書舊刻之在鄜邑者, 板多殘闕, 臨潼本, 則不知藏於誰氏.
道光初, 郡中有新鋟本, 第不敢出以示人." 余訝其言, 固詰之, 則
曰: "是書之刊也, 彼時岐邑⁽²⁾明經武子鮮名澄者, 實任⁽³⁾校讐事,
於『語錄』·「附錄」諸卷多所移置, 且補著「張子年譜」而參以己議,
謂井田不可復行, 於是是書出而讀者譁然, 是以不敢復示人." 余
亟索觀, 知武生亦汲古好學士, 第其所著「井田論」, 未能窺先賢之
深意, 無足存者. 乃屬張生, 將所移易者重輯如舊, 商之羅誠茲明
府驥, 共捐資而補刻之. 以武生所編「年譜」, 刪其繁冗附於後, 以
不沒其勤.⁵²

|번역| 동치(同治) 6년(1868)에 봉상(鳳翔) 지역으로 가 그곳을 지키게 되었
으니, 그곳은 물론 횡거 선생님의 고향이다. 사당에서 그를 배알하
고 앞선 철인의 생전 덕행을 숙연히 우러렀으며, 오랫동안 배회하
며 떠나지 못하다가, 사당을 지키는 장술명(張述銘) 생원을 따라가
전서가 있는 곳을 찾았다. 장 생원이 말했다. "이 책은 미읍(鄜邑)에
서 옛날에 새긴 것인데, 판본에 손상되고 빠진 것이 많고, 임동(臨潼)
판본은 누가 수장하고 있는지 알지 못합니다. 도광(道光) 초기에는
군 안에 새로운 판본이 있었으나 감히 꺼내 사람들에게 보이지 못
했습니다." 나는 그 말이 의아하게 느껴져 그것에 대해 따져 묻자,
이렇게 말했다. "그 책이 간행될 때, 기읍(岐邑)의 명경(明經)인 무자
선(武子鮮), 이름은 징(澄)인 자가 실제로 교감하는 일을 맡고 있었는

---

52 (1)遺徽, 망자의 생전 덕행. (2)明經, 명, 청 시대에 1차 과거시험에 합격한 공생(貢生)에
대한 존칭. (3)校讐, 교감(校勘).

데, 『어록』과 「부록」의 여러 권을 많은 경우 옮겨 배치하고, 「장자
연보」를 보완해 지으면서 자기 논의를 집어넣어 정전제는 다시 시
행할 수 없다고 하였습니다. 그래서 이 책이 나오고 나서 독자들이
떠들썩해졌으므로 감히 다시 사람들에게 내보이지 않게 되었습니
다." 내가 재빨리 찾아 읽어 보니, 무(武) 생원 역시 옛것을 취하고 배
우기를 좋아하는 선비였으나, 그가 지은 「정전론」은 선현의 깊은
뜻을 엿보지 못하여 보존하기에 부족함을 알게 되었다. 이에 장 생
원에게 부탁하여 옮겨다 바꿔 놓은 것을 다시 옛날 그대로 편집하
도록 하고, 나성자(羅誠玆)와 관부의 양(驤)과 상의해 함께 자금을 기
부해 보완해 새기게 했다. 무 생원이 엮은 「연보」는 번잡하여 쓸데
없는 부분은 삭제해 뒤에 붙여 그 일을 없애지는 않았다.

13.4 編既定, 張生固乞序於余, 鄙邑賢裔張書雲亦以爲請. 余曰: "子誤
矣. 夫子之書, 廣大精微, 程子·朱子及諸儒論之詳矣, 余涉道淺,
烏足以贊一詞哉! 且値正學倡明之會, 是書之傳, 久已如日月之經
天, 江河之行地, 又烏待乎序耶!" 張生則曰: "人之讀是書者, 往往
(1)靜言而庸違. 自罹(2)兵革後, 讀之者益鮮, 其不可以無言也."[53]

|번역| 편집이 확정되자 장 생원이 나에게 서문을 써 주기를 요청했고, 미
읍의 현명한 후예인 장서운 역시 그러기를 청했다. 내가 말했다.
"그대들은 잘못 생각하고 있습니다. 선생님의 책은 광대하고 정미
하여, 이정, 주자, 여러 유자들이 그것을 상세히 논했습니다. 나는

---

53 (1)靜言而庸違, 말은 잘하지만 행동은 어그러진다는 뜻. (2)兵革, 병기와 갑옷. 전쟁을
가리킴.

도를 섭렵함이 얕으니, 어찌 한 마디라도 찬술할 수 있겠습니까! 게다가 바른 학문이 밝아지는 시기에 이 책이 전해진 것이 이미 오랫동안 해와 달이 하늘을 지나가고 강물이 땅을 흐르는 것과 같았으니, 다시 어찌 서문을 필요로 하겠습니까!" 장 생원이 말했다. "이 책을 읽는 사람 중에는 종종 말은 잘하지만 행동은 어그러지는 이들이 있고, 전쟁을 겪은 후에 그것을 읽는 자는 더욱 드물기 때문에 말이 없을 수 없습니다."

13.5 余悚然曰: "是守土者之責也. 夫天下之禍亂不遽作, 實人心風俗有以釀成之; 人心風俗之壞, 由於教化之不行; 教化之不行, 由於學術之不講. 鳳郡民俗, 夙稱敦樸, 今則學校久廢, 『詩』『書』之道不聞, 人知趨利而不知嚮義, 較之往昔, 其風亦稍[(1)]澆矣. 果能取夫子之書讀之, 而身體力行, [(2)]觀摩而善焉; 其君子知勵存養之修, 宏[(3)]胞與之量, 循其性而無違; 其小人亦知篤尊高年‧慈孤弱之義, 盡其職而無愧; [(4)]皞皞熙熙, 禍亂其庶幾息乎! 第古學校之制未能遽復, 而今之從事學校者, 又往往以[(5)]操觚[(6)]吮墨‧媒[(7)]爵秩而貿[(8)]冠裳爲畢乃事也, 是豈張子著書衛道垂教後世與余所以期望郡人士之本心哉!" 爰書之以告讀夫子之書者.[54]

13.6 時在同治九年, 歲次庚午仲秋之吉, 賜進士出身知鳳翔府事後學

---

54 (1)澆, 각박함, 천박함. (2)觀摩, 서로 보고 배움. (3)胞與, 「서명」에 나오는 백성은 동포이고 만물은 벗(民胞物與)이라는 말의 준말. (4)皞皞熙熙, 여유롭고 즐거움. 皞(호), 밝다. 화평하고 즐겁다. (5)操觚. 간책(簡冊)을 붙잡음. 글을 씀. (6)吮(연)墨, 먹을 묻힘. (7)爵秩, 작록. (8)冠裳, 관리가 입는 의복으로 여기서는 관직을 가리킴.

李愼謹序.

|번역| 내가 두려워하며 말했다. "그것은 영토를 지키는 자의 책무입니다. 무릇 천하의 재난은 갑작스럽게 일어나지 않습니다. 그것은 실로 인심과 풍속이 빚어 내는 것입니다. 또 인심과 풍속이 나빠지는 것은 교화가 행해지지 않기 때문이며, 교화가 행해지지 않는 것은 학술이 논해지지 않기 때문입니다. 봉상군의 민간 풍속은 일찍부터 두텁고 순박하다고 칭해졌으나 오늘날은 학교가 폐교된 지 오래되었고, 『시』, 『서』의 도는 들리지 않으며, 사람들은 이익을 추구할 줄 알면서도 의로움으로 향할 줄은 모르니, 과거에 비해 보면 그 풍속이 다소 각박해졌습니다. 과연 선생님의 책을 취해 읽을 수 있다면 몸소 체득하고 힘써 행하고 서로 보고 배워 선하게 될 것입니다. 군자의 경우는 보존하고 기르는 수양을 격려할 줄 알고 백성을 동포로 만물을 벗으로 여기는 도량을 크게 가지며, 그 본성을 따라 거스름이 없을 것입니다. 소인의 경우도 나이 많은 이들을 돈독히 존숭하고 외롭고 약한 이들을 자애롭게 여기는 의리를 알 것이요, 그 직무를 다하여 부끄러움이 없게 될 것입니다. 여유롭고 즐거우니 재난은 거의 종식되지 않겠습니까! 나는 옛 학교 제도는 갑작스럽게 회복할 수 없으나, 오늘날 학교의 일에 종사하는 자들은 종종 먹을 묻혀 글을 쓰고, 작록을 구하고 관직을 거래하는 것을 반드시 할 일이라고 여깁니다. 하지만 그것이 어찌 장재가 책을 저술하여 도를 지키고 가르침을 후세에 드리우며, 내가 군의 인사들에게 바라는 본래의 마음이겠습니까!" 이에 서문을 써서 선생님의 책을 읽는 자에게 고하였다.

때는 동치(同治) 9년(1871), 연차로는 경오(庚午)년 음력 8월의 길일로, 진사 출신 봉상부 지사인 후학 이신(李愼)이 삼가 서문을 썼다.

| 해설 | 청대 말기의 이신(李愼)이 장재의 고향에서 관리로 있을 때 앞서 무징(武澄)이 1842년에 간행한『장자전서』『어록』과「부록」의 문장 배열 순서와「연보」의 정전제에 대한 비판에 문제가 있다는 말을 듣고, 이를 수정해 1868년에 서문을 덧붙어 간행하였다.

14

섭적이 범육『정몽』서문을 계기로 개술한 강학 요지

⑴ 葉適因范育序正蒙遂總述講學大指[55]

14.1 道始於堯, "⑴欽明文思安安, 允恭克讓."

「易傳」雖有包犧·神農·黃帝在堯之前, 而『書』不載, 稱"若稽古帝堯"而已.[56]

| 번역 | 도는 요임금에게서 시작되었다. "일을 공손히 행하고 검약했고(欽),

---

55 ⑴섭적(葉適, 1150~1223): 호는 수심(水心). 남송의 주희가 활동하던 시대에 절강(浙江) 지역에서 일어난 이른바 사공(事功)을 중시하는 영가(永嘉) 학파의 대표 인물이다. 유학이 재정관리(理財)를 소홀히 해 온 것을 비판하며, 이재와 사익 추구를 혼동하지 말 것을 주장하고, 이익과 의의 통일을 지향했다. 유학이 송대에 이르러 형이상학화되는 것에 반감을 갖고, 「역전」은 공자의 저작이 아니라고 주장했고, 자사나 맹자의 이론에 불만을 품었다. 〈중화 주석〉 원래는 섭적의 『습학기언』(習學記言) 권49에 실려 있었으며, 『송원학안』「수심학안」에 전문을 싣고 있다.

56 ⑴『尙書』, 「虞書」, 「堯典」, "옛적의 요임금을 살펴보건대 방훈이라 불렀다. 일을 공손히 행하고 검약했고(欽), 밝았으며(明), 천하를 잘 다스리셨고(文), 도덕이 순수하게 갖추어져 있어서 편안하게 해야 할 바를 편안하게 하였고, 진실하고 공손하고 겸양할 수 있어 덕의 광채가 사방에 끼치고 하늘과 땅에 이르렀다."(曰若稽古帝堯, 曰放勳, 欽明文思安安, 允恭克讓, 光被四表, 格于上下.)

밝았으며(明), 천하를 잘 다스리셨고(文), 도덕이 순수하게 갖추어져 있어서 편안하게 해야 할 바를 편안하게 하였고, 진실로 공손하고 겸양하였다."

「역전」에는 복희, 신농, 황제가 요임금 앞에 있지만, 『상서』에서는 그들을 기재하지 않았으니 "옛적의 요임금을 살펴보건대"라고 말했을 따름이다.

|해설| 섭적은 「역전」의 대부분은 공자의 저작이 아니라고 주장하며 그것의 가치를 폄하했다. 그래서 「역전」이 요임금 앞에 복희, 신농, 황제 등의 신화적 인물을 거론한다고 불신 가득한 어투로 말하고 있다.

14.2 "⁽¹⁾命羲和歷象日月星辰, 敬授人時."

⁽²⁾「呂刑」"乃命重黎, 絶地天通, 罔有降格", 『左氏』載尤詳. 堯敬天至矣, 歷而象之, 使人事與天行不差; 若夫以術[下]⁵⁷神而欲窮天道之所難知, 則不許也.⁵⁸

|번역| (요임금은) "희씨와 화씨에게 명하시어 천체의 운행을 관측해 일월성신의 운행규칙을 계산해 내, 사람들에게 절기에 대한 인식을 경건히 주었다."

「여형」편에서는 "또 중(重)과 여(黎)에게 명하시어 땅의 백성들이

---

57 〈중화 주석〉 '下'는 『학안』에 근거해 보완했다.
58 (1)『尙書』, 「虞書」, 「堯典」, "요임금은 이에 희씨와 화씨에게 명하시어 천체의 운행을 관측해 일월성신의 운행규칙을 계산해 내, 사람들에게 절기에 대한 인식을 경건히 주었다."(乃命羲和, 欽若昊天, 厤象日月星辰, 敬授人時.) 歷象, 천문현상. (2)『尙書』, 「周書」, 「呂刑」, "또 중(重)과 여(黎)에게 명하시어 땅의 백성들이 하늘의 신과 소통하지 못하게 하여 신과 백성이 오르내리며 왕래하지 못하게 되었다."

하늘의 신과 소통하지 못하게 하여 신과 백성이 오르내리며 왕래하지 못하게 되었다"고 했고, 『춘추좌씨전』에는 그것이 더욱 상세히 기록되어 있다. 요임금은 하늘을 공경함이 지극하여, 그것을 지나치며 관측하여 인간사와 하늘의 운행이 차이가 나지 않도록 했다. 하지만 그 방법으로 신을 내려오게 하여 천도의 알기 어려운 것을 궁구하고 싶어 하는 것에 대해서는 허용하지 않았다.

┃해설┃ 섭적은 송대 유학자들이 천도에 대해 형이상학적인 논의를 하는 것이 불만이었다. 그래서 그는 요임금에게서 도가 시작되었다고 말하고 요임금이 천도를 중시했음을 인정하면서도 그가 중시한 천도란 천체의 운행을 관찰해 그 운행 규칙을 계산해 내는, 하늘에 대한 일종의 과학적 인식이었음을 강조했다. 아울러 신과 인간의 소통 방법으로 샤머니즘적 강신의례를 행하는 것을 금지시켰다고 했다.

14.3 次舜, "⁽¹⁾睿哲文明, 溫恭允塞", "⁽²⁾在璿璣玉衡以齊七政."
舜之知天, 不過以器求之, 日月五星齊, 則天道合矣.⁵⁹

┃번역┃ 다음으로 순임금은 "깊고 지혜롭고 문채가 나고 밝고 온화하고 공손하고 진실함으로 가득했다." "선기(璿璣)와 옥형(玉衡)을 살펴 칠정(七政)을 가지런히 했다."

순임금은 하늘을 알고자 할 때 다만 기구로 그것을 구했으니, 해와 달, 다섯 별이 가지런해지면 천도와 합치되었다.

---

59 (1)『尚書』, 「虞書」, 「舜典」, 순은 "깊고 지혜롭고 문채가 나고 밝고 온화하고 공손하고 진실함으로 가득했다."(睿哲文明, 溫恭允塞.) 睿哲, 깊고 지혜로움. 允塞, 진실함으로 가득 참. (2)『尚書』, 「虞書」, 「舜典」, "선기(璿璣)와 옥형(玉衡)을 살펴 칠정(七政)을 가지런히 했다." 在, 살핌. 璿, 아름다운 옥. 璣와 衡은 천체의 운행을 재는 기구.

|해설| 순임금은 측정 기구를 사용해 천체를 관측했다. 그도 요임금과 마찬가지로 과학적 방법을 사용한 것이다.

14.4 其微言曰: "⁽¹⁾人心惟危, 道心惟微, 惟精惟一, 允執厥中."
人心至可見, 執中至易知, 至易行, 不言性命. ⁽²⁾子思贊舜, 始有大知·執兩端·用中之論, 孟子尤多, 皆推稱所及, 非本文也.⁶⁰

|번역| 그 은미한 말에 이르기를 "인심은 위태롭고 도심은 은미하니, 마음을 순수하고 한결같이 갖고 진실로 저 중을 붙잡으라"라고 했다.
　　사람의 마음은 지극히 잘 보이고, 중을 붙잡는 일을 지극히 쉽게 알고 지극히 쉽게 행하니, 성명(性命)을 말하지 않았다. 자사에게는 순임금을 찬양하면서 크게 지혜롭고(大知), 양 극단을 붙잡았으며(執兩端), 중도를 사용했다(用中)는 논의가 있다. 맹자는 더욱 많으니, 모두 이른 바를 받들어 칭찬한 것으로 본문의 뜻이 아니다.

|해설| 섭적은 『상서』 「대우모」의 마음에 관한 논의는 지극히 평이한 것으로 후대 유학자들의 심성론과는 그 결이 다르다고 여겼다. 그런 이유에서 그는 송대 도학적 심성론의 기반이 되는 『중용』과 『맹자』의 그것을 비판한다. 그들의 순임금에 대한 논의가 순의 본래 모습과는 다르게, 내성(內聖)에 힘쓰는 사람으로 묘사되었다는 것이다.

60　(1)『尚書』, 「虞書」, 「大禹謨」에서 출전. (2)子思贊舜: 『중용』의 다음과 같은 문장을 가리킨다. "순임금은 아마 대단히 지혜로우셨을 것이다. 순임금은 묻기를 좋아하시고, 알기쉬운 말들을 살피기를 좋아하셨으며, 다른 사람의 나쁜 점은 숨겨 주고 좋은 점은 널리알렸다. 양 극단을 붙잡아 그 '중도'를 사용해 백성에게 베풀었으니, 이 점이 순임금이순임금 되신 까닭이다.(舜其大知也與! 舜好問而好察邇言, 隱惡而揚善, 執其兩端, 用其中於民, 其斯以爲舜乎!)

14.5 次禹, "(1)后克艱厥后, 臣克艱厥臣", "(2)惠迪吉, 從逆凶, 惟影響."
(3)「洪範」者, 武王問以天, 箕子亦對以天, 故曰"不畀鯀洪範九疇",
"乃錫禹洪範九疇", 明水有逆順也; 孔子因箕子周公之言, 故曰"(4)鳳
鳥不至, 河不出圖", 歎治有興廢也. 前世以爲龍馬負圖自天而降,
洛書九疇亦自然之文, 其說怪誕, 甚至有先天後天之說, 今不取.[61]

|번역| 그다음은 우임금이다. "임금이 그 임금 노릇함을 어렵게 여기고 신
하가 그 신하 노릇함을 어렵게 여겼다." "바른 길에 순종하면 길하
고 어긋난 길을 따르면 흉하니, 마치 그림자나 메아리 같습니다."
「홍범(洪範)」에서는 무왕이 하늘에 대해 묻자 기자 역시 하늘에
대해 대답했다. 그리하여 "곤(鯀)에게 큰 규범 아홉 가지를 주지 않
으시고", "우(禹)에게 큰 규범 아홉 가지를 주셨으니", 물에는 거스름
과 따름이 있음을 밝혔다. 공자는 기자와 주공의 말을 따랐고, "봉황
이 날아오지 않고 황하에서 하도가 나오지 않는다"고 했으니, 정치

61 (1)后克艱厥后, 臣克艱厥臣: 『尙書』, 「虞書」, 「大禹謨」, "임금이 그 임금 노릇함을 어렵게
여기고 신하가 그 신하 노릇함을 어렵게 여기면 정사가 다스려지고 백성들이 속히 교
화될 것입니다."(后克艱厥后, 臣克艱厥臣, 政乃乂, 黎民敏德.) (2)惠迪吉, 從逆凶, 惟影響:
『尙書』, 「虞書」, 「大禹謨」, "바른 길에 순종하면 길하고 어긋난 길을 따르면 흉하니, 마
치 그림자나 메아리 같습니다." 惠, 順의 뜻. 迪, 道. (3)「洪範」者~: 『尙書』, 「周書」, 「洪
範」, 무왕 13년에 왕께서 기자를 방문하셨다. 왕께서 말씀하셨다. "오, 기자여. 하늘은
몰래 백성을 정하시어 그들이 거처하는 것을 도와 화합하게 하셨으나, 나는 그 인륜이
펴진 바를 알지 못하오." 기자가 말했다. "제가 듣기를 옛날에 곤이 홍수를 막아 오행을
어지럽게 배열하자, 상제가 진노하여 큰 규범 아홉 가지를 주지 않으시니, 윤리가 무너
지게 되었습니다. 곤이 귀양 가 죽고 우가 이어서 흥기하자, 하늘은 우에게 큰 규범 아
홉 가지를 주어 윤리가 펼쳐지게 되었습니다."(惟十有三祀, 王訪于箕子. 王乃言曰, 嗚呼,
箕子. 惟天陰騭下民, 相協厥居, 我不知其彝倫攸敍. 箕子乃言曰, 我聞, 在昔, 鯀陻洪水, 汩陳
其五行, 帝乃震怒, 不畀洪範九疇, 彝倫攸斁. 鯀則殛死, 禹乃嗣興, 天乃錫禹洪範九疇, 彝倫
攸敍.) 무왕과 기자가 하늘을 가지고 묻고 대답했다는 말은 이 구절들을 가리킨다. (4)
鳳鳥不至, 河不出圖: 『論語』, 「子罕」, "봉황이 날아오지 않고 황하에서 하도가 나오지 않
으니 나도 끝났나 보다."(鳳鳥不至, 河不出圖, 吾已矣夫.)

에 흥망성쇠가 있음을 탄식하였다. 옛날에는 용과 말이 하도를 지고 하늘에서 나왔다고 하고, 낙서(洛書)의 아홉 규범도 자연의 글이라 여겼는데, 그 설은 괴이하고 허망하다. 심지어 선천 후천의 설까지 있는데, 오늘날은 취하지 않는다.

|해설| 섭적은 『상서』 「홍범」에서 비록 하늘이 아홉 규범을 우에게 내렸다고 하였고, 공자도 그런 전통을 따라 봉황, 하도와 같은 상서로운 것들이 나오지 않는다고 했지만, 그런 신비로운 설들은 믿을 것이 못 된다고 일축했다. 오히려 문제의 핵심은 인간의 선택과 행위가 어떠하냐에 달려 있다고 보았다. 우의 치수가 그러하고, 정치의 흥망성쇠 또한 그러하다.

14.6 次⁽¹⁾皐陶, 訓人德以補天德, 觀天道以開人治. 能教天下之多材, 自皐陶始.

⁽²⁾禹以才難得·人難知爲憂, 皐陶言"⁽³⁾亦行有九德, 亦言其人有德", ⁽⁴⁾卿大夫諸侯皆有可任, 翕受敷施, 九德咸事, 以人代天, 典禮賞罰, 本諸天意, 禹相與共行之, 夏·商·周一遵之.⁶²

---

62 (1)皐陶, 고요(皐陶)는 요순시대의 법관이며, 정치사상가이다. (2)禹以才難得·人難知爲憂: 『尙書』, 「虞書」, 「皐陶謨」, "우임금이 말했다. 아! 너의 말이 다 옳지만, 요임금도 그것을 어렵게 여기셨다. 사람을 알면 명철하여 훌륭한 사람을 관리로 기용할 것이요, 백성을 편안히 하면 은혜로워 뭇 백성들이 그를 그리워할 것이다."(禹曰, "吁, 咸若時, 惟帝其難之, 知人則哲, 能官人, 安民則惠, 黎民懷之.") (3)『尙書』, 「虞書」, 「皐陶謨」, "행동을 총괄하면 아홉 가지 덕이 있으니, 그 사람이 지닌 덕을 총괄해서 말해 어떤 일 어떤 일을 행했다고 말합니다."(亦行有九德, 亦言其人有德, 乃言曰載采采.) 亦, 총괄함. (4)卿大夫諸侯皆有可任, 翕受敷施, 九德咸事: 『尙書』, 「虞書」, 「皐陶謨」, "날마다 세 가지 덕을 베풀진대 밤낮으로 소유한 집안을 다스려 밝힐 것이요, 날마다 두려워하며 여섯 가지 덕을 공경할진대, 소유한 나라의 일을 밝힐 것이니, 모아서 받고 펴서 베풀면 아홉 가지 덕을 가진 사람들이 다 일하게 될 것이다."(日宣三德, 夙夜浚明有家, 日嚴祗敬六德, 亮采有邦, 翕受敷施, 九德咸事.)

| 번역 | 다음으로 고요(皐陶)는 사람의 덕을 가르쳐 하늘의 덕을 보완했고 하늘의 도를 살펴 사람을 다스리는 방법을 열었다. 천하의 다재다능한 이를 가르칠 수 있었던 것은 고요로부터 시작되었다.

우(禹)임금은 인재를 얻기 어렵고 사람을 알아보기 어려운 것을 근심으로 여겼는데, 고요는 "행동을 총괄하면 아홉 가지 덕이 있으니, 그 사람이 지닌 덕을 총괄해서 말한 것입니다"라고 했다. 경대부와 제후가 모두 직을 맡을 만하게 되어, 모아 받고 펴서 베풀면 아홉 가지 덕을 가진 이들이 다 일하게 된다. 사람으로 하늘을 대신하되, 전례를 행하고 상벌을 내리는 것이 하늘의 뜻에 근본을 두니, 우임금이 함께하며 그것을 행했고, 하나라, 상나라, 주나라가 한결같이 그것을 따랐다.

| 해설 | 고요는 통치계층이 덕을 갖출 것을 강조했는데, 섭적은 이것을 하늘의 덕만을 중시하던 데서 사람의 덕을 중시함으로써 하늘의 덕을 보완하는 것이라고 평했다. 아울러 이렇게 사람의 덕으로 전례를 행하고 상벌을 내리는 것이 하늘의 뜻을 계승하는 일이라 여겼다. 즉 하늘을 대신하여 사람의 일을 행하는 것이라 여겼다.

14.7 次湯, "(1)惟皇上帝, 降衷於下民, 若有恒性, 克綏克猷惟后." 其言性蓋如此.[63]

| 번역 | 그다음은 탕임금으로 "위대하신 상제께서 백성에게 진실한 마음을

---

63 (1)惟皇上帝, 降衷於下民, 若有恒性, 克綏克猷惟后: 『尙書』, 「商書」, 「湯誥」, "위대하신 상제께서 백성에게 진실한 마음을 주시어 변치 않는 본성을 지녔으니, 그 도에 편안해야 임금이다." 綏, 편안함. 猷, 道. 〈중화 주석〉 원래는 이어지는 부분과 한 단락으로 연결되어 있었는데, 『학안』에 근거해 분리했다.

주시어 변치 않는 본성을 지녔으니, 그 도에 편안해야 임금이다"라
고 했다. 그가 성에 대해 말한 것이 대체로 이와 같았다.

|해설| 탕임금은 성(性)에 대해 말했지만, 송대 유학자들처럼 그것에 대해 복잡하게 말
하지 않았고, 단지 성이 변치 않는 본성으로 하늘에 근원을 두고 있다고 말했을
따름이다.

14.8 次⁽¹⁾*伊尹*, 言"⁽²⁾*德惟一*", 又曰"⁽³⁾*終始惟一*", 又曰"⁽⁴⁾*善無常主, 協*
於克一."⁶⁴

湯自言"⁽⁵⁾*聿求元聖, 與之戮力, 以與爾有衆請命*", *伊尹自言*"⁽⁶⁾*惟*
尹躬暨湯咸有一德, 克享天心, 受天明命", *故以伊尹次之.*⁶⁵

|번역| 그다음은 이윤이니, "덕이 한결같다"고 했고, "시종 한결같이 한다"
고 했으며, "선에 변치 않는 주인은 없으니, 한결같이 하여 화합하는

---

64 〈중화 주석〉 이 조목은 원래는 이어지는 부분과 연결되어 있었는데, 『학안』에 근거해
분리했다.

65 (1)伊尹: 이윤(伊尹)은 하나라 말기에서 상나라 초기에 이르는 시기에 활동한 정치가로,
탕임금을 도와 상나라를 세우는 데 큰 공을 세웠다. (2)德惟一: 『尙書』, 「商書」, 「咸有一
德」, "덕이 한결같으면 움직임에 길하지 않음이 없지만, 덕이 한결같지 않으면 움직임
에 흉하지 않음이 없다."(德惟一, 動罔不吉, 德二三, 動罔不凶.) (3)終始惟一: 『尙書』, 「商
書」, 「咸有一德」, "지금 이어받는 왕이 새로 저 천명을 받으시려면 덕을 새롭게 해야 합
니다. 시종 한결같이 하는 것이 곧 날로 새로워지는 것입니다."(今嗣王新服厥命. 惟新厥
德, 終始惟一, 時乃日新.) (4)『尙書』, 「商書」, 「咸有一德」, "선에 변치 않는 주인은 없으니,
한결같이 하여 화합하는 데 있다."(善無常主, 協於克一) (5)『尙書』, 「商書」, 「湯誥」, "검은
희생물을 사용하여 하늘과 토지신에게 아뢰어 하나라를 벌하기를 청하고, 마침내 원성
(元聖) 이윤을 찾아 그와 더불어 힘을 다해 너희 무리와 함께 천명을 청하였다."(敢用玄
牡, 敢昭告于上天神后, 請罪有夏. 聿求元聖, 與之戮力, 以與爾有衆請命.) 聿, 마침내. 元聖,
이윤을 가리킴. (6)惟尹躬暨湯咸有一德, 克享天心, 受天明命: 『尙書』, 「商書」, 「咸有一德」,
"저(이윤)는 몸소 탕왕과 함께 모두 순일한 덕을 지녀 하늘의 마음을 잘 받들 수 있었으
니, 하늘의 밝은 명을 받았습니다." 〈중화 주석〉 위 주석과 같다.

데 있다"고도 했다.

탕은 스스로 "마침내 원성(元聖) 이윤을 찾아 그와 더불어 힘을 다해 너희 무리와 함께 천명을 청하였다"라고 했다. 이윤은 스스로 "저는 몸소 탕왕과 함께 모두 순일한 덕을 지녀 하늘의 마음을 잘 받들 수 있었으니, 하늘의 밝은 명을 받았습니다"라고 했다. 그래서 이윤이 그다음이다.

|해설| 이윤은 탕임금과 함께 하나라의 폭군 걸(桀)을 몰아내고 탕나라를 세운 인물이다. 『상서』에서는 한결같은 덕을 이윤과 탕이 지니고 있었기 때문에 하늘의 명을 받아 걸을 칠 수 있었다고 기록했다.

14.9 嗚呼! 堯·舜·禹·皐陶·湯·伊尹, 於道德性命天人之交, 君臣民庶均有之矣.[66]

|번역| 오! 요, 순, 우, 고요, 탕, 이윤이여. 도덕과 성명(性命), 하늘과 인간 사이의 교감이 군신과 백성 사이에 모두 있었다.

|해설| 앞서 언급한 당우(唐虞)와 하은(夏殷) 대의 성군과 명신들은 도덕과 성명(性命), 하늘과 인간 사이의 교감을 주로 임금, 신하, 백성 사이의 정치적 행위를 통해 이루었음을 부각시켜, 송대 유자들처럼 주정, 거경 같은 내면의 함양을 강조한 것이 아니라고 주장했다.

14.10 次文王, "[(1)]肆戎疾不殄, 烈假不遐. 不聞亦式, 不諫亦入." "[(2)]雝

---

[66] 〈중화 주석〉 위 주석과 같다.

離在宮, 肅肅在廟, 不顯亦臨, 無射亦保." "(3)無然畔援, 無然歆
羨, 誕先登於岸." "(4)不大聲以色, 不長夏以革, 不識不知, 順帝
之則." 文王備道盡理如此. 豈特文王爲然哉? 固所以成天下之
材; 而使皆有以充乎性, 全於命[67]也.[68]

|번역| 그다음은 문왕이니, "그러므로 이제 큰 어려움은 끊어 내지 못하셨
으나 빛나고 위대하시어 흠이 없으셨으니, 듣지 못하신 일은 법칙
을 따르시고 간언하지 않아도 선에 들어가셨다." "화목한 모습으로
궁에 계시고, 엄숙한 모습으로 사당에 계시며, 드러내지 않으시면
서 임하시고 싫증 내는 일 없이 백성을 보호하시었다." "그렇게 이
것을 버리고 저것을 붙잡지 않고 그렇게 흠모하고 부러워하지 않으
며, 크게 먼저 도의 경지에 올랐다." "소리와 색을 대단하다고 여기
지 않고 꾸미고 고치는 것을 훌륭하다고 여기지 않으며 알지도 못
하는 사이에 상제의 법칙을 따랐다." 문왕은 도를 갖추고 이치를 다

67 〈중화 주석〉 '命'이 『학안』에는 '天'으로 되어 있다.
68 (1)『詩經』, 「大雅」, 「思齊」, "그러므로 이제 큰 재난은 끊지 못하셨으나 빛나고 위대하시
어 흠이 없으셨으니, 듣지 못하신 일은 법칙을 따르시고 간언하지 않아도 선에 들어가
셨다."(肆戎疾不殄, 烈假不瑕, 不聞亦式, 不諫亦入.) 肆, 그러므로 지금. 戎, 큼(大). 疾, 재
난. 어려움. 烈, 빛남(光). 假, 큼(大). (2)『詩經』, 「大雅」, 「思齊」, "화목한 모습으로 궁에
계시고, 엄숙한 모습으로 사당에 계시며, 드러내지 않으시면서 임하시고 싫증 내는 일
없이 백성을 보호하시었다."(離離在宮, 肅肅在廟, 不顯亦臨, 無射亦保.) 離離, 화목하고
즐거운(和樂) 모습. 射, 싫증이 나고 게을러짐. (3)『詩經』, 「大雅」, 「皇矣」, "상제께서 문
왕에게 말했다. 그렇게 이것을 버리고 저것을 붙잡지 말고 그렇게 흠모하고 부러워하
지 말며, 크게 먼저 도의 경지에 오르라."(帝謂文王, 無然畔援, 無然歆羨, 誕先登于岸.)
畔, 마음이 떠남, 벗어남. 援, 붙잡음(攀援). 誕, 큼(大). (4)『詩經』, 「大雅」, 「皇矣」, "상제
께서 문왕에게 말씀하셨다. 나는 밝은 덕의 소리와 색을 대단하다고 여기지 않고 꾸미
고 고치는 것을 훌륭하다고 여기지 않으며 알지도 못하는 사이에 상제의 법칙을 따르
는 자를 사랑한다."(帝謂文王, 予懷明德, 不大聲以色, 不長夏以革, 不識不知, 順帝之則.)
夏, 화려하게 꾸밈. 革, 변혁, 고침.

함이 이와 같았다. 어찌 특별히 문왕만이 그랬겠는가? 진실로 천하의 인재를 육성해 주기 위한 것이었으니, 모두 그것으로 본성을 충실하게 하고 명을 온전하게 함이 있었다.

|해설| 『시경』「대아」의 문왕을 칭송하는 여러 시구를 인용하면서 그가 올바른 인간의 도리에 따라 일상사와 정사를 처리했음을 노래했다. 나아가 많은 인재를 육성함으로써 그들 역시 문왕처럼 본성과 천명에 따라 행동했을 것이라고 했다. 이렇게 문왕에게 본성을 충실하게 하고 명을 온전하게 함이란 송대 유자들이 말하는 것처럼 그렇게 특별하고 복잡한 수양론 체계를 따라야 하는 것이 아니었다.

14.11 案『中庸』言"(1)鳶飛戾天, 魚躍於淵, 言其上下察也", "(2)德輶如毛, 毛猶有倫, 上天之載, 無聲無臭, 至矣." 夫鳥至於高, 魚起[69]於深, 言文王作人之功也; 德輶如毛, 舉輕以明重也; 上天之載, 無聲無臭, 言天不可即而文王可象也. 古人患夫道德之難知而難求也, 故自允恭克讓以至主善(3)協一, 皆盡己而無所察於物也, 皆有倫而非無聲臭也. 今顚倒文義, 指其至妙以示人, 後世冥惑於性命之理, 蓋自是始, 不可謂文王之道固然也.[70]

|번역| 내 생각은 이렇다. 『중용』에서는 "솔개가 하늘을 날고 물고기가 연

---

69 〈중화 주석〉 원래는 '超'라고 되어 있었는데, 『학안』에 근거해 고쳤다.
70 (1)『中庸』제12장, "『시경』에 이르기를 '솔개가 하늘을 날고 물고기가 연못에서 뛰논다'고 했는데, 이는 도가 위아래에서 밝게 드러나는 것을 말한다." 戾, 이름(至). 察, 나타남. (『詩』云, "鳶飛戾天, 魚躍于淵, 言其上下察也.") 『중용』의 이 시구는 『詩經』, 「大雅」, 「旱麓」에서 출전. (2)『中庸』제33장, "『시경』에서 이르기를 '덕은 가볍기가 터럭 같다'고 했다. 터럭은 그래도 구체적인 사물로 비견한 것이다. '하늘이 하는 일은 소리도 없고 냄새도 없다'고 함에 이르러서는 지극하다고 할 것이다." 倫, 倫比. 비교할 만한 대상.(『詩』云, "德輶如毛, 毛猶有倫. 上天之載, 無聲無臭", 至矣.) (3)協一, 함께 협력하고 노력함.

못에서 뛰논다'고 했는데, 이는 도가 위아래에서 밝게 드러나는 것을 말한다"고 했다. "'덕은 가볍기가 터럭 같다'고 했지만, 터럭은 그래도 비교할 대상이 있는 것이되, '하늘이 싣고 있는 것은 소리도 없고 냄새도 없다'고 함에 이르러서는 지극하다고 할 것이다"고 했다. 새가 높은 곳에 이르고 물고기가 깊은 곳에서 일어남은 문왕의 사람다워지는 공부를 말한다. 덕은 가볍기가 터럭 같다는 것은 가벼운 것을 들어 무거운 것을 밝힘이다. 하늘이 싣고 있는 것이 소리도 없고 냄새도 없다는 것은 하늘은 가까이할 수 없으나 문왕은 형상화할 수 있음을 말한다. 옛사람들은 도덕을 알기 어렵고 구하기 어려움을 근심했다. 그래서 진실하고 공손하고 겸양하는 데서부터 선을 위주로 하여 협력하고 노력하는 데 이르기까지 모두 자기에게서 다하였지, 사물에서 드러낸 바는 없었고, 모두 비교할 대상이 있었지, 소리도 냄새도 없는 것이 아니었다. 그런데 지금 글의 의미를 전도시켜 그 지극히 오묘한 것을 가리켜 사람들에게 내보이니, 후세에 성명의 이치에 어두워 미혹됨은 이로부터 시작되었다. 문왕의 도가 본디 그랬다고 말해서는 안 된다.

| 해설 | 섭적은 『중용』의 작자라고 믿은 자사가 『시경』의 원뜻을 왜곡했다고 비판하고 있다. 그의 견해에 따르면 『시경』의 "솔개가 하늘을 날고 물고기가 연못에서 뛰논다"는 구절은 도가 자연물에서 드러남을 뜻하는 것이 아니라, 문왕의 공부가 높고 깊음을 비유하는 것일 뿐이다. "덕은 가볍기가 터럭 같다"는 말은 인간의 덕은 늘 비교할 수 있는 대상이 있는 구체적인 것이라는 뜻이다. 반면 "하늘이 싣고 있는 것은 소리도 없고 냄새도 없다"는 말은 바로 하늘의 본체는 그렇게 인간의 감관으로 지각되지 않기 때문에 그런 형이상학적 본체를 추구할 필요는 없고, 문왕의 언행에서 도덕을 찾으면 족하다는 뜻이라는 것이다. 이러한 그의 견해는 『중용』의 사상에 대한 비판인 동시에 이를 근거로 형이상학과 심성론 체계를 세운 송대 유학자들에 대한 비판이기도 하다.

14.12 次周公, 治教並行, 禮刑兼擧, 百官衆有司, 雖⁽¹⁾名物⁽²⁾卑瑣, 而
道德義理皆具. 自堯舜以來, 聖賢繼作, 措於事物, 其該括⁽³⁾演
暢, 皆不得如周公. 不惟周公, 而召公與焉, 遂成一代之治, 道統
歷然如貫聯, 不可違越.⁷¹

|번역| 다음으로는 주공이니, 정치와 교화를 병행하고, 예와 형벌을 함께
들었으며, 백관과 여러 실무자들(有司)은 사물에 이름을 붙이는 일
은 자질구레했으나 도덕과 의리는 모두 갖추어졌다. 요순 이후로
성현이 이어서 창조하여 사물에 적용하였으되 그것을 개괄하여 설
명한 것은 모두 주공만 못했다. 주공뿐 아니라 소공도 함께하였으
니, 마침내 한 시대의 정치가 완성되었고, 도통이 하나로 꿰어져 연
결된 것처럼 분명하여 그것을 위배하고 벗어날 수 없었다.

|해설| 주공은 주대의 인문주의적 예악 문화를 연 인물로 평가된다. 섭적은 주공의 공
적을 정치와 교육, 예치와 법치의 병행으로 개괄했으며, 요순시대부터 이어져
온 성현의 정신과 그 문화적 성과를 계승하고 종합한 인물이라 평가했다. 섭적
이 주공을 이렇게 높이 평가하는 이유는 사공(事功)을 중시하는 그의 사상적 입
장과 밀접한 관련이 있다. 실제로 그는 주공의 업적이 응축되어 있다고 생각한
『주례』를 가장 높이 받들었다. 거기에는 의와 이익, 교육과 법제가 균형감 있게
다루어지고 있다고 여겼기 때문이다.

14.13 次孔子, 周道既壞, 上世所存皆放失, 諸子辯士, 人各爲家, 孔子
蒐補遺文⁽¹⁾墜典, 『詩』·『書』·『禮』·『樂』·『春秋』, 有述無作,

---

71 (1)名物, 사물에 이름을 붙이거나 사물의 이치를 밝히다. (2)卑瑣, 자질구레하다. (3)演
暢, 밝힘. 설명함.

惟『易』著「彖」「象」,[72]

| 번역 | 다음으로는 공자이니, 주나라의 도가 붕괴되자 앞 시대까지 보존되던 것들이 모두 상실되고 제자백가와 변자들은 각기 일가를 이루게 되었다. 공자는 남겨진 글과 이미 사라진 전장제도를 수집하여 보완하고, 『시(詩)』, 『서(書)』, 『예(禮)』, 『악(樂)』, 『춘추(春秋)』를 조술하되 짓지 않았으며, 오직 『역(易)』에 대해서만 「단전(彖傳)」과 「상전(象傳)」을 저술하셨다.

| 해설 | 여기서 주목할 것은 공자가 『주역』에서 직접 저술한 것은 「단전」과 「상전」뿐이라는 주장이다. 그는 십익(十翼) 가운데 나머지는 공자의 저작이 아니라 여겼다.

14.14 舊傳刪『詩』定『書』作『春秋』, 予考詳知明其不然.

| 번역 | 예로부터 공자가 『시』와 『서』를 산정하고 『춘추』를 지었다고 전하지만, 나는 상세히 살펴 그것이 그렇지 않음을 알아서 밝혀냈다.

| 해설 | 고대 학자들은 공자가 『시경』과 『상서』를 편집하고 『춘추』를 지었다고 오랫동안 믿어 왔는데, 섭적은 그것이 사실이 아니라고 주장하였다.

14.15 然後唐·虞·三代之道賴以有傳.[73]

---

72 (1)墜典, 이미 사라진 전장제도.
73 〈중화 주석〉 원래는 이어지는 부분과 한 단락으로 연결되어 있었는데, 『학안』에 근거해 분리했다.

案『論語』, "⁽¹⁾子罕言利與命與仁", 而考孔子言仁多於他語, 豈有不獲聞者, 故以爲罕邪?⁷⁴

|번역| 그런 뒤에 요순의 당우(唐虞) 시대와 하상주 3대의 도가 전해지게 되었다.

『논어』에서는 "공자께서는 이익, 운명, 인(仁)에 대해 드물게 말씀하셨다"고 했지만, 공자가 다른 말보다 인을 많이 말씀하셨던 것을 보건대 어찌 듣지 못한 자가 있어 드물게 말씀하셨다고 여기는가?

|해설| 공자로 인해 요순과 삼대의 도가 전해지게 되었다. 그런데 이 공자의 도와 관련해 『논어』에는 공자가 이익, 운명, 인에 대해 드물게 말했다는 구절이 나온다. 섭적은 인에 대한 공자의 논의가 무척 많았음을 들며 이 발언에 의구심을 표한다. 이익 또한 공자가 부정하지 않았다는 말을 하고 싶어 한 듯하다.

14.16 孔子歿, 或言傳之曾子, 曾子傳子思, 子思傳孟子.⁷⁵

案⁽¹⁾孔子自言德行顏淵而下十人, 無曾子, 曰"⁽²⁾參也魯." 若孔子晩歲獨進曾子, 或曾子於孔子歿後, 德加尊, 行加修, 獨任孔子之道, 然無明據. 又案曾子之學, 以身爲本, 容色辭氣之外不暇問, 於大道多遺略, 未可謂至. 又案孔子嘗言"⁽³⁾中庸之德民鮮能", 而子思作『中庸』, 若以爲遺言, 則顏閔猶無足⁷⁶告而獨闊其家, 非

74 (1)『論語』,「子罕」에서 출전. 이 구절은 두 가지 해석이 있다. 하나는 "공자께서는 이익, 운명, 인(仁)에 대해 드물게 말씀하셨다"이다. 하지만 이렇게 해석하면 공자가 인에 대해 자주 이야기했다는 사실과 부합하지 않는다. 그래서 다른 하나의 해석을 사람들은 더 선호한다. "공자께서는 이익에 대해서는 드물게 말씀하시고 명과 인은 긍정하셨다." 〈중화 주석〉 위 주석과 같다.

75 〈중화 주석〉 위 주석과 같다.

是. 若所自作, 則高者極高, 深者極深, 非上世所傳也. 然則言孔子傳曾子, 曾子傳子思, 必有謬誤.[77]

|번역| 공자가 돌아가신 뒤에 혹자는 그 도를 증자에게 전했고, 증자는 자사에게 전했으며, 자사는 맹자에게 전했다고 말한다.

공자가 스스로 말한 덕행에 뛰어난 안연 이하 10명 가운데 증자는 없었고, "증삼은 둔하다"고 했다. 만약 공자 만년에 유독 증자가 진보했다고 하거나 혹은 공자가 돌아가신 뒤에 증자의 덕이 더욱 높아지고 행실이 더욱 닦여졌다 하더라도, 홀로 공자의 도를 책임졌다고 하기에는 명확한 근거가 없다. 또 증자의 학문을 살펴보건대 그는 몸을 근본으로 삼아 얼굴빛과 말투 외에는 묻는 것이 없었다. 대도(大道)에 대해서는 많은 경우 소략했으니, 지극하다고 할 수는 없다. 또 공자는 일찍이 "중용의 덕에 백성이 능한 자 드물다"고 했거니와, 자사가 『중용』을 지은 것이 공자께서 남기신 말씀이라고 여긴다면, 안연과 민자건에게는 알리기에 족하지 않아 홀로 집의 문을 닫고 있었던 것이 되니, 이는 사실이 아니다. 만약 스스로 지은 것이라면 높은 것은 극히 높고 깊은 것은 극히 깊어 앞 시대에서 전한 것이 아니다. 그렇다면 공자가 증자에게 전하고 증자가 자사에게 전했다는 말에는 틀림없이 오류가 있을 것이다.

76 〈중화 주석〉 '足'이 『학안』에는 '是'로 되어 있다.
77 (1)『論語』,「先進」, "덕행에는 안연, 민자건, 염백우, 중궁이 뛰어났고, 언어에는 재아, 자공이 뛰어났으며, 정사에는 염유, 계로가 뛰어났고, 고문헌에는 자유, 자하가 뛰어났다."(德行, 顔淵閔子騫冉伯牛仲弓; 言語, 宰我子貢; 政事, 冉有季路; 文學, 子游子夏.) (2)『論語』,「先進」, "고시는 어리석고 증삼은 둔하며, 전손사는 극단적이고 중유는 거칠다."(柴也愚, 參也魯, 師也辟, 由也喭.) (3)中庸之德民鮮能: 『論語』,「雍也」, "중용의 덕은 지극하다. 백성 중에 그 덕을 갖춘 사람이 드문 지 오래되었다."(中庸之爲德也, 其至矣乎! 民鮮久矣.) 〈중화 주석〉 원래는 이어지는 부분과 한 단락으로 연결되어 있었는데, 『학안』에 근거해 분리했다.

당나라 중기 때부터 제기되고 송대 유자들이 굳게 믿어 온 도통설(道統說)에 대한 반박이다. 섭적은 공자가 자신의 학문을 증자에게 전하고, 증자는 그것을 맹자에게 다시 전했다는 설에 조목조목 의구심을 표시한다. 증자가 공자의 도를 이어받았다는 설에 의구심을 일으키는 이유는 두 가지이다. 첫째로는 공자 생전에 각 방면에 뛰어난 제자로 인정한 자들의 명단에 증자가 없다는 것이다. 둘째는 증자가 공자의 만년 제자였다는 점을 감안하더라도 그가 공자 만년이나 사후에 특별히 출중한 덕행을 지녔다고 볼 만한 명확한 증거가 없다는 것이다. 셋째로는 증자의 언행 가운데 공자의 핵심 사상을 제대로 계승했다는 흔적을 찾기 어렵다고 했다. 한편 자사가 증자의 학문을 이어받았다는 설에 의구심을 표시하는 까닭은 자사가 『중용』을 저술했다손 치더라도, 최고의 덕인 중용이 뛰어난 덕행으로 인정을 받았던 안연이나 민자건과는 아무 관계없는 듯 보이기 때문이라는 것이다. 이렇게 섭적은 증자, 자사를 폄하함으로써 송대 유자들의 사상적 기반을 뒤흔들고자 했다.

14.17 孟子亟稱堯·舜·禹·湯·伊尹·文王·周公,　　所願則[學]⁷⁸孔子, 聖賢統紀, 既得之矣; 養氣知言, 外明內實, 文獻禮樂, 各審所從矣. 夫謂之傳者, 豈必曰授之親而受之的哉? 世以孟子傳孔子, 殆或庶幾. 然開德廣, 語治驟, 處己過, 涉世疏, 學者趨新逐奇, 忽亡本統, 使道不完而有迹.

案孟子言性, 言命, 言仁, 言天, 皆古人所未及, 故曰"開德廣"; 齊滕大小異, 而言行王道皆若⁽¹⁾建瓴, 以爲湯·文·武固然, 故曰"語治驟"; 自謂⁽²⁾"庶人不見諸侯", 然以⁽³⁾彭更言考之, 後車從者之盛, 故曰"處己過"; ⁽⁴⁾孔子亦與梁丘據語, ⁽⁵⁾孟子不與王驩言, 故曰"涉世疏". 學者不足以知其統而襲其迹, 則以道爲新說奇論矣.⁷⁹

---

78 〈중화 주석〉 '學'은 『맹자』「공손추」에 근거해 보완했다.

|번역| 맹자는 여러 차례 요, 순, 우, 탕, 이윤, 문왕, 주공을 칭찬하고, 원하는 바는 공자를 배우는 것이라고 했으니, 이로써 성현들이 그 계통을 얻게 되었다. 호연지기를 기르고 말을 분별할 줄 알아 외부세계가 밝아지고 내면이 충실해지고, 문헌과 예악에 대해 각기 따를 바를 살피게 되었다. 무릇 전한다고 하는 것이 어찌 반드시 친히 전수해 주어 그 핵심을 받는 것이겠는가? 세상에서 맹자가 공자를 전했다고 하는 말은 거의 진실에 가깝다. 그러나 덕을 넓힘이 광대하고 다스림을 말함이 급하며 처신이 지나치고 사회적 관계가 소홀하여 배우는 자는 새로운 것과 신기한 것을 좇아 근본을 소홀히 여겨 잊으니, 도는 불완전하고 흔적이 남게 되었다.

79 (1)建瓴(령), 비를 모으는 오목기와의 빗물처럼 위에서 쏟아지는 것을 막을 수 없음을 뜻함. 또 속도가 극히 빠름을 뜻함. (2)庶人不見諸侯:『孟子』,「萬章下」, "만장이 물었다. '제후를 뵈러 가지 않은 것은 무슨 뜻입니까?' 맹자가 말했다. '벼슬을 하지 않는 사(士)가 도성에 있으면 시정의 신하라 하고, 시골에 있으면 초망의 신하라 하는데, 이들은 모두 서인이다. 서인은 예물을 전하며 신하가 되지 않는 이상, 감히 제후를 뵙지 않는 것이 예다.'"(萬章曰: "敢問不見諸侯, 何義也?" 孟子曰: "在國曰市井之臣, 在野曰草莽之臣, 皆謂庶人. 庶人不傳質爲臣, 不敢見於諸侯, 禮也.") (3)彭更言考之, 後車從者之盛:『孟子』,「滕文公下」, "팽경이 물었다. '뒤에 따르는 수레 수십 대에, 따르는 자들이 수백 명인데, 제후국을 전전하며 얻어먹고 다니는 건 좀 지나친 게 아닌가요?' 맹자가 말했다. '이치에 맞지 않으면 바구니에 든 밥이라도 남에게서 받아서는 안 되고, 이치에 맞으면 순임금이 요임금의 천하를 받은 것도 지나친 것이 아니다. 자네는 그것을 지나치다고 생각하는가?'"(彭更問曰: "後車數十乘, 從者數百人, 以傳食於諸侯, 不以泰乎?" 孟子曰: "非其道, 則一簞食不可受於人; 如其道, 則舜受堯之天下, 不以爲泰, 子以爲泰乎?") 팽경(彭更)은 맹자의 제자이다. (4)孔子亦與梁丘據語: 양구거는 제경공(齊景公)을 보좌하던 신하로 노나라에 선물로 여자, 술, 말을 보내 공자가 노나라 정계에서 물러나게 만드는 계책을 썼던 인물이다. 제경공과 노정공이 회담을 할 때 공자와 양구거가 대화를 나눈 바 있다. (5)孟子不與王驩言:『孟子』,「離婁下」, "공행자가 아들 상을 당해, 왕환이 조문을 갔다. 문을 들어서자 앞으로 나가 왕환과 이야기하는 자도 있었고, 왕환의 자리로 가 왕환과 이야기를 하는 자도 있었다. 맹자가 왕환과 이야기를 하지 않으니, 왕환이 불쾌해하며 말했다. '여러 군자가 모두 나와 이야기를 하는데, 맹자만이 나와 이야기를 하지 않으니, 이는 나를 홀대하는 것이다.'"(公行子有子之喪, 右師往弔. 入門, 有進而與右師言者, 有就右師之位而與右師言者. 孟子不與右師言, 右師不悅曰: "諸君子皆與驩言, 孟子獨不與驩言, 是簡驩也.")

맹자가 성(性), 명(命), 인(仁), 천(天)에 대해 말한 것을 살펴보건대 그것들은 모두 옛사람이 미치지 못했던 것이다. 그러므로 "덕을 넓힘이 광대하다"고 했다. 제나라와 등나라는 크기가 다른데, 왕도를 행하는 일을 쏟아지는 빗물처럼 막을 수 없고 탕, 문왕, 무왕이 본디 그러했다고 여겼으니 "다스림을 말함이 급하다"고 했다. 스스로 "서인은 제후를 뵙지 않는다"고 했지만, 팽경(彭更)의 말을 가지고 살펴보면 뒤에 따르는 수레와 따르는 자들이 많았다고 하니, "처신함이 지나치다"고 말했다. 공자도 양구거(梁丘據)와 이야기를 했거늘 맹자는 왕환(王驩)과 이야기를 나누지 않았으므로 "사회적 관계가 소홀하다"고 했다. 배우는 자들이 그 계통을 알아 그 자취를 따르기에 부족하면 도를 새로운 주장, 기이한 논의로 여긴다.

┃해설┃ 섭적은 맹자가 공자를 계승하였고, 특히 성, 명, 인, 하늘 등에 대해 깊이 논하였던 것을 긍정했다. 그의 학문적 공적만큼은 인정했다. 하지만 곧 비판이 이어진다. 첫째, 그의 왕도정치사상은 국가의 현실을 충분히 고려하지 않고 이상을 급히 실현하려는 것이다. 둘째, 지나치게 융숭한 대접을 받고 산다는 제자 팽경의 비판을 볼 때 맹자의 처신은 잘못되었다. 셋째, 자신의 마음에 들지 않은 사람과는 이야기도 나누지 않을 정도로 사회적 인간관계를 처리하는 태도가 공자에 비해 성숙하지 못했다. 이렇게 맹자의 언행에 대해 여러 단점을 지적함으로써 섭적은 앞선 증자, 자사의 경우와 마찬가지로 송대 유자들의 사상적 근거를 공격했다.

14.18 自是而往, 爭言千載絕學矣.『易』不知何人所作, 雖曰伏羲畫卦, 文王重之, 案(1)周太卜掌(2)『三易』, (3)經卦皆八, 別皆六十四, 則畫非伏羲, 重非文王也. 又周有司以先君所爲書爲筮占, 而文王自言"(4)王用享於岐山"乎? 亦非也. 有『易』以來, 筮之辭義不勝多矣, 『周易』者, 知道者所爲而有司所用也. 孔子爲之著「象」「象」, 蓋惜其爲他異說所亂, 故約之中正, 以明卦爻之指, 黜異說之妄, 以示道德之歸. 其餘「文言」・「上」・「下繫」・「說卦」諸篇, 所著之人, 或在孔子前, 或在孔子後, 或與孔子同時, 習『易』者彙爲一書. 後世不深考, 以爲皆孔子作, 故「象」「象」[(5)]揜鬱未振, 而「十翼」講誦獨多. 魏晉而後, 遂與老莊並行, 號爲孔老. 佛學後出, 其變爲禪, 喜其說者, 以爲與孔子不異, 亦援[80]「十翼」以自況, 故又[號][81]爲儒釋. 本朝承平時, 禪說尤熾, 豪傑之士, 有欲修明吾說以勝之者, 而周・張・二程出焉, 自謂出入於老佛甚久, 已而曰: "吾道固有之矣." 故無極太極, 動靜男女, 太和參兩, 形氣聚散, 絪縕感通, 有直內, 無方外, 不足以入堯舜之道, 皆本於「十翼」, 以爲此吾所有之道, 非彼之道也. 及其啓教後學, 於子思孟子之新說奇論, 皆特發明之, 大抵欲抑浮屠之鋒銳, 而示吾所有之道若此. 然不悟「十翼」非孔子作, 則道之[(6)]本統尚晦. 不知夷狄之學本與中國異,[82]

案佛在西南數萬里外, 未嘗以其學求勝於中國, 其俗無君臣父子, 安得以人倫義理責之![83] 特中國好異者折而從彼, 蓋禁令不

---

80 〈중화 주석〉 원래는 '挍'으로 되어 있었는데, 『학안』에 근거해 고쳤다.

81 〈중화 주석〉 '號'는 『학안』에 근거해 보완했다.

82 (1)周太卜, 주대의 춘관(春官) 가운데 하나로, 점치는 관리의 수장이었다. (2)『三易』, 하상주 삼대의 『역』을 가리킨다. 하대의 역은 『연산(連山)』, 상대의 역은 『귀장(歸藏)』, 주대의 역은 『주역』이라 부른다. (3)經卦, 8개의 근간이 되는 괘. 즉 팔괘. (4)王用亨於岐山: 『周易』, 「升」, "육사는 왕이 기산에서 제사를 지내니 길하고 허물이 없을 것이다." (六四, 王用亨于岐山, 吉, 无咎.) 섭적과 마찬가지로 현대의 고힐강(顧詰剛, 1893~1980)도 기산에서 제사를 지낸 이는 문왕이 아니라, 주대의 왕일 것이라고 주장했다. (5)揜(엄)鬱, 숨김, 은닉함. (6)本統, 정통.

83 〈중화 주석〉 이하의 내용은 원래 빠져 있었는데, 『학안』에 근거해 보완했다.

立而然. 聖賢在上猶反手, 惡在校是非 · 角勝負哉!

|번역| 그때로부터 천 년 동안 학맥이 끊어졌다고 앞다투어 말하게 되었다. 『역』은 누구의 작품인지 모른다. 비록 복희씨가 괘를 그렸고 문왕이 그것을 중첩했다고 말하지만, 주대의 태복(太卜)이 『삼역(三易)』을 관장할 때 경괘(經卦)는 모두 8이요, 별괘(別卦)는 모두 64개였음을 살펴보면, 괘를 그린 이는 복희씨가 아니고, 괘를 중첩한 이도 문왕이 아니었을 것이다. 또 주나라의 실무관리가 선왕의 행적을 기록하여 점을 쳤을진대, 문왕이 스스로 "내가 기산에서 제사를 지냈다"고 말했겠는가? 이 역시 아닌 것이다. 『역』이 존재한 이후로 점친 말의 의미는 이루 헤아릴 수 없이 다양하다. 『주역』이란 도를 아는 자가 만들고 실무 담당 관리가 사용하던 것이다. 공자가 「단전」과 「상전」을 지은 것도 그것이 다른 이설에 어지럽혀짐을 안타까워했기 때문이다. 그래서 그것을 중정(中正)으로 요약하여 괘효(卦爻)의 요지를 밝히고, 이설의 거짓됨을 물리쳐 도덕이 귀착되는 곳을 내보이셨다. 나머지 「문언전」, 「계사전상」, 「계사전하」, 「설괘전」 등을 저술한 사람은 공자 이전이나 공자 이후, 혹은 공자와 동시대의 사람들로 『역』을 익힌 것들을 책 하나로 모은 것이다. 그런데 후세에는 이를 깊이 살피지 않고 그것들을 모두 공자의 작품이라 여겼다. 그로 인해 「단전」과 「상전」은 숨겨져 떨쳐 일어나지 못하고, 「십익」을 강론하고 송독하는 일만 유독 많았다. 그러다 위진시대 이후로는 결국 노장과 함께 유행하여 공로(孔老)라 부르게 되었다. 불학이 후에 출현하였고 그것은 변하여 선(禪)이 되었는데, 그 설을 좋아하는 자는 선이 공자와 다르지 않다고 여기고 「십익」을 인용하여 자기를 묘사했다. 그리하여 다시 유석(儒釋)이라 칭했다.

본 왕조에서는 평소의 것을 이어받아 선에 관한 설이 더욱 성행했으니, 호걸 중에는 자신의 주장을 닦아 밝혀 그것을 이기려고 하는 자가 있게 되었다. 그러다가 주돈이, 장재, 이정이 출현하여 스스로 노자와 불교를 넘나든 지 심히 오래되었다고 하면서도 후에 말하기를 "우리 도에 본래 그것이 있었다"고 했다. 그리하여 무극(無極)이면서 태극이요, 움직임과 고요함으로 남성적인 것과 여성적인 것을 낳고, 크게 조화로워 셋이면서 둘을 그 안에 품고 있으며, 형체를 이루는 기가 모였다가 흩어지고, 두 기가 왕성하게 교감해 소통하며, 내면을 곧게 함은 있되 외부세계를 반듯하게 함이 없으면 요순의 도에 들어서기에 부족하다는 생각 등은 모두 「십익」에 근본을 둔 것으로, 그것은 우리가 지닌 도이지, 저들의 도가 아니라고 생각하게 되었다. 후학들을 일깨워 가르치는 일에 이르러서는 자사와 맹자의 새로운 주장과 기이한 논의를 모두 특별히 전파했으니, 대체로 부처의 예봉을 꺾고 우리가 지닌 도가 그와 같음을 내보이기 위함이었다. 그러나 「십익」이 공자의 저작이 아님을 깨닫지 못하였으니, 도의 정통에 대해서는 그때까지 어두웠다. 이적의 학문이 본래 중국과 다름을 몰랐던 것이다.

살펴보건대 불교는 서남쪽 수만 리 밖에서 그 학문을 가지고 중국을 이기려고 한 적이 없다. 그 풍속에는 군신과 부자가 없으니, 어찌 인륜과 의리를 가지고 그들을 탓하겠는가! 다만 중국에서 기이한 것을 좋아하는 자들이 방향을 바꾸어 그들을 따랐으니, 이는 금령을 세우지 않아 그랬던 것이다. 성현이 위에 있어도 손바닥을 뒤집는 것처럼 쉬우니, 시비를 가리고 승부를 겨루는 일에서는 어떻겠는가!

|해설| 여기서 섭적은 『주역』의 작자와 관련한 온갖 신화와 전설의 근거 없음을 조목조

목 밝혔다. 첫째, 복희씨가 팔괘를 그리고 문왕이 64괘를 만들었다는 설이 사실이 아니라고 주장했다. 둘째, 십익 가운데 공자가 저술한 것은 오직 「단전」과 「상전」뿐이라고 했다. 이 생각은 물론 정확하지 않다. 오늘날은 「단전」과 「상전」 또한 전국시대에 성립된 것으로 본다. 셋째, 나머지 「문언전」, 「계사전상」, 「계사전하」, 「설괘전」 등도 공자의 저작이 아니라고 했다. 실제로 이것들 역시 전국시대에 형성된 것들이다.

다음으로 섭적은 『주역』의 사상사적 위상이 시대에 따라 변모했음을 밝혔다. 위진시대에는 『주역』과 노자가 뒤섞였고, 남북조와 수당 시대에는 유가와 불교가 뒤섞였다. 도가와 불교가 강세를 이루던 시대였던 것이다. 이에 송조에는 유가의 위상을 회복하려는 학적인 노력이 있었고, 그래서 출현한 것이 북송의 도학자들이다. 북송의 도학들은 모두 불교와 노자의 영향을 깊게 받았으나, 결국은 『주역』을 종지로 삼았다. 섭적은 이와 같은 북송 도학자들이 십익이 공자의 저작이 아니라는 점을 놓치고 있다고 비판했다. 즉 십익이 공자의 저작이 아닌, 여러 유자들의 저술인 한, 그것을 유학의 정통으로 삼아야 할 명백한 근거가 되지 못한다는 것이다. 오히려 십익에서 다루는 새롭고 기이한 형이상학적 논의들을 심화시켜 유학을 불교나 도가 비슷한 것으로 만들어 버렸다는 것이다.

14.19 而徒以新說奇論闢之, 則子思孟子之失遂彰. 范育序『正蒙』, 謂此書以"『六經』所未載·聖人所不言"者, 與浮屠老子辯, 豈非以病爲藥, 而與寇盜設郭郭, 助之捍禦乎? 嗚呼! 道果止於孟子而遂絕耶? 其果至是而復傳邪? 孔子曰: "[(1)]學而時習之", 然則不習而已矣.

案浮屠書言識心, 非曰識此心; 言見性, 非曰見此性; 其滅非斷滅, 其覺非覺知; 其所謂道, 固非吾所有, 而吾所謂道, 亦非彼所知也. 予每患自昔儒者與浮屠辯, 不越此四端, 不合之以自同, 則離之以自異, 然不知其所謂而疆言之, 則其失愈大, 其害愈深矣. 予欲析言, 則其詞類浮屠, 故略發之而已. 昔列禦寇自言忘其身而能禦風, 又言至誠者入火不燔, 入水不溺, 以是爲道大, 妄矣.
若浮屠之妄, 則又何止此! 其言天地之表, 六合之外, 無際無極,
皆其身所親歷, 足所親履, 目習見而耳習[84]聞也, 以爲世外環特
廣博之論置之可矣. 今儒者乃援引「大傳」[(2)]天地絪縕", "[(3)]通晝
夜之道而知", "[(4)]不疾而速 · 不行而至", 子思[(5)]誠之不可揜", 孟
子[(6)]大而化, 聖而不可知", 而曰吾所有之道蓋若是也. 譽之者以
自同, 毀之者以自異, 嘻, 末矣![85]

|번역| 단지 새로운 주장과 기이한 논의를 가지고 헤쳐 나갔으니, 자사와
맹자가 상실한 것들이 결국은 분명히 드러나고 말았다. 범육은『정
몽』에 서문을 쓰면서 이 책은 "『육경』에 실리지 않고, 성인이 말하
지 않은 것"이라고 하면서 부처 및 노자와 변론한다고 했다. 이것이
어찌 병을 약으로 여기고 도적과 함께 성곽을 만들어 그들이 방어
하는 일을 돕는 것이 아니겠는가? 오! 도는 과연 맹자에서 멈추어 결
국은 끊어진 것인가? 그것은 과연 여기에 이르러 다시 전해진 것인
가? 공자는 "배우고 제때에 그것을 익힌다"고 했으니, 그렇다면 익
히지 않은 것일 따름이다.

　　살펴보건대 부처의 책에서는 마음을 알라고 말하지만, '이 마음'

---

84 〈중화 주석〉 두 '習'은 원래 '實'로 되어 있었는데,『학안』에 근거해 고쳤다.
85 (1)學而時習之:『論語』,「學而」, "배우고 제때에 그것을 익힌다면 그 또한 기쁘지 않겠는
가?"(學而時習之, 不亦說乎) (2)天地絪縕:『周易』,「繫辭傳下」, "천지의 기가 얽혀 왕성하
게 교감하니, 만물의 기의 변화가 두텁다."(天地絪縕, 萬物化醇.) (3)通晝夜之道而知:『周
易』,「繫辭下」, "밤낮으로 변화하는 도에 통달하여 안다." (4)不疾而速 · 不行而至:『周易』,
「繫辭上」, "신묘하기 때문에 서두르지 않아도 빠르고 가려고 의도하지 않아도 이르게
된다." (5)誠之不可揜:『中庸』제16장, "은미한 것이 드러남이니, '성'을 가릴 수 없음이
이와 같다.(夫微之顯, 誠之不可揜, 如此夫.) (6)大而化, 聖而不可知:『孟子』「盡心下」, "크
게 되어 교화하는 것을 성스러움이라 한다."(大而化之之謂聖)

을 알라고 말하는 것이 아니다. 견성(見性)을 말하지만, '이 본성'을 보라고 말하는 것이 아니다. 그들의 멸함은 끊어 내 멸하는 것이 아니다. 그들의 깨달음은 깨달아 아는 것이 아니다. 그들이 말하는 도는 물론 우리가 지닌 것이 아니다. 우리가 말하는 도 역시 저들이 알 바가 아니다. 나는 옛날부터 근심한 점은 유자가 불교와 변론할 때마다 이 네 가지 단서를 넘어서지 않고, 그것들을 합쳐 스스로 같아지거나, 그것들을 분리하여 스스로를 달리했다는 것이다. 그렇지만 그들이 말하는 것을 알지 못하면서 그것에 대해 억지로 말하면, 그 잃는 것은 갈수록 커지고, 그 해악도 갈수록 심해질 것이다. 나는 분석해서 말하고 싶지만, 그 말이 불교와 유사해질 것이므로, 그것을 개략적으로 설명할 따름이다.

옛날에 열어구(列禦寇)는 그 몸을 잊고 바람을 막을 수 있다고 스스로 말했고, 또 지극히 정성스러운 자는 불속으로 들어가도 타지 않고, 물속에 들어가도 빠지지 않는다고 말하면서 그것을 도의 위대함이라고 여겼으나 거짓이다. 하지만 불교의 거짓은 어찌 그것에 그치겠는가! 그들이 말하는 천지의 바깥, 상하와 사방의 바깥은 끝이 없지만, 모두 자기 몸으로 친히 겪은 것, 발로 친히 밟은 것, 눈으로 익숙히 보고 귀로 익숙히 들은 것으로, 세계 밖을 둘러싼 특별히 광대한 것에 대한 논의라고 여겨 그대로 두면 될 것이다. 그런데 지금 유자들은 「주역대전」의 "천지의 교감이 왕성하고", "주야의 도에 통하여 알며", "서두르지 않아도 빠르고 행하지 않아도 이른다"는 말, 자사의 "정성스러움은 가릴 수 없다"는 말, 맹자의 "크게 되어 교화함에 성스러워 알 수 없다"는 말을 인용하며 우리가 지닌 도가 대체로 그와 같다고 말한다. 그것을 칭찬하는 자는 스스로 같아지려 하고, 그것을 무너뜨리는 자는 스스로 달라지려 하니, 아! 말단이로다!

|해설| 섭적이 이 글을 쓰게 된 계기는『정몽』의 범육 서문 때문이었다.『정몽』은 성인이 말씀하지 않은 것을 말하였다는 글귀를 섭적은 대단히 비판적으로 보았다. 장재가 그렇게 성인이 말씀하지 않은 것을 말한 것은 실제로는『중용』, 맹자의 병폐를 더욱 확연히 드러낸 것이라는 것이다. 불교에서 말하는 심론, 성론, 그리고 멸할 것들, 깨달을 것들에 대한 생각은 유학과는 근본적으로 다르다. 이 근본적으로 다른 둘은 그냥 다른 대로 놔두면 그만이다. 그런데 유자들은 억지로 이 둘을 결합하여 같게 만들려 하거나 반대로 차별화하려고 하거나 할 뿐이다. 그리하여 유학과 불교를 융합하려 하든 아니면 차별화하려 하든 그 근거로「역전」의 천지에 관한 형이상학적 논의,『중용』과 맹자의 천인합일에 관한 논의 등을 대거 끌어들인다. 섭적이 보기에 장재를 비롯한 송대 유자들의 노력은 주공과 공자의 유학정신을 제대로 계승한 것이 아니었다.

15

유기의『정몽회고』서문
劉璣正蒙會稿序

15.1 『易』有"[(1)]蒙以養正"之文, 故張子取之以名書, 篇內「東銘」「西銘」, 初日[(2)]「砭愚」「訂頑」, 皆正蒙之謂也.[86]

|번역| 『역』에는 "몽매한 경우에 길러 바로잡는다"는 문장이 있는데, 장재는 그것을 취해 책 제목으로 붙였다. 글 안에 있는 「동명(東銘)」과 「서명(西銘)」은 애초에는 「폄우(砭愚)」와 「정완(訂頑)」이라 불렀으니, 모두 몽매함을 바로잡음을 말한다.

15.2 是書也, 出入乎『語』·『孟』·『六經』及『莊』『老』諸書, 凡造化人事, 自始學以至成德, 『大學』之所謂格物致知, 『孟子』之所謂盡心知性, 無不備於此矣. 故朱子謂其"規模廣大", 范氏稱其"[(1)]有『六經』之所未載, 聖人之所未言", 而張子亦自謂"[(2)]如晬盤示兒, 百物

---

86 (1)蒙以養正: 『周易』, 「蒙」, 「象傳」, "몽매한 경우에 길러 바로잡는 것은 성인의 공이다."(蒙以養正, 聖功也). (2)砭愚, 우매함을 고침.

俱在, 顧取者如何耳." 惜乎先儒論註雖多, 而或散見於各傳. 況張子多⁽³⁾斷章取義, 又有與本註不同者, 初學之士, 未及旁搜, 不能不開卷思睡也.⁸⁷

|번역| 이 책은『논어』,『맹자』,『육경』그리고『장자』와『노자』등 여러 책을 넘나들며 자연의 조화(造化)와 인간사, 배움의 시작으로부터 덕의 완성에 이르기까지, 그리고『대학』의 이른바 격물치지, 그리고『맹자』의 마음을 다하고(盡心) 성을 아는 것(知性) 등이 여기에 갖추어지지 않은 것이 없다. 그래서 주자는 이 책의 "규모가 광대하다"고 했고, 범육은 이 책에는 "『육경』에 실리지 않은 것, 성인이 말하지 않은 것이 있다"고 했으며, 장재 자신도 "돌잡이 물건을 아기에게 내보여 주는 것과 같아, 갖가지 물건이 다 있으니, 취하는 것이 어떠한지를 볼 따름이다"라고 했다. 아쉽게도 선대 유자들의 논의와 주석은 많지만, 각각의 전하는 기록에 흩어져 보인다. 더군다나 장재는 많은 경우 단장취의를(多斷章取)를 하였고, 본래의 주석과 다른 것도 있어, 초학자들은 두루 찾지 못해 책을 펴고는 졸리지 않을 수 없다.

|해설| 『정몽』은 장재사상의 정수가 응결된 저작이다. 사상적 근원을 보건대,『정몽』에는『논어』,『맹자』,『주역』,『예기』,『주례』같은 유교경전뿐 아니라『노자』,『장자』같은 도가경전의 영향도 짙게 깔려 있다. 저작이 다루는 영역을 보면 자연이 행하는 일, 인간사회의 갖가지 일, 그리고 덕성 함양과 지식 습득에 관한 갖가지 단상들이 담겨 있다. 논의의 범위가 이렇게 넓음은 장재 자신도, 그의 제자인 범육과 후대의 주희도 인정하는 바이다. 이렇게 논하는 범위가 넓고 철학적으로도 깊이가 있지만, 이에 관한 후대 학자들의 주석은 흩어져 있고, 특히 장재

---

87 (1)規模廣大,『正蒙』,「范育序」에서 출전. (2)『正蒙』,「蘇昞序」에서 출전. (3)斷章取義, 전체 문장에서 자신에게 필요한 부분만 취해서 해석하는 것을 가리킨다.

자신이 단장취의하는 경우가 많아 새로운 주석서를 펴는 일이 필요함을 말하고
있다.

15.3 ⁽¹⁾璣何人斯, 乃敢竊議! 顧自蚤歲得有所聞於⁽²⁾介菴李先生及⁽³⁾提
學⁽⁴⁾恭簡戴先生之門, 茲又承⁽⁵⁾蓬菴楊先生之命, 因與同志諸友會
講成槀. 中間所引經傳, 舊有註者, 固不敢妄爲之說. 其有非本文
所當註而註者, 則欲學者因此識彼, 而且易於考證也. 雖尚多⁽⁶⁾郢
書燕說之誤, 而爲高爲下, 則敢以此爲措手之地云.[88]

|번역| 나는 어떤 사람인지 감히 조심스레 이야기해 보겠다. 이른 시기에
이개암(李介菴) 선생과 제학(提學) 공간대(恭簡戴) 선생의 문하에서
배운 것이 있었고, 지금은 양수암(楊邃菴) 선생의 명을 받들어 뜻을
같이하는 여러 벗과 모여 강론하고 원고를 완성하였다. 중간에 인
용한 경전 중에 과거에 주석이 있었던 것은 물론 감히 멋대로 설명

---

[88] (1)璣: 유기(劉璣), 자는 용제(用齊)이고, 섬서(陝西) 함녕(咸寧) 사람이다. 명대 성화(成
化) 연간(1465~1487)에 진사에 합격했다. 관직은 호부상서에 이르렀다. (2)介菴李先生:
이금(李錦)으로 자는 재중(在中)이고 호는 개암(介菴)이다. 섬서 함녕(咸寧) 사람이다.
명대 성화(成化) 연간에 송강동지(松江同知)로 있었고, 정주이학에 밝았다. (3)提學, 주
현(州縣)의 교육 사업을 담당하던 관리이다. (4)恭簡戴先生: 대산(戴珊)으로 자는 정진
(廷珍)이고, 시호는 공간(恭簡)이다. 명대 천순(天順) 연간(1457~1464)에 진사에 합격했
다. 성화(成化) 14년에 섬서 부사로 부임했고, 후에는 좌도어사를 지냈다. (5)蓬菴楊先
生: 蓬은 邃의 오자이다. 양일청(楊一清, 1454~1530)으로 운남(雲南) 안녕(安寧) 사람이
다. 홍치 연간에 섬서 지역을 순무했고, 관직은 이부상서와 무영전(武英殿) 대학사에
이르렀다. (6)郢書燕說:『韓非子』,「外儲說左上」편 기록에 따르면 영(郢) 땅에 살던 어
떤 이가 밤에 연나라 승상에게 서신을 쓰는데, 불빛이 밝지 않자 초를 대령하는 자에게
불을 밝히라고 명하다가 자기도 모르게 거촉(擧燭)이라는 글자를 서신에 쓰게 되었다.
이것을 본 연나라 승상은 기뻐하면서 거촉은 빛을 숭상함이요, 빛을 숭상함은 현명한
자를 쓰라는 뜻이라고 여겼다. 이로부터 이 말은 원뜻을 오해하여 견강부회하는 것을
뜻하게 되었다.

하지 않았다. 본문에서 마땅히 주석을 달아야 할 것이 아닌데 주석을 단 것이 있는 경우는 배우는 자들이 이것으로 인해 저것을 알게 하고, 고증하는 일 또한 쉽게 하고자 함이다. 비록 원뜻을 오해하는 오류가 많아 높이 평가하기도 하고 낮게 평가하기도 하겠지만, 감히 그것을 착수할 지점으로 삼는다.

| 해설 | 『정몽회고』는 명대 관학 학파에 속한 유기(劉璣)가 쓴 『정몽』 주석서이다. 그는 이 책을 자신의 스승인 양수암 선생의 명에 따라 여러 동학과 함께 강론하여 완성한 것이라 했다.

16

왕부지의 『장자정몽주』 서론
王夫之張子正蒙註序論

> 16.1 謂之"正蒙"者, 養蒙以聖功之正也. 聖功久矣大矣, 而正之惟其始, 蒙者知之始也. 孟子曰: "(1)始條理者, 智之事也." 其始不正, 未有能成章而達者也.[89]

| 번역 | 정몽(正蒙)이라 말하는 것은 몽매하여 기르는 데 성인의 교화의 바름으로써 함을 뜻한다. 성인의 공부는 오래가고 위대하니, 바로잡는 일은 오직 그것이 시작이요, 몽매함이란 앎의 시작이다. 맹자는 "음정 박자를 시작하는 것은 지혜에 달려 있는 일이다"라고 했다. 그 시작이 바르지 않으면서 한 악장을 이루듯 성인의 일에 통달하는 이는 없다.

| 해설 | 왕부지는 명청 교체기의 시대적 상황 속에서 송명유학 전체를 조망하면서 장재 사상이 갖는 의의를 크게 부각시킨 인물이다. 그는 '정몽'을 성인의 공부의 바름으로써 몽매함을 기른다는 뜻이라고 했다. 뒤에 이어지는 설명을 읽다 보면 보

---

89 (1)始條理者, 智之事也: 『孟子』, 「萬章下」, "음정 박자를 시작하는 것은 지혜에 달려 있는 일이다."(始條理者, 智之事也.)

다 확연해지겠지만, 여기서 그가 강조하는 것은 "성인의 공부의 바름"이다. 성인이 되겠다는 원대한 목표를 처음부터 확고히 세우되, 자신의 무지몽매함을 자각하는 데서 공부가 시작되어야 한다는 이 말은 성인이 되기는 애초부터 어렵다고 생각하고 포기하는 속류 유학과 반대로 사람마다 이미 성인인 듯 말하는 양명학 말류를 비판하는 뜻이 내포되어 있다.

16.2 或疑之曰: "古之大學, 造之以詩書禮樂, 迪之以⁽¹⁾三德六行, 皆日用易知簡能之理, 而『正蒙』推極夫窮神知化, 達天德之蘊, 則疑與大學異. 子夏曰: ⁽²⁾有始有卒者, 其惟聖人乎!' 今以是⁽³⁾養蒙, 恐未能猝喻而益其疑."[90]

|번역| 어떤 이가 그것을 의심하며 말했다. "옛적에 대학은 시서(詩書)와 예악으로 시작하고 세 가지 덕과 여섯 가지 행실로 이끌었으니, 모두 일상의 알기 쉽고 간단히 할 수 있는 이치였습니다. 그에 반해『정몽』은 신을 다하고 화를 알아, 하늘의 덕에 이른다는 의미를 극한으

---

[90] (1)三德六行:『尙書』,「洪範」, "세 가지 덕의 첫째를 정직이라 하고 둘째를 강함이라 하며 셋째를 부드러움이라 한다."(三德: 一曰正直, 二曰剛克, 三曰柔克.)『周禮』,「地官」,「大司徒」, "여섯 가지 행실은 부모에게 효도함, 형제간에 우애 있음, 구족과 화목함, 인척과 친함, 친구에게 신임이 있음, 가난한 자를 구휼하는 것이다."(六行: 孝, 友, 睦, 姻, 任, 恤.) (2)有始有卒者, 其惟聖人乎!:『論語』,「子張」, "자유가 말했다. '자하의 제자들은 물 뿌리고 청소하며 손님을 응대하고 진퇴하는 것은 괜찮지만 이것은 말단이다. 근본이 없으니 어찌할 것인가?' 자하가 그 말을 듣고 말했다. '아! 언유의 말은 틀렸다. 군자의 도에서 무엇을 먼저 전하고, 무엇을 나중에 하겠는가? 초목에 비유하자면 나누어 구별하는 것이다. 군자의 도를 어찌 속일 수 있겠는가? 시작도 있고 끝도 있는 것은 아마 성인일 것이다.'"(子游曰: "子夏之門人小子, 當洒掃應對進退則可矣, 抑末也, 本之則無, 如之何?" 子夏聞之曰: "噫! 言游過矣. 君子之道, 孰先傳焉, 孰後倦焉? 譬諸草木, 區以別矣. 君子之道, 焉可誣也? 有始有卒者, 其惟聖人乎.") (3)養蒙, 몽매함을 자인하고 숨어 지내며 바른 도로 수양함.

로까지 밀고 나가니, 대학과는 다른 것 같습니다. 자하는 이렇게 말했습니다. '시작도 있고 끝도 있는 것은 아마 성인일 것이다.' 지금 그렇게 몽매함을 바름으로 기른다면 아마도 문득 깨달아 의심나는 것을 푸는 데 보탬이 될 수 없을 것입니다."

|해설| 누군가 고대에 교육을 할 때는 주로 이해하기 쉽고 간단히 행할 수 있는 규범을 논했는데, 『정몽』은 신화(神化)나 천인합일 같은 거대하고 심오한 이야기를 많이 하니, 그런 『정몽』의 가르침은 깨달음을 얻는 데는 별 도움이 안 될 것 같다고 말하였다.

16.3 則請釋之曰: "大學之敎, 先王所以廣敎天下而納之[(1)]軌物, 使賢者即以之上達而中人以之寡過. 先王不能望天下以皆聖, 故堯舜之僅有禹·皐陶, 湯之僅有伊尹·[(2)]萊朱, 文王之僅有太公望·[(3)]散宜生; 其他則德其成人, 造其小子, 不强之以聖功而俟其自得, 非有吝也. 『正蒙』者, 以獎大心者而使之希聖, 所由不得不異也."[91]

|번역| 그러자 그것에 대해 설명하기를 청하면서 말했다. "대학의 가르침은 선왕들께서 천하를 널리 교화하고 규범 안으로 들어오게 하는 것으로서, 현자는 그것을 통해 위로 통달하고(上達), 보통 사람은 그것을 통해 잘못을 적게 하도록 했다. 선왕들은 천하가 모두 성스러워지는 것을 바랄 수는 없었다. 그래서 요순에게는 우와 고요(皐陶)만이 있었고, 탕임금에게는 이윤과 내주(萊朱)만이 있었으며, 문왕에게는 태공망과 산의생(散宜生)만이 있었다. 나머지 사람들의 경

91 (1)軌物, 궤범(軌範). 모범. 규범. (2)萊朱, 탕임금의 현명한 신하. (3)散宜生, 주무왕이 상의 주를 칠 때 그를 보좌했던 인물.

우, 덕은 사람이 되고 자제들을 기를 정도였으니, 그들을 성인의 교화로 강제해 자득하기를 기다리지 않음은 도량이 좁아서가 아니었다. 『정몽』은 마음을 크게 가진 자를 장려하여 그들이 성인이 되기를 희망하게 하니, 따르는 것이 다를 수밖에 없다."

|해설| 위의 의구심에 대해 왕부지는 이렇게 해명했다. 상고시대의 교육은 널리 사람들을 교화하는 데 그 목적이 있었으므로, 대부분의 사람들은 그저 잘못을 적게 하는 수준에 머물렀고, 극소수만이 성군의 곁에서 지혜를 발휘했다. 그와는 달리 『정몽』은 성인이 되려는 목표를 가진 사람들을 격려하며 그들이 그렇게 될 수 있도록 이끄는 책이다. 따라서 이 둘은 다를 수밖에 없다는 것이다.

16.4 "抑古之爲士者, 秀而未離乎其樸, 下之無記誦詞章以取爵祿之科, 次之無權謀功利苟且以就功名之術, 其尤正者, 無[1]狂思陋測, 蕩天理, 蔑[2]彝倫, 而自矜獨悟, 如老聃·浮屠之邪說, 以誘聰明果毅之士而生其[3]逸獲神聖之心, 則但習於人倫物理之當然, 而性命之正自不言而喻. 至於東周而邪慝作矣. 故夫子贊『易』而闡形而上之道, 以顯諸仁而藏諸用; 而孟子推生物一本之理, 以極惻隱·羞惡·辭讓·是非之所由生. 『大學』之道, 明德以修己, 新民以治人, 人道備矣, 而必申之曰[4]止於至善,'[5]不知止至善, 則不定·不靜·不安, 而慮非所慮, 未有能得者也. 故夫子曰: '吾十有五志於學', 所志者知命·耳順·不踰之矩也. 知其然者, 志不及之, 則雖聖人未有得之於志外者也. 故孟子曰[6]大匠不爲拙工改廢繩墨, 羿不爲拙射變其彀率',[7]宜若登天而不可使逸獲於企及也."92

|번역| "고대에 사(士)가 된 자들은 빼어나면서도 그 질박함을 벗어나지 않았으니, 아래로는 시가와 문장(詞章)을 암송하여 작위와 녹봉을 취하는 과정이 없었고, 그다음으로는 권모술수와 공리심으로 구차하게 공명을 세우는 데로 나아가는 방법이 없었다. 특히 올바른 사람은 멋대로 생각하고 속 좁게 짐작하여 천리를 허물어뜨리고 불변하는 원칙을 멸하고는 노담(老聃)이나 부처의 삿된 주장처럼 홀로 깨달았다고 자랑하고는, 총명하고 과감하고 굳센 선비들을 유혹하여 신묘한 성인의 경지를 쉽게 얻겠다는 마음이 생겨남이 없었다. 다만 인륜과 사물이 지닌 이치의 마땅히 그러함에 익숙했을 따름이니, 성명(性命)이 바를 것임은 말하지 않아도 알 것이다. 그러다가 동주(東周) 대에 이르러 사특함이 생겨나게 되었다. 그래서 공자께서는 『역』을 보완하시어 형이상의 도를 밝히심으로써 인(仁)에서 그것을 드러내고 작용에서 그것을 감추었다. 한편 맹자는 생명체가 근본을 하나로 한다는 이치를 밀고 나가 측은, 수오, 사양, 시비지심이 생겨나는 까닭을 궁구했다. 『대학』의 도는 덕을 밝혀 자기를 닦고 백성을 새롭게 하여 타인을 다스리라고 하여 인간의 도가 갖추

92 (1)狂思陋測, 멋대로 생각하고 속 좁게 추측함. (2)彝倫, 상리(常理). 변치 않는 원칙. 규범. (3)逸獲, 편안하게 얻음. 즉 쉽게 얻음. (4)止於至善:『大學』, "대학의 도는 밝은 덕을 밝히는 데 있고, 백성을 새롭게 하는 데 있으며, 지극한 선에 머무르게 하는 데 있다." (大學之道, 在明明德, 在新民, 在止於至善.) (5)不知止至善~:『大學』, "머무를 곳을 안 후에야 정해지는 것이 생기게 되고, 정해진 후에야 마음이 고요해질 수 있으며, 마음이 고요해진 후에야 편안해질 수 있고, 편안해진 후에야 사려할 수 있으며, 사려한 후에야 얻을 수 있다."(知止而后有定, 定而后能靜, 靜而后能安, 安而后能慮, 慮而后能得.) (6)『孟子』, 「盡心上」, "훌륭한 목수는 서툰 목수를 위해 먹줄을 고치거나 없애지 않고, 예는 서툰 사수를 위해 활을 당기는 기준을 고치지 않는다. 군자는 다른 사람을 가르칠 때 활쏘기를 가르치는 것처럼 활을 끝까지 당길 뿐 발사하지 않음으로써 화살이 막 튀어나가고 싶어 하게 만든다. 군자가 올바른 길 위에 서 있으면 능력 있는 자가 그 군자를 따른다." (大匠不爲拙工改廢繩墨, 羿不爲拙射變其彀率. 君子引而不發, 躍如也. 中道而立, 能者從之.) 彀率, 활을 당기는 정도. (7)宜若, 마땅히 ~해야 하는 것 같다.

어지게 되었으되, 반드시 그것을 확장하여 '지극한 선에 머물러야 한다(止於至善)'고 했다. 지극한 선에 머무를 줄 모르면 (공부의 목표가) 정해지지 않고, (마음이) 고요하지 않고 편안하지 않으며, 사려하는 것이 사려할 것이 아니어서 얻을 수 있는 것이 없게 되기 때문이다. 그래서 공자께서는 '나는 15살에 배움에 뜻을 두었다'고 하셨는데, 뜻을 둔 것은 명을 아는 것, 어떤 소리도 그대로 들어 넘기는 것, 마음대로 해도 법도를 넘지 않는 것이었다. 그것이 그런 줄 아는 자가 뜻이 거기에 미치지 못한다면 비록 성인이더라도 뜻 바깥에 있는 것을 얻는 일은 없다. 그러므로 맹자는 '훌륭한 목수는 서툰 목수를 위해 먹줄을 고치거나 없애지 않고, 예는 서툰 사수를 위해 활을 당기는 기준을 고치지 않는다'고 했다. 마땅히 하늘과 하나 되는 경지에 올라 그 경지에 미치려고 시도하는 일을 쉽게 얻지 못하도록 해야 할 것 같다."

| 해설 | 왕부지가 말하는 고대의 사(士)란 서주시대의 사(士) 계층인 듯하다. 그 시대만 해도 이 계층 사람들은 대부분 공자가 말한 문과 질을 겸비한 군자였다고 주장하고 있다. 질박한 덕을 갖추고 있어서, 자신의 지식을 출세를 위한 수단으로 활용하지 않았다고 했다. 그러다 동주 시대에 이르면 사회적으로 사악한 이들이 득세하게 되니, 이에 공자가 출현해 인을 핵심으로 하는 학문체계를 세웠고, 맹자는 이를 계승해 측은지심 등 사단의 근원을 밝혔다고 했다. 나아가 『대학』의 저자는 최고선에 머문다는 공부의 원대한 목표를 세워 이를 부단히 추구했으니, 이는 학문에 뜻을 둔 공자의 15세 무렵 지향, 그리고 사람의 수준으로 인해 기준 자체를 바꿔서는 안 된다고 말한 맹자의 생각과도 일맥상통함을 논하면서 공부가 단지 쉬운 데 머물러서는 안 됨을 역설했다.

16.5 "特在孟子之世, 楊墨雖盈天下, 而儒者猶不屑曲吾道以證其邪,

故可(1)引而不發以需其自得. 而自漢魏以降, 儒者無所不淫, 苟不抉其(2)躍如之藏, 則志之(3)搖搖者, (4)差之黍米而已背之霄壤矣. 此『正蒙』之所由不得不異也."[93]

| 번역 | "특히 맹자의 시대에는 양주와 묵적의 무리들이 천하에 가득했지만, 유자들은 '나'의 도를 굽혀 저들의 사악함을 증명할 필요는 없다고 여겼다. 그래서 이끌어 줄 뿐 직접 공격하지 않음으로써 그들이 자득할 것을 요구했다. 그러나 한나라에서 위나라로 내려오면서 유자들 가운데 물들지 않는 이들이 없게 되었으니, 만약 튀어 나가려는 듯 숨겨진 인(仁) 같은 것을 가려내지 않으면 뜻이 원대한 자에게는 조그만 착오가 천양지차를 낳았던 것이다. 이것이 『정몽』이 따르는 길이 다를 수밖에 없는 까닭이다."

| 해설 | 맹자가 활동하던 전국시대만 하더라도 유자들은 자신의 사상과 원칙을 흔들림 없이 고수했으므로 특별히 이단을 공격할 필요가 없었으나, 한나라 이후로 도가와 불가에 물든 유자들이 많아지면서 이들을 겨냥한 사상체계를 세우는 일이 절실히 필요해졌다. 『정몽』은 그러한 필요성이 반영된 저작임을 지적하였다.

16.6 "宋自周子出, 而始發明聖道之所由一出於(1)太極陰陽人道生化之終始, 二程子引而伸之, 而實之以靜一誠敬之功, 然(2)遊謝之徒, 且岐出以趨於浮屠之蹊徑. 故朱子以格物窮理爲始教, 而(3)檗括

93 (1)引而不發, 활을 팽팽하게 당기지만 화살을 쏘지는 않음. 다만 자신이 옳다고 생각하는 길로 이끌어 줄 뿐 상대를 직접적으로 비판하지 않는다는 뜻이다. (2)躍如之藏, 튀어 나가려는 듯 숨겨진 것. 구체적으로는 인한 마음과 같은 도덕성을 뜻한다. (3)搖搖, 먼 모양. 즉 뜻이 원대한 모습. (4)差之黍米而已背之霄壤, 좁쌀 같은 착오가 하늘과 땅 같은 차이를 낳음. 즉 조그만 착오가 천양지차를 낳음.

學者於顯道之中, 乃其一再傳而後, 流爲⁽⁴⁾雙峯·⁽⁵⁾勿軒諸儒, 逐
跡躡影, 沈溺於訓詁. 故⁽⁶⁾白沙起而厭棄之, 然而遂啓⁽⁷⁾姚江王氏
陽儒陰釋誣聖之邪說, 其究也, 爲刑戮之民, 爲閻賊之黨, 皆爭附
焉, 而以充其⁽⁸⁾無善無惡圓融理事之狂妄流害, 以相激而相成, 則
中道不立, ⁽⁹⁾矯枉過正有以啓之也."⁹⁴

|번역| "송대에 주돈이가 출현하면서부터 성인의 도가 따르는 것이 한결같
이 태극, 음양, 인도의 화생(化生)하는 일의 시작과 끝에서 나온 것임
을 밝히기 시작했으며, 이정이 그것을 확장하여 고요히 한결같이
하고 정성과 공경을 하는 공부로 그것을 충실히 했으나, 유초와 사
량좌의 문도들은 불교의 샛길로 삐쳐 나갔다. 그래서 주자는 격물
궁리를 처음 가르칠 것으로 삼았고, 배우는 자들을 분명히 드러난

---

94 (1)太極陰陽人道生化之終始:『태극도설』에 보이는 주돈이의 다음과 같은 생각을 가리킨
다. "무극이면서 태극이다. 태극이 움직이면 양을 낳고, 움직임이 극에 달하면 고요해
지며, 고요하면 음을 낳는다. 고요함이 극에 달하면 다시 움직인다. 한번 움직임과 한
번 고요함이 서로 자신의 근거가 된다. 음과 양으로 나뉘니 양의가 확립된다. 양이 변
하고 음이 거기에 합하면 수화목금토를 낳는다. … 이기가 교감하여 만물을 화생하니,
만물이 낳고 또 낳으며 변화가 무궁하다."(無極而太極, 太極動而生陽, 動極而靜, 靜而生
陰. 靜極復動, 一動一靜, 互爲其根. 分陰分陽, 兩儀立焉. 陽變陰合而生水火木金土. … 二氣
交感, 化生萬物, 萬物生生而 變化無窮.) (2)遊謝之徒, 유초(游酢, 1053~1123)와 사량좌(謝
良佐, 1050~1103)의 문도. 두 인물은 모두 이정의 수제자들인데, 왕부지는 이들이 불교
의 영향이 강하다고 판단하여 그들을 비판했다. (3)檠括: 檠(경), 바로잡음. 括, 단속함.
(4)雙峯: 요로(饒魯)로 주희의 제자 황간으로부터 학문을 익힘. (5)勿軒: 웅화(熊禾,
1262~1312)로 물헌은 그의 호임. 주희의 문인에게서 배웠음. (6)白沙起, 진헌장(陳獻章,
1428~1500), 진백사 선생이라 불렀다. 명대 초기의 이학자로 내면의 수양을 강조하여
명대 심학의 선구적 인물로 평가된다. (7)姚江王氏: 명대 중기의 왕수인(王守仁, 1472~
1528), 즉 왕양명을 가리킨다. (8)無善無惡: 왕양명이 만년에 제시한 네 구절의 가르침
(四句敎) 가운데 첫 구절로, 그는 무선무악(無善無惡)을 심(心)의 본체라고 했다. (9)矯
枉過正, 굽은 것을 편다는 것이 지나쳐서 다른 한쪽으로 치우친다는 뜻이다. 잘못을 바
로잡는 것이 그 한도를 넘어 버린 것을 뜻한다.

도 가운데에서 바로잡고 단속했으니, 그것이 거듭 전해진 후에는 요로와 웅화의 여러 유자에 흘러가서는 자취를 따라 그대로 반영하며 훈고로 빠져 버렸다. 그리하여 진헌장이 출현해 그것을 싫어하며 버렸으나 결국은 요강(姚江) 왕양명의 양으로는 유학이면서 음으로는 불교로 성학을 말살하는 사설을 열게 되었고, 결국은 형벌에 처할 백성과 고자의 무리가 되어 모두 앞다투어 거기에 붙어, 그의 무선무악(無善無惡)과 이(理)와 사(事)를 원융무애(圓融無碍)하게 보는 오만한 해악으로 채워 서로 공격하며 서로를 이루어 주니, 중도(中道)가 확립되지 못하고 잘못을 바로잡으려다가 다른 한쪽으로 치우치는 편향을 열게 되었다."

| 해설 | 왕부지는 인간이 마땅히 따라야 할 규범의 근거를 자연에 관한 형이상학적 논의에서 찾은 주돈이, 장재, 이정 등 북송 유자들의 사고방식에 찬동한다. 그와는 달리 내면의 수양에만 천착하는 사상을 불교적인 것으로 규정하고 비판한다. 유초, 사량좌에 대한 비판, 왕양명에 대한 비판 등이 모두 그것이다.

16.7 "人之生也, 君子而極乎聖, 小人而極乎禽獸, 然而吉凶窮達之數, 於此於彼未有定焉. 不知所以生, 不知所以死, 則爲善爲惡, 皆非性分之所固有, 職分之所當爲, 下焉者何弗蕩棄彝倫, 以逐其苟且私利之欲! 其稍有恥之心而厭焉者, 則見爲寄生[(1)]兩間, 去來無準, 惡爲贅疣, 善亦[(2)]弁髦, 生無所從, 而名義皆屬[(3)]漚瀑, 兩滅無餘, 以求異於逐而不返之[(4)]頑鄙. 乃其究也不可以終日, 則又必佚出[(5)]猖狂, 爲無縛無礙之邪說, 終歸於無忌憚. 自非究吾之所始與其所終, 神之所化, 鬼之所歸, 效天地之正而不容不懼以終始, 惡能釋其惑而使信於學!"[95]

|번역| "사람의 삶 가운데 군자는 성인에서 극한에 이르고 소인은 금수에서 극한에 이른다. 하지만 길함과 흉함, 곤궁하고 현달하는 운수는 여기와 저기에서 확정되지 않는다. 태어난 까닭과 죽는 까닭을 알지 못하면 선을 행함과 악을 행함이 모두 덕성의 본분에 고유한 것, 직분상 마땅히 해야 할 것이 아니게 된다. 그보다 못한 사람이 어찌 변치 않는 도덕을 없애고 구차하게 사익의 욕망을 채우려 하지 않겠는가! 다소 부끄러운 마음이 있어 그것을 싫어하는 자의 경우는 선과 악 양쪽 사이에서 기생하며 오고 감에 기준이 없으니, 악은 혹 덩어리가 되고, 선 또한 더는 행하지 않는 것이 될 것이다. 살면서 따르는 것이 없으니, 명분과 의리는 모두 거품과 소나기처럼 허망한 것에 해당하여 둘 다 남김없이 소멸시키며, 쫓아가다가 돌아오지 못하는 우둔하고 비루한 상태에서 기이한 것을 구한다. 그 궁구함 또한 종일토록 할 필요가 없으니 반드시 오만방자한 쪽으로 달아나 묶이거나 걸림이 없는 삿된 주장을 하며, 종국에는 거리낌이 없는 데로 귀결된다. 내가 시작하는 곳과 끝을 맺는 곳, 신(神)이 화하는 것, 귀(鬼)가 돌아가는 곳을 궁구하여, 천지의 바름을 본받아 두려워하며 끝을 맺고 시작하지 않을 수 없는 것이 아니라면 어떻게 그 의혹을 풀고 사람들이 배움에 확신을 갖도록 할 수 있겠는가!"

|해설| 왕부지는 살고 죽는 근본, 다시 말해 생명의 근본을 형이상학적으로 탐구해 알지 못하면 덕성에 근거해 선을 행하고 악을 물리칠 줄 모르게 된다고 했다. 도덕의 근원을 자연에서 찾는 사유에 토대를 두고 있으므로 그렇게 말한 것이다. 이

95 (1)兩間, 양쪽 사이란 여기서는 선과 악 사이를 가리킨다. (2)弁髦: 弁, 검은색 천으로 된 고깔. 髦(모), 아이의 땋아 늘어뜨린 머리. 고대에 관례를 행할 때 검은색 고깔을 씌우고 그다음에 피변(皮弁), 그다음에는 작변(爵弁)을 쓰게 했다. 하지만 이 관례가 끝나면 더는 고깔을 쓰지 않고, 땋아 늘어뜨린 머리도 잘랐다. 이로부터 弁髦는 버리고 더는 사용하지 않는 것을 뜻하게 되었다. (3)漚瀑, 거품과 소나기. 일시적이고 허망한 것. (4)頑鄙, 우둔하고 비루함. (5)猖狂, 오만방자하게 제멋대로 함.

보다 수준이 낮은 사람은 아예 대놓고 사익을 추구하는 사람이요, 그래도 양심이 남아 있는 사람은 선과 악 사이를 오락가락한다. 이런 사람은 쉽게 불교나 그것과 유사한 양명학이 추구하는 걸림이 없는 삶을 추구하지만, 왕부지는 그런 이들이 종국에는 방종으로 흐르게 된다고 주장한다. 그런 이유에서 그에게 중요한 것은 여전히 도덕의 형이상학적 근거이다. 장재가 말한 '나'의 생명이 시작되고 끝나는 지점, 자연의 신묘한 변화가 일어나는 지점 등을 깊이 철학적으로 탐구해야 도덕에 관한 모든 의혹이 풀리고 확신으로 바뀌게 된다.

16.8 "故『正蒙』特揭陰陽之固有, 屈伸之必然, 以立中道, 而至當百順之大經皆率此以成, 故曰"率性之謂道." 天之外無道, 氣之外無神, 神之外無化, 死不足憂而生不可罔, 一瞬一息, 一宵一晝, 一言一動, 赫然在[(1)]出王遊衍之中, 善吾伸者以善吾屈. 然後知聖人之存神盡性, 反經精義, 皆性所必有之良能而爲職分之所當修, 非可以見聞所及而限爲有, 不見不聞而疑其無, 偷用其[(2)]蕞然之聰明, 或窮大而失居, 或卑近而自蔽之可以希覬聖功也."[96]

|번역| "그리하여 『정몽』에서는 특별히 음양의 고유함, 굴신의 필연을 내걸어 중도를 확립하였거니와, 지극히 마땅하고 온갖 순조로움이 생겨나는 근본 원칙(大經)이 모두 그것을 따라 이루어진다. 그러므로 "성(性)을 따르는 것을 도라고 한다." 하늘 밖에 도(道)는 없고, 기 밖에 신(神)은 없으며, 신(神) 밖에 변화는 없다. 죽음은 근심할 필요가 없고 삶에 대해 흐릿해서는 안 되니, 한번 눈을 깜빡이고 한번 숨을

---

96 (1)出王遊衍, 하늘과 함께 오가고 하늘과 함께 노닌다는 뜻. 『詩經』, 「大雅」, 「板」, "하늘은 밝아 당신과 함께 오가고, 하늘은 밝아 당신과 함께 노닌다."(昊天曰明, 及爾出王, 昊天曰旦, 及爾遊衍.) (2)蕞然, 보잘것없이 작음을 나타냄.

쉬는 동안에도, 낮에도 밤에도, 한번 말하고 한번 행동하는 가운데서도 분명히 하늘과 함께 오가고 하늘과 함께 노니는 상태에 있으니, '내'가 잘 펴는 것은 '내'가 잘 굽히기 때문이다. 그런 다음에야 성인이 신을 보존하고 덕성을 다하는 것, 근본 원칙으로 돌아가 의리를 정밀히 탐구하는 것 등이 모두 본성이 틀림없이 지니는 양능에 의해 직분상 마땅히 닦아야 할 것임을 알게 된다. 견문이 미칠 수 있는 것만을 제한하여 있다고 하고 보이지 않고 들리지 않는 것은 없다고 의심하여, 보잘것없이 작은 총명함을 몰래 사용하여 큰 것을 궁구하다가 머물 곳을 잃거나, 혹은 비천하게 자신을 가리면서 성스러운 업적을 바랄 수 있는 것이 아님을 알게 된다."

| 해설 | 왕부지는 유학이 양명학처럼 마음 안에 갇히는 폐단을 장재의 학문으로 극복할 수 있다고 여겼다. 왕부지의 해설처럼 장재의 학문은 중도(中道)와 근본 원칙(大經)이 모두 하늘, 즉 대자연에 근거를 두고 있다. 대자연이 하는 만물 화육의 일을 형이상학적으로 사유하여 그 본체를 신(神)이라 하고, 그 본체의 기로 만물을 화육하는 일을 화(化)라고 했으며, 그 과정을 도(道)라고 했고, 그 대자연의 본질이 인간 안에 내면화된 것을 성(性)이라고 했다. 따라서 성을 따르는 인간의 행위는 동시에 하늘과 함께 오가고 노니는 행위이기도 하다. 즉 그것은 하늘의 일하는 원칙을 따르는 행위이다. 유학은 이 행위의 도덕적 특성을 강조한다. 한편으로 이 도덕적 행위는 내면의 덕성이 지닌 본래적 능력(良能)에 의한 것이지만, 인간의 행위는 변화하는 현실과 부단히 접촉하며 이루어지는 것이기 때문에 그때마다 합당한 것이 무엇인지 정밀히 탐구하는 일도 필요하다. 견문의 힘을 빌린 앎도 필요하다. 하지만 인간의 앎은 그런 경험에만 기반을 두지 않는다. 왕부지는 단지 경험을 기반으로 한 앎만을 앎이라고 여긴다면 절대로 인간과 인간, 인간과 자연이 커다란 조화를 이루는 철학도, 그 철학에 바탕을 둔 인격의 성숙도 이룰 수 없을 것이라 단언한다.

16.9 嗚呼! 張子之學, 上承孔孟之志, 下救⁽¹⁾來茲之失, 如皎日麗天, 無幽不燭, 聖人復起, 未有能易焉者也.⁹⁷

|번역| 오! 장재의 학문은 위로는 공맹의 뜻을 계승했고 아래로는 미래에 상실할 것을 구제하니, 그것은 마치 밝은 햇빛이 하늘에서 빛나 어둠을 밝히지 않는 것이 없는 것과 같다. 성인이 다시 출현한다고 해도 그것을 바꿀 수 있는 자는 없을 것이다.

|해설| 장재의 학문을 극찬하고 있다. 그의 학문이 공맹의 정신을 제대로 계승했고, 아울러 장재 사후에 상실된 유학 본연의 정신을 회복할 수 있는 사상적 자산이 되어 준다고 주장하였다.

16.10 學之興於宋也, 周子得二程子而道著. 程子之道廣, 而一時之英才⁽¹⁾輻輳於其門. 張子⁽²⁾敦學於關中, 其門人未有⁽³⁾殆庶者. 而當時⁽⁴⁾鉅公耆儒, 如⁽⁵⁾富·文·司馬諸公, 張子皆以素位隱居而末由相爲羽翼. 是以其道之行, 曾不得與邵康節之數學相與頡頏, 而世之信從者寡, 故道之誠然者不著, 貞邪相競而互爲⁽⁶⁾畸勝. 是以不百年而陸子靜之異說興, 又二百年而王伯安之邪說⁽⁷⁾熺, 其以朱子格物道問學之教爭⁽⁸⁾貞勝者, 猶水之勝火, 一盈一虛而⁽⁹⁾莫適有定. 使張子之學曉然大明, 以正童蒙之志於始, 則浮屠生死之⁽¹⁰⁾狂惑不折而自摧, 陸子靜王伯安之蕞然者亦惡能傲君子以所獨知, 而爲浮屠作率獸食人之⁽¹¹⁾倀乎!⁹⁸

---

97 (1)來茲, 미래.
98 (1)輻輳, 본래는 여러 개의 수레바큇살이 수레바퀴 한가운데로 모여드는 것을 뜻했다.

|번역| 학문이 송대에 흥기하자 주돈이는 이정을 만나 그의 도가 드러나게
되었다. 이정의 도가 넓어져 한 시대의 영재들이 그 문하로 모여들
게 되었다. 장재는 관중 지역에서 가르치고 배웠는데, 그 문인 가운
데는 현명한 덕을 지닌 자가 없었다. 게다가 당시에 존귀하고 연로
한 유자 가운데 예를 들어 부필(富弼), 문언박(文彦博), 사마광(司馬光)
등은 장재가 모두 당시 처한 위치에서 은거함으로 인해 서로 도움
을 받을 길이 없었다. 이에 그의 도가 행해짐은 소강절(邵康節)의 수
학(數學)과도 겨루지 못할 정도였으니, 사회에서 믿고 따르는 자가
적었다. 그리하여 도의 진실로 그러한 것이 드러나지 않고 바른 것
과 삿된 것이 서로 다투며 서로 각기 승리하게 되었다. 이에 백 년이
못 되어 육구연의 이설이 흥기하였고, 다시 200년이 되어 왕수인의
삿된 주장이 타오르게 되었다. 그것이 주자의 격물 및 '묻고 배움으
로 이끄는(道問學)' 가르침과 올바름을 가지고 승리를 다툼이 마치
물이 불을 이기는 것과 같아, 하나가 가득 차면 하나가 텅 비듯 따를
만한 정론이 없었다. 가령 장재의 학문이 분명히 크게 밝아져 처음
부터 무지몽매한 뜻을 바르게 하였다면 부처의 정신착란은 부러뜨
리지 않더라도 저절로 꺾였을 것이다. 육구연과 왕수인의 보잘것없

후에 사람 혹은 사물이 한곳에 모여드는 것도 의미하게 되었다. (2)斅(효)學, 가르치고
배움. (3)殆庶者, 현명한 덕을 지닌 자를 뜻한다. (4)鉅公耆儒, 존귀하고 나이가 많은 유
자. (5)富·文·司馬: 富는 부필(富弼, 1004~1084)을 가리킨다. 자는 국언(國彦)이고, 낙
양 사람이다. 인종(仁宗)대에 재상을 지냈다. 文은 문언박(文彦博, 1006~1097)이다. 자
는 관부(寬夫)이고, 분주(汾州) 사람이다. 부필과 동시대에 재상을 지냈다. 司馬는 사마
광(司馬光, 1019~1068)으로 자는 군실(君實)이다. 섬주(陝州) 하현(夏縣) 사람이다. 철종
대에 재상을 지냈다. (6)畸勝, 각기 승리함. 승리하는 상황이 각기 다름. (7)熸(희), 작열
함, 성행함. (8)貞勝, 올바름으로 승리함. (9)莫適有定, 따를 만한 정론이 없었다. (10)狂
惑, 미친 듯 미혹됨. 정신착란. (11)倀, 창귀(倀鬼). 옛날 사람들은 호랑이에게 잡아먹힌
사람은 죽어서 혼령이 호랑이를 떠나지 않고 호랑이가 사람을 잡아먹는 일을 돕는다고
여겼다. 이런 귀신을 창귀라 불렀다. 여기서는 육왕심학이 그런 창귀처럼 불교를 도와
정통 유학을 망친다는 뜻을 지니고 있다.

이 조그만 것이 어떻게 홀로 아는 것으로 군자를 멸시하고 부처를 위해 금수를 몰고 와 사람을 잡아먹는 창귀(倀鬼)가 될 수 있었겠는가!

|해설| 장재의 학문이 분명히 적지 않은 진리성을 지니고 있음에도 불구하고 널리 전파되지 못한 이유를 설명했다. 왕부지는 그 이유가 무엇보다 장재 생전에 그가 은거하여 당대의 권력을 지닌 자들과 교유하지 않았고 제자 중에도 뛰어난 이들이 없었던 데 있다고 여겼다. 그리고 후대에 육왕심학이 성행하고 이에 맞서는 주자학이 있었지만, 둘은 마치 물과 불처럼 다투기만 할 뿐, 정론이 되지는 못하였다고 진단한다. 물론 왕부지는 이 두 학파 가운데 육왕심학이 유학에 더 큰 해악을 끼쳤다고 보았지만, 정주리학도 그 심학의 해악을 종식시킬 수는 없다고 여겼다. 그는 이 대립을 종식시킬 정론이 장재의 학문에 있다고 단언한다.

16.11 『周易』者, 天道之顯也, 性之藏也, 聖功之牖也, 陰陽·動靜·幽明·屈伸, 誠有之而神行焉, 禮樂之精微存焉, 鬼神之化裁出焉, 仁義之大用興焉, 治亂·吉凶·生死之數準焉, 故夫子曰[1]"彌綸天下之道", 以崇德而廣業者也. 張子之學, 無非『易』也, 即無非『詩』之志, 『書』之事, 『禮』之節, 『樂』之和, 『春秋』之大法也, 『論』『孟』之[2]要歸也. 自朱子慮學者之驚遠而忘邇, 測微而遺顯, 其教門人也, 以『易』爲占筮之書而不使之學, 蓋亦矯枉之過, 幾令伏羲·文王·周公·孔子繼天立極扶正人心之大法, 下同[3]京房·管輅·郭璞·賈耽[4]壬遁奇禽之小技. 而張子言無非『易』, 立天·立地·立人, 反經研幾, 精義存神, 以[5]綱維三才, 貞生而安死, 則往聖之傳, 非張子其孰與歸!99

99 (1)彌綸天下之道, 『周易』, 「繫辭上」, "『역』은 천지에 준한다. 그러므로 천지의 도를 아우를 수 있다."(易與天地準, 故能彌綸天地之道.) (2)要歸, 요지. (3)京房·管輅·郭璞·賈耽:

|번역| 『주역』에는 천도가 드러나 있고, 성(性)이 간직되어 있으니, 성인의 공으로 향하는 창이다. 거기에는 음양, 동정, 그윽함과 밝음, 굽힘과 폄이 진실로 있어 신묘함이 행해진다. 거기에는 예악의 정미함이 존재하고, 음양의 복귀하고 펴는 작용인 귀신(鬼神)의 점진적 변화(化)와 그것을 재단하는 일이 나온다. 거기에서는 인(仁)과 의(義)의 커다란 작용이 흥기하고, 다스려짐과 어지러움, 길함과 흉함, 생과 사의 운수가 결정된다. 그러므로 공자는 "천하의 도를 아우른다"고 했으니, 덕을 높임으로써 업을 넓히는 것이다. 장재의 학문은 『주역』이 아닌 것이 없으니, 그것은 곧 『시』의 뜻, 『상서』의 일, 『예』의 절도, 『악』의 조화, 『춘추』의 대법(大法), 『논어』와 『맹자』의 요지가 아님이 없는 것이다. 주자부터 배우는 자들이 먼 것에 힘쓰다가 가까운 것을 잊고 은미한 것을 헤아리다가 현저한 것을 빼먹을 것을 고려하여 그 문인들에게 가르치기를 『주역』을 점치는 책으로 여겨 그것을 배우지 못하도록 하였으니, 이 역시 잘못을 바로잡다가 지나쳐 버린 것이다. 이는 거의 복희, 문왕, 주공, 공자의 하늘을 계승해 표준을 세워 사람의 마음을 부축해 바로잡는 대법을 아래로 경방(京房), 관로(管輅), 곽박(郭璞), 가탐(賈耽)의 술수로 길흉을 예측하는 작은 기술과 동일시한 것이다. 하지만 장재가 말한 것은 『주역』이 아닌 것이 없으니, 하늘을 세우고, 땅을 세우며, 사람을 세워, 근본 원칙으로 돌아가 기미를 연구하고, 의리를 정밀히 탐구하여 신묘한 덕을 보존하여, 천지인의 삼재를 보호하며, 생을 바르게 하고 죽음

경방(京房, 기원전 77~기원전 37)은 성이 이(李)이고, 자는 명군(明君)이다. 서한대 금문역학의 창시자이다. 관로(管輅, 209~256)는 자가 공명(公明)이다. 삼국시대 위나라 사람으로 점술에 정통했다. 곽박(郭璞, 276~324)은 자가 경순(景純)이다. 진(晉)대의 문학가, 훈고학자이며, 박학다식하여 천문과 점술에 능했다. 가탐(賈耽, 730~805)은 자가 돈시(敦詩)이다. 지리학자이며 음양과 술수에 정통했다. (4)壬遁奇禽之小技, 갖가지 술수로 인간사의 길흉을 예측하는 작은 기술들. (5)綱維, 유지함, 보호함.

을 편안히 하니, 과거의 성인이 전하던 것을 장재가 아니라면 그 누가 함께 그것으로 돌아갈 수 있었겠는가!

┃해설┃ 왕부지는 장재가 『주역』을 중심으로 천지와 인간을 하나로 관통해 설명하고 나아가 내성외왕의 길을 제시하고 있다는 점에 특별히 주목한다. 『주역』에는 대자연의 본질(도)과 인간의 본질(성)이 담겨 있고, 그것을 기반으로 '성인의 업적', 즉 내성외왕으로 나아가는 길이 제시되어 있다. 『주역』에는 천지의 서로 상대되는 것이 서로 협력적 관계를 맺으며 신묘하게 만물을 화육하는 일이 기록되어 있다. 왕부지는 그것이 곧 예악의 형이상학적 근거가 된다고 말한다. 아울러 그것이 인의의 이념과도 하나로 연결되고, 생사, 길흉, 치란 등과도 연관되어 있다고 말한다. 장재는 이렇게 인간과 자연의 일을 관통해 설명하는 『주역』을 중심으로 그것과 갖가지 유교 경전이 표방하는 정신을 하나로 융합시켜 자신의 사상체계를 형성했다. 그에 비해 주희는 『주역』을 단지 점술서로 취급하였고, 그리하여 『주역』이 담고 있는 유학의 정신을 제대로 계승하지 못하였고, 결국 그것을 지었다고 믿은 유교적 성인의 정신을 한대 이후의 점술가, 술수가들의 그것과 동일시하는 우를 범했다고 했다. 왕부지는 그런 이유에서 장재의 사상이 천도와 인도를 관통해 설명하고 그것을 통일하려는 유학의 정신을 가장 잘 계승했다고 주장하였다.

16.12 嗚呼! 孟子之功不在禹下, 張子之功, 又豈非疏⁽¹⁾濬水之岐流, 引萬派而⁽²⁾歸墟, 使斯人去⁽³⁾昏墊而履平康之坦道哉! 是匠者之繩墨也, 射者之彀率也, 雖力之未逮, 養之未熟, 見爲登天之難不可企及, 而志於是則可至焉, 不志於是未有能至者也. 養蒙以是爲聖功之所自定, 而邪說之⁽⁴⁾淫蠱不足以亂之矣, 故曰『正蒙』也.

16.13 衡陽⁽⁵⁾王夫之論.[100]

| 번역 | 오! 맹자의 공은 우임금 아래에 있지 않거니와, 장재의 공도 홍수의 갈라지는 흐름을 터서, 만 가지 갈래를 이끌어 바다 깊은 곳으로 돌아가게 하듯, 이 사람들이 빠져 있던 데서 벗어나 평안한 탄탄대로를 밟도록 한 것이 어찌 아니겠는가! 이는 장인의 먹줄이요, 활 쏘는 자의 활 당기는 기준이다. 비록 힘이 미치지 못하고 수양이 성숙하지 못하여 하늘에 오르는 것이 어렵듯이, 미칠 수 없을 것처럼 보인다고 할지라도, 그것에 뜻을 두어야 거기에 이를 수 있지, 거기에 뜻을 두지 않고 이를 수 있는 자는 없다. 이렇게 몽매함을 기르는 일은 성인의 공에 의해 자연히 정해진 것이며, 삿된 주장의 미혹된 혼란은 그것을 어지럽힐 수 없다. 그러므로 『정몽』이라고 일컫는다.

형양(衡陽)의 왕부지(王夫之)가 논함.

| 해설 | 우는 치수를 통해 홍수 범람의 문제를 해결한 전설적 인물이다. 왕부지는 맹자와 장재가 한 일 또한 우임금의 치수만큼 공이 크다고 한다. 바로 장인이 사용하는 먹줄처럼 인륜의 기준을 확립해 주었다는 점이 그것이다. 만 갈래의 물길이 모두 바다로 모이듯, 여러 사상을 유학 안으로 흡수해 체계화했다. 그리고 그렇게 해서 세운 기준은 이상적이다. 하늘을 최종적 기준으로 하며 이를 따르는 성인을 기준으로 하기 때문이다. 힘이 미치지 못하고 수양이 성숙하지 못한 사람은 늘 그 기준에 못 미친다. 하지만 적어도 그런 기준을 세우는 일은 중요하다. 높은 기준을 세워 거기에 뜻을 두지 않으면 애초부터 그 목표에 이를 수도 없기 때문이다. 왕부지는 장재가 "몽매함을 길러 바로잡는다"는 『주역』 몽괘의 구절을 따와 『정몽』이라는 이름을 붙인 까닭 역시 거기에 있다고 보았다.

---

100 (1)澤水, 홍수(洪水). (2)歸墟, 수많은 물이 모여드는 바닷속 깊은 곳으로 돌아감. (3)昏墊, 수해의 재난 속에 빠져 있음. 『尙書』, 「益稷」, "홍수는 하늘에 닿을 듯하고, 넓디넓은 큰물은 산을 잠기게 하고 언덕을 뒤덮었으며, 백성들은 물에 빠지곤 했다."(洪水滔天, 浩浩懷山襄陵, 下民昏墊.) (4)淫蠱, 미혹된 혼란. (5)王夫之(1619~1692): 명청 교체기의 철학자. 자는 이농(而農), 호남(湖南) 형양(衡陽) 사람이다. 만년에 형양 선산(船山)에 은거했기 때문에 사람들은 그를 선산 선생이라고 불렀다.

17

주희의 「서명」론
朱熹西銘論

17.1 天地之間, 理一而已. 然乾道成男, 坤道成女, 二氣交感, 化生萬物, 則其大小之分, 親疏之等, 至於十百千萬而不能齊也, 不有聖賢者出, 孰能合其異而反其同哉! 「西銘」之作, 意蓋如此, 程子以爲"明理一而分殊", 可謂一言以蔽之矣.

┃번역┃ 천지 사이에 리(理)는 하나일 따름이다. 그렇지만 건도(乾道)는 남성적인 것을 이루고, 곤도(坤道)는 여성적인 것을 이루어, 두 기가 교감하여 만물을 화생하면, 그 대소의 분별, 친소의 등급은 수십, 수백, 수천, 수만에 이르러 똑같을 수 없다. 성현이 존재하여 출현하지 않았다면 누가 다른 것을 합쳐 같은 것으로 돌아갈 수 있었겠는가! 「서명(西銘)」을 지은 뜻도 그와 같았다. 이정은 그것을 "이일분수(理一分殊)를 밝힌 것"이라고 여겼는데, 이는 그 글을 한마디로 요약한 것이라 하겠다.

┃해설┃ 장재의 「서명」은 그의 사상적 관점을 고려할 때 기일분수(氣一分殊) 혹은 성일분수(性一分殊)라고 개괄할 수 있다. 이 점을 생각할 때 「서명」을 리일분수(理一

分殊)라고 개괄한 정이와 주자의 언표는 그들 자신의 이론 틀로 장재의 「서명」
을 재해석한 것이라고 할 수는 있어도, 그것이 곧 「서명」의 본뜻과 완전히 부합
한다고 말할 수는 없다. 그렇지만 윤리적 측면에서 '이치가 하나(理一)'라는 관
점은 '백성이 나의 동포이고 만물이 나의 벗'이라는 장재식 겸애 관념을 이끌어
내는 근거가 될 수 있고, '나뉘어 달라진다(分殊)'는 관점은 효를 무엇보다 중시
하는 관념을 정당화하는 근거가 될 수 있다. 물론 장재에게 '백성이 나의 동포이
고 만물이 나의 벗'이라는 관념이 성립하는 근거는 리(理)가 아니라, 기(氣)와 성
(性)이기는 하지만 말이다.

17.2 蓋以乾爲父, 以坤爲母, 有生之類, 無物不然, 所謂理一也. 而人
物之生, 血脈之屬, 各親其親, 各子其子, 則其分亦安得而不殊哉!
一統而萬殊, 則雖天下一家, 中國一人, 而不流於兼愛之弊; 萬殊
而一貫, 則雖親疏異情, 貴賤異等, 而不(1)牿於爲我之私. 此「西銘」
之大指也.[101]

| 번역 | 건(乾)을 아버지로 삼고 곤(坤)을 어머니로 삼는 것은 생명이 있는
부류 가운데 그 어떤 것도 그러지 않는 것은 없으니, 그것이 '리는 하
나(理一)'라는 말의 의미이다. 그렇지만 사람과 사물이 생겨나면 혈
맥을 지닌 종은 각기 자기 부모를 친하게 대하고 각기 자기 자식을
자식으로 대하니, 그 나뉜 것 역시 어찌 다르지 않을 수 있겠는가!
하나로 통일되어 있으면서도 만 가지로 다르니, 비록 천하가 한 집
안이요, 중국이 한 사람일지라도 겸애의 폐단으로 흐르지 않는다.
또 만 가지로 다르지만 하나로 관통할진대, 친한 이와 소원한 자에 대
해 정이 다르고 귀한 자와 천한 자가 등급을 달리하지만, '나'를 위하

---

[101] (1)牿(곡), 속박됨, 갇힘.

는 사사로움에 갇히지 않는다. 이것이 「서명」의 대체적인 취지이다.

| 해설 | 하늘과 땅은 모든 생명체가 살아가는 기반이 된다. 주희는 살려는 만물을 살리는 원리가 천지에 있기 때문에, 만물이 살 수 있다고 생각하여, 그것을 이치가 하나라는 말의 의미라고 했다. 만물을 살리는 보편적 원리, 즉 인(仁)의 원리가 작동한다는 뜻이다. 하지만 만물은 각기 그 종에 따라, 혹은 개체에 따라 인을 실현하는 특수한 방식이 있다. 까치가 자기 새끼를 사랑하는 방식과 인간이 자기 자식을 사랑하는 방식은 다르다. 이를 주희는 본분에 따라 달라짐, 즉 분수(分殊)라고 했다. 이렇게 리일분수(理一分殊)는 윤리의 측면에서 한편으로는 사사로운 '나'에 갇히지 않고 자연에까지 그 사랑이 확장되지만, 다른 한편으로는 관계의 친소에 따라 사랑의 깊이에 차이가 있을 수밖에 없음을 인정하면서 사랑이 친한 이를 친애하는 데서 출발해야 함을 주장하는 근거가 되고 있다.

17.3 觀其推親親之厚以大無我之公, 用事親之誠以明事天之道, 蓋無適而非所謂分殊而推理一也, 夫豈專以民吾同胞, 長長幼幼爲理一, 而必默識於言意之表, 然後知其分之殊哉!

| 번역 | 친한 이를 친애하는 두터움을 밀고 나가 무아(無我)의 공평함을 크게 갖고, 친한 이를 섬기는 정성스러움으로 하늘을 섬기는 도를 밝히는 것을 살펴보건대, 어디에서든 특수한 이치(分殊)에서 보편적 이치(理一)를 밀고 나간 것이 아님이 없다. 어찌 오직 백성과 '내'가 동포이고, 어른을 어른으로 대접하고 아이를 아이로 대접하는 일을 보편적 이치(理一)로 여겨 언어 밖에서 그것을 묵묵히 기억하고 나서야 비로소 특수한 이치를 알겠는가!

| 해설 | 규범의 보편성(理一)은 각각의 구체적인 관계 속에서 특수성(分殊)을 띠고 나타난다. 이 논리에 근거하여 주희는 비록 사람들이 '사사로운 나'를 버리고 매사를

공평하게 바라보는 마음을 갖고 만물을 빠뜨림 없이 기르는 하늘을 섬겨야 하겠지만, 그것은 친한 이를 친애하고, 부모를 섬기는 일에서도 발현됨을 강조한다. 묵가적 겸애를 경계하고 유가적 별애를 강조하는 것이지만, 이런 면의 강조가 '백성은 동포이고 만물은 벗임'을 특별히 강조하는 장재의 사상과 딱 들어맞는다고 하기는 어렵다.

17.4 且所謂⁽¹⁾"稱物平施"者, 正謂稱物之宜以平吾之施云爾, 若無稱物之義, 則亦何以知夫所施之平哉! 龜山第二書, 蓋欲發明此意, 然言不盡而理有餘也, 故愚得因其說而遂言之如此, 同志之士幸相與⁽²⁾折衷焉.[102]

|번역| 게다가 "사물을 저울질해 공평하게 베푼다"는 말은 바로 사물의 적절한 지점을 저울질해 '내'가 베푸는 일을 공평하게 함을 뜻한다. 만약 사물을 저울질하는 의미가 없다면 베푸는 일이 공평한지 어떻게 알 수 있겠는가! 양구산(楊龜山)은 두 번째 서찰에서 이러한 뜻을 밝히고자 했지만, 말을 다하지 못하여 해명해야 할 이치에는 남은 것이 있다. 그래서 나는 그 설명을 이어 나가 마침내 이와 같이 말할 수 있었으니, 뜻을 같이하는 선비들이 함께하여 중용을 취하기를 바란다.

|해설| 양시(楊時)는 「서명(西銘)」을 비판하여 스승 정이와 논쟁을 한 바 있는데, 그의 「서명」에 대한 비판점은 장재가 인(仁)의 본체를 논함에 잘못이 있다는 것으로 귀

---

102 (1)稱物平施:『周易』,「謙」,「象傳」, "땅속에 산이 있으니, 겸이다. 군자는 이에 많은 것을 뽑아내고 적은 것을 보태 주며, 사물을 저울질해 공평하게 베푼다."(地中有山, 謙, 君子以衰多益寡, 稱物平施.) (2)折衷, 折中이라고도 한다. 한쪽으로 치우침이 없이 중용을 취한다는 뜻이다.

결된다. 그는 공맹의 사상을 기준으로 이런 결론에 이른다. 공자는 인의 본체에 대해서는 말한 적이 없고 맹자는 인의 본체와 작용을 모두 거론했는데, 「서명」에서는 인의 본체만을 말할 뿐 작용에는 미치지 못하고 있다는 것이다. 이렇게 인의 본체만을 말하면 후대에 묵가의 겸애로 빠질 위험이 있다고 주장했다.(『龜山集』卷16「寄伊川先生」.) 인의 작용은 구체적인 관계 속에서 발휘되는바, 그 관계마다 어떻게 판단하고 행동하는 것이 옳은지를 저울질하는 일, 즉 헤아리는 일은 무척 중요하다. 주희는 양시의 「서명」 비판에 이러한 합리적 핵심도 있다고 보았다.

17.5 熹既爲此解, 後得[(1)]尹氏書, 云楊中立答伊川先生「論西銘書」有"[(2)]釋然無惑"之語, 先生讀之曰: "[(3)]楊時也未釋然." 乃知此論所疑第二書之說, 先生蓋亦未之許也. 然『龜山語錄』有曰: "「西銘」理一而分殊, 知其理一, 所以爲仁; 知其分殊, 所以爲義. 所謂分殊, 猶孟子言"親親而仁民, 仁民而愛物", 其分不同, 故所施不能無差等耳. 或曰: "如是則體用果離而爲二矣." 曰: "用未嘗離體也. 以人觀之, 四肢百骸具於一身者體也, 至其用處, 則首不可以加屨, 足不可以納冠. 蓋即體而言, 而分已在其中矣." 此論分別異同, 各有歸趣, 大非答書之比, 豈其年高德盛而所見始益精與? 因復表而出之, 以明答書之說誠有未釋然者, 而龜山所見蓋不終於此而已也.

17.6 [(4)]乾道壬辰孟冬朔旦, 熹謹書.[103]

[103] (1)尹氏: 윤돈(尹焞, 1071~1142), 자는 언명(彦明)이다. 어려서 정이에게서 배웠다. 화정(和靖) 처사라 불렸다. 저작으로 『論語解』, 『孟子解』, 『門人問答』 등이 있다. (2)釋然, 의혹이 풀려 마음이 편안해진 모양. (3)楊時也未釋然: 『龜山先生語錄後錄上』에서 출전. 원

|번역| 나는 이 해설을 하고 난 후에 윤돈의 책을 얻게 된바, 거기에는 양시가 정이천 선생의 「논서명서(論西銘書)」에 답하면서 "확 풀려 의심이 없어졌다"고 한 말이 있는데, 선생께서는 그 대목을 읽으시고는 "양시는 여전히 확 풀리지 않았다"고 했다. 이를 통해 그 논의에서 의심한 두 번째 서찰의 주장을 선생께서는 인정하지 않으셨음을 알 수 있다. 하지만 『구산어록(龜山語錄)』에는 다음과 같은 말이 있다. "「서명」은 리일분수를 담고 있다. 그 리일을 알기 때문에 인하고, 그 분수를 알기 때문에 의롭다. 분수란 맹자의 '부모님을 친애하는 데서 출발해 백성을 인자하게 대하는 데 이르고, 백성을 인자하게 대하는 데서 출발해 만물을 아끼는 데 이른다'는 말과 같다. 그 본분이 다르기 때문에 베푸는 일에 차등이 없을 수 없다. 혹자가 '그와 같으면 본체와 작용이 과연 분리되어 둘이 된다'라고 말했다. 이에 대해 이렇게 말했다. '작용은 본체를 벗어난 적이 없다. 사람을 가지고 살펴보면 사지와 모든 뼈마디가 한 몸에 갖추어져 있는 것이 체(體)이다. 그 용처(用處)에 이르러서는 머리에 신발을 신길 수는 없으며, 발에 모자를 씌울 수는 없다. 무릇 체의 측면에서 말하자면 분수(分殊)의 이치는 이미 그 가운데에 있다.'" 이 논의의 같고 다름을 분별해 보면 각기 귀결되는 취지가 있으니, 답서에 비할 것이 결코 아니다. 어찌 나이가 많고 덕이 높아야 비로소 견해가 더욱 정밀해지겠는가? 다시 표현해 냄으로 인해 답서의 주장에 참으로 석연치 않은 것이 있음을 밝혔으니, 양구산의 견해는 그것에서 끝맺지 않았을 따름이다.

　　남송 효종 건도 8년(1172) 음력 10월 초하루 아침에 주희가 삼가 씀.

|해설| 양시의 「서명」에 대한 비판에 타당한 점이 있음을 계속해서 논하고 있다. 예컨

　문에는 釋然이 判然으로 되어 있다. (4)乾道壬辰, 남송 효종 건도 8년(1172).

대 주자에게 인(仁)은 보편적 원리이지만, 그 보편적 원리는 구체적인 관계에 따라 특수한 원리로 나타난다. 친친(親親), 인민(仁民), 애물(愛物)은 부모와 자식, 군주와 백성, 인간과 자연 사이에 사랑이 각기 특수하게 표현되는 방식이다. 주희는 양시의 저 리의 특수성에 대한 강조, 환언하면 용에 대한 중시가 나름의 의의가 있음을 지적하고 있다. 그런 특수성을 무시하고 보편성만을 강조하면 상황마다 올바르게 대처할 수 없다는 점에서 더욱 그렇다. 이렇게 주희는 양시가 「서명」에서 석연치 않게 생각한 점이 있음을 긍정적으로 평가하고 있다.

17.7 始余作「太極」「西銘」二解, 未嘗敢出以示人也. 近見儒者多議兩書之失, 或乃未嘗通其文義而妄肆詆訶. 余竊悼焉, 因出此解以示學徒, 使廣其傳, 庶幾讀者由辭以得意, 而知其未可以輕議也.

17.8 [1]淳熙戊申二月己巳, 晦翁題.[104]

|번역| 처음에 내가 「태극해」와 「서명해」를 썼을 때는 사람들에게 그것을 보여 주지 않았다. 그런데 근래에 유자들이 이 두 글의 잘못을 논하는 것을 많이 보게 되었거니와, 문장의 뜻을 이해하지 못하면서 멋대로 비난하는 이도 있다. 나는 그것을 애석하게 생각하여 이 해설을 내어 학도들에게 보여 줌으로써 그것을 널리 전해 독자들이 말을 통해 의미를 얻어야지 가벼이 논의해서는 안 됨을 알도록 하려한다.

　남송 효종 순희 15년(1188년) 2월 기사(己巳)일에 회옹(晦翁)이 씀.

104　(1)淳熙戊申, 남송 효종 순희 15년(1188).

18

심자창의 장재 「서명」, 「동명」 제사
沈自彰張子二銘題辭

18.1 孔門之學, 求仁而已. 仁者人也; 學不識仁, 終非眞悟. 故⁽¹⁾孔子以
民之於仁甚於水火. ⁽²⁾孟子于放心不求者哀之. 後世關洛, 實得其
宗. 而「西銘」數語, 程門輒取以敎學者, 雖其所指若不過君臣長幼
貧富屋漏之近, 然⁽³⁾挹其⁽⁴⁾規度, 包三才之廣大, 充其精蘊, 體天
人爲一源. 學者所當默識而固有之也.「東銘」嚴毅, 一時並出, 玆
用提挈, 以示學者, 庶幾程門之遺意云.

18.2 敬義齋主人沈自彰識.¹⁰⁵

105 (1)孔子以民之於仁甚於水火:『論語』,「衞靈公」, 공자께서 말씀하셨다. "백성들이 인을 피하
    는 것이 물이나 불을 피하는 것보다 심하다. 나는 물과 불을 밟다가 죽는 사람은 보
    았지만 인을 밟다가 죽는 사람은 보지 못했다."(子曰: "民之於仁也, 甚於水火. 水火, 吾見
    蹈而死者矣; 未見蹈仁而死者也.") (2)『孟子』,「告子上」, "인은 사람의 마음이고 의는 사람
    이 걸어야 하는 길이다. 그 길을 버리고도 따르지 않고, 그 마음을 잃어버리고도 찾을
    줄 모르니, 슬프구나!"(仁, 人心也; 義, 人路也. 舍其路而弗由, 放其心而不知求, 哀哉!) (3)
    挹(읍), 끌어올림. 여기서는 헤아림을 뜻함. (4)規度, 규모와 범위.

|번역| 공자 문하의 학문은 인(仁)을 구하는 것일 따름이다. 인(仁)이란 인간다움이다. 배워도 인을 알지 못한다면 결국은 참된 깨달음이 아니다. 그러므로 공자는 백성들이 인을 피하는 것이 물이나 불을 피하는 것보다 심하다고 했고, 맹자는 양심을 버리고도 찾을 줄 모르는 자를 슬퍼했다. 후세의 관학과 낙학은 실로 그 종지를 얻었다. 그리고 「서명」의 여러 말을 이정의 문하에서 취하여 가르치고 배운 것은 비록 그것이 가리키는 것이 군주와 신하, 어른과 아이, 빈자와 부자, 남이 보지 않는 곳과 같이 비근한 것일 뿐이지만, 그 규모를 헤아려 보면, 천지인 삼재의 광대함을 포괄하고 심오한 함의로 채워져 있으며, 하늘과 사람이 하나의 근원임을 체현하고 있다. 배우는 자는 마땅히 묵묵히 기억해야 하되, 그것은 본디 지닌 것이다. 「동명」은 엄하고 굳센데, 「서명」과 동시에 나왔거니와, 이는 요점을 들어 배우는 자에게 보여 준 것으로, 거의 이정 문하에 남긴 뜻이 되었다.

경의재(敬義齋) 주인 심자창(沈自彰)이 기록함.

|해설| 심자창은 앞서 언급했듯 현존하는 가장 오래된 『장자전서』를 간행한 인물이다. 그는 「동명」과 「서명」을 설명하면서 그것이 장재가 창도한 관학과 이정이 창도한 낙학의 공통된 종지임을 강조했고, 이 두 짧은 글이 일상의 일들을 예로 많이 들고 있지만, 그것을 통해 천지와 인간의 합일을 지향하고 심오한 철학적 진리를 표현하려 했다는 점을 분명히 하였다.

19

장재 도서 목록 제요
書目提要

19.1 『張子全書』十四卷, 附錄一卷, ⁽¹⁾編修⁽²⁾勵守謙家藏本¹⁰⁶

| 번역 | 『장자전서』14권, 부록 1권. 편수 여수겸(勵守謙) 집안 소장본.

19.2 宋張載撰. 考載所著書, 見於『宋史』「藝文志」者, 有『易說』三卷, 『正蒙』十卷, 『經學理窟』十卷, 『文集』十卷. ⁽¹⁾虞集作⁽²⁾吳澄行狀, 稱"嘗校正張子之書, 以「西銘」冠篇, 『正蒙』次之", 今未見其本. 此本不知何人所編, 題曰"全書", 而止有「西銘」一卷, 『正蒙』二卷, 『經學理窟』五卷, 『易說』三卷, 『語錄鈔』一卷, 『文集鈔』一卷, 又『拾遺』一卷, 又採宋元諸儒所論及「行狀」等作爲『附錄』一卷, 共十五卷. 自『易說』「西銘」以外, 與『史』「志」卷數皆不相符, 又『語

---

106 (1)編修, 편수. 고대에 나라의 역사책을 편찬하던 관직 명칭. (2)勵守謙: 청대 사람. 자는 자목(自牧)이고, 호는 쌍청노인(雙淸老人)이다. 저명한 서화가였으며, 『사고전서』의 편수 가운데 한 명이었다.

錄』『文集』皆稱曰"鈔", 尤灼然非其完帙, 蓋後人選錄之本, 名以
"全書", 殊爲乖舛. 然明[3]徐時達所刻, 已屬此本. 嘉靖中[4]呂柟
作『張子鈔釋』, 稱『文集』已無完本, 惟存二卷. 康熙己亥, 朱軾[5]督
學於陝西, 稱"得舊薰於其裔孫五經博士繩武家, 爲之重刊", 勘其
卷次篇目, 亦卽此本, 則其由來久矣. 張子之學主於深思自得, 本
不以著作繁富爲長. 此本所錄, 雖卷帙無多, 而去取謹嚴, 橫渠之
奧論微言, 其精英業已備採矣.[107] 『四庫全書總目提要』卷九十二.

|번역| 송대의 장재가 지었다. 장재가 저술한 책을 살펴보면『송사』「예문
지」에 보이는 것으로『횡거역설』3권,『정몽』10권,『경학리굴』10
권,『문집』10권이 있다. 우집(虞集)은 오징(吳澄)의 행장을 지을 때,
"일찍이 장재의 책을 교정했는데,「서명」을 제1편으로 두고『정몽』
을 그다음에 두었다"고 했지만, 오늘날 그 판본은 보이지 않는다. 이
판본은 누가 엮은 것인지 알 수 없고, '전서'라고 제목을 달았지만 단
지「서명」1권,『정몽』2권,『경학리굴』5권,『역설』3권,『어록초』
1권,『문집초』1권, 그리고「습유」1권이 있을 뿐이다. 또 송대와 원
대의 여러 유자가 논한 바와「행장」등을 채록해『부록』1권으로 삼
았으니, 모두 15권이다.『역설』과「서명」외에는『송사』「예문지」
의 권수와 모두 부합하지 않는다. 또『어록』과『문집』은 모두 '초
(鈔)'라고 칭했으니, 더욱 분명히 완전한 책이 아니다. 대개 후대 사
람이 선택해 기록한 것을 '전서'라고 명명하는 것은 매우 비정상적

---

107 (1)虞集, 우집(虞集, 1272~1348)은 자가 백생(伯生)이고 호는 도원(道園)이다. 원나라 때
의 관리, 학자이자 시인이었다. (2)吳澄: 오징(吳澄, 1249~1333)은 자가 유청(幼淸)이고,
만년의 자는 백청(伯淸)이다. 원대의 저명한 이학자, 경학자이다. (3)徐時達, 명대의 장
수. (4)呂柟, 여남(呂柟)은 명대의 유학자이다. 자는 종목(仲木)이고 호는 경야(涇野)이다.
정주리학을 고수했다. (5)督學, 학교 및 교육기관을 시찰, 감독, 지도하던 청대의 관리.

이다. 하지만 명대의 서시달(徐時達)이 새긴 것은 이 판본에 해당한
다. 가정 연간(1522~1566)에 여남(呂枏)은 『장자초석(張子鈔釋)』을 지
을 때 『문집(文集)』은 이미 완전한 판본이 없고 단지 2권만 남아 있
다고 했다. 또 강희 58년(1719)에 주식(朱軾)은 섬서(陝西)에서 독학
(督學)으로 있을 때 "옛 원고를 후손인 오경박사 승무(繩武)의 집에서
얻어 다시 간행했다"고 했는데, 그 권수와 편목을 살펴보건대 그것
역시 이 판본이었으니, 그것의 유래는 오래되었다. 장재의 학문은
깊이 생각하여 스스로 얻은 것을 위주로 하니 본디 저작이 번잡하
고 풍부한 것을 장점으로 하지 않는다. 이 판본에 수록된 것은 권수
는 많지 않지만, 취사선택이 엄밀하여, 횡거의 오묘한 논의와 은미
한 말의 정수가 이미 다 채록되어 있다. 『사고전서총목제요』 권92.

19.3 張子抄釋六卷[(1)]雨江總督[(2)]採進本[108]

ǀ번역ǀ 『장자초석』 6권. 양강총독이 채집한 판본.

19.4 明呂枏撰. 是編[(1)]摘錄張子之書, 以「西銘」「東銘」爲冠, 次『正
蒙』十九篇, 次『經學理窟』十一篇, 次『語錄』, 次『文集』, 而終以
「行狀」, 亦每條各附以釋, 如『周子鈔釋』之例. 首有嘉靖辛丑枏自
序, 稱: "張子書存者止「二銘」・『正蒙』・『理窟』・『語錄』・『文

---

108 (1)雨江總督: 청대 초에 강남성(江蘇省과 安徽省에 해당함)과 강서성을 합쳐 양강이라
했고, 이 江蘇省, 安徽省, 江西省을 총괄하는 총독을 양강총독이라 칭했다. (2)採進本, 지
방관리가 채집한 도서 및 각 지역 장서가들이 바친 도서를 가리킨다.

集』, 而『文集』又未完, 止得二卷於馬伯循氏. 諸書皆言簡意實,

出於精思力行之後. 顧其書散見漫衍, 渙無統紀, 而一義重出, 亦

容有之. 暇嘗鈔撮成帙, 註釋數言, 略發大旨以便初學觀省." 蓋其

官解州時作也. 案虞集作吳澄「行狀」, 稱澄"校正張子之書, 挈「東

西銘」於篇首, 而『正蒙』次之", 大意與楠此本合. 澄本今未見, 楠

此本簡汰⁽²⁾不苟, 較世所行『張子全書』亦頗爲精要矣.¹⁰⁹ 『四庫全書

總目提要』卷九十三

| 번역 | 명대의 여남(呂楠)이 편찬했다. 장재의 책 일부를 선택해 기록한 것으로, 「서명」과 「동명」을 첫머리로 하고, 『정몽』 19편, 『경학리굴』 11편, 『어록』, 『문집』의 순이고, 「행장」으로 끝을 맺고 있는데, 『주자초석(周子鈔釋)』의 예와 마찬가지로 조목마다 각각 덧붙여 풀이를 하였다. 첫머리에는 가정 20년(1541) 여남의 자서(自序)가 있는데, 그곳에서는 이렇게 말했다. "장재의 책 가운데 존재하는 것은 「서명」과 「동명」, 『정몽』, 『경학리굴』, 『어록』, 『문집』뿐이고, 『문집』 또한 완전하지 않으니, 마백순 씨에게서 2권을 얻었을 따름이다. 여러 책은 모두 말은 간명하면서도, 의미는 충실하니 정밀하게 생각하고 힘써 행한 후에 나온 것이다. 그 책들은 흩어져 유포되어 두서가 없고 한 가지 의미가 거듭해서 출현하는 경우도 있다. 틈틈이 모아 베껴서 책을 만들어 몇 마디 주석을 달고 큰 뜻을 개략적으로 밝힘으로써 초학자들이 살피도록 했다." 대체로 그가 해주에서 관리로 있을 때 만든 것이다. 살펴보건대 우집이 오징의 「행장」을 만들 때 오징이 "장재의 책을 교정하면서 「동명」과 「서명」을 첫머리로 들고 『정

---

109 (1)摘錄, 일부를 선택해 기록함. (2)不苟, 대충대충, 건성건성 하지 않음.

몽』을 그다음에 두었다"고 했으니, 대체적인 의도는 여남의 이 판본과 합치된다. 오징의 판본은 오늘날 보이지 않고, 여남의 이 판본은 간단히 줄였지만 건성건성 하지 않았으니, 세상에 전해지는『장자전서』와 비교해 봐도 자못 정수와 요점이 되는 것들이다. 『사고전서총목제요』권93

19.5 ⁽¹⁾周張全書二十二卷⁽²⁾內府藏本¹¹⁰

|번역| 『주장전서』22권. 내무부 소장본

19.6 明⁽¹⁾徐必達編.『周子書』自『太極圖說』『通書』而外, 僅得詩文⁽²⁾尺牘數首, 附以「年譜」·「傳」·「誌」及諸儒之論爲七卷.『張子書』『正蒙』·『理窟』·『易說』而外, 兼載『語錄』『文集』, 其散見於『性理』『近思錄』二程書者, 蒐輯⁽³⁾薈稡, 別爲『拾遺』·「附錄」, 通十五卷.¹¹¹『四庫全書總目提要』卷九十五.

|번역| 명대 서필달(徐必達)이 엮었다.『주자서(周子書)』는『태극도설』과『통서』외에 시문과 짧은 편지 몇 편이 있고,「연보」,「전(傳)」,「지(誌)」및 여러 유자의 논의를 더해 7권으로 되어 있다.『장자서(張子書)』는

---

110 (1)周張, 주돈이와 장재를 가리킨다. (2)內府, 청대 내무부(內務府)의 약칭.

111 (1)徐必達: 서필달(1562~1645)은 자가 덕부(德夫)이고 호는 현장(玄丈)이다. 명대의 관리이다. (2)尺牘: 1척 정도 되는 길이의 글자를 적은 나무조각, 여기서는 짧은 서찰. (3)薈稡, 薈萃와 같음. 정수가 되는 것들을 모은다는 뜻.

『정몽』,『경학리굴』,『역설』외에도『어록』과『문집』을 아울러 싣고 있으며,『성리대전』,『근사록』, 이정의 저서에 흩어져 있는 것들도 수집하고 모아 따로『습유』,『부록』을 만들었으니 총 15권이다.

『사고전서총목제요』권95

19.7 『正蒙書』十卷

|번역| 『정몽서』10권.

19.8 右皇朝張載子厚撰. [(1)]張舜民嘗乞[(2)]追贈載於朝云: "橫渠先生張載著書萬言, 名曰『正蒙』, 陰陽變化之端, 仁義道德之理, 死生性命之分, 治亂國家之經, 罔不究通, 方以前人, 其孟軻揚雄之流乎?"
宋[(3)]晁公武『郡齋讀書志』卷三上.[112]

|번역| 위의 책은 본 왕조 장재 자후(子厚)가 지은 것이다. 장순민(張舜民)은 일찍이 조정에 장재를 추증해 주기를 빌면서 이렇게 말했다. "횡거 선생 장재는 저서에 만 마디 말이 있으니『정몽』이라고 칭한다. 음 양이 변화하는 실마리, 인의 도덕의 이치, 생사와 성명의 구분, 국가 를 다스리는 근본원칙을 투철히 궁구하지 않음이 없으니, 예전 사

---

[112] (1)張舜民, 장순민(?~?)은 북송시대의 문학가이자 화가이다. (2)追贈, 추증함. 조정에서 나라에 공이 있는 자를 죽은 뒤에 품계를 높여 줌. (3)晁公武, 조공무(1105~1180)는 남 송시대의 저명한 서지학자이자 장서가이다. 자는 자지(子止)이고, 소덕(昭德) 선생이라 불렸다.

람으로는 맹자와 양웅의 부류가 아닌가?" 송대 조공무(晁公武)의 『군재독서지(郡齋讀書志)』 권3상.

19.9 『正蒙書』十卷

| 번역 | 『정몽서』 10권.

19.10 (1)崇文校書長安張載子厚撰, 凡十九篇. 案晁公武『讀書志』: "是書初無篇次, 其後門人蘇昞等區別成十七篇." 范育·呂大臨·蘇昞爲前後序, 皆其門人也. 又有待制(2)胡安國所傳, 編爲一卷, 末有「行狀」一卷.[113] 宋陳振孫『直齋書錄解題』卷九.

| 번역 | 숭문교서 장안(長安)의 장재 자후가 지은 것으로 모두 19편으로 되어 있다. 살펴보건대 조공무는 『독서지』에서 "이 책은 처음에는 목차가 없었는데, 후에 문인이었던 소병 등이 그것을 구별해 17편으로 만들었다"고 했다. 범육, 여대림, 소병이 앞뒤로 서문을 썼으니, 모두 그의 문인들이다. 또한 호안국이 전한 것을 제작하여 1권으로 엮었는데 말미에 「행장」 1권이 있다. 송대 진진손(陳振孫)의 『직재서록해제(直齊書錄解題)』 권9.

---

[113] (1)崇文校書, 즉 숭문원교서(崇文院校書)라는 관직을 가리킨다. 북송시대에 설치된 관직으로 과거합격자 가운데 관리 후보로 임명하였으며 조정에서 파견근무를 나가는 일을 맡았다. (2)胡安國, 호안국(1074~1138)은 호적(胡迪)이라고도 부른다. 자는 강후(康侯)이고 호는 청산(青山)이다. 학자들은 무이(武夷) 선생이라 불렀다. 북송시대의 학자로 『춘추』 연구로 유명하고 호상(湖湘)학파를 창시했다.

19.11 『橫渠易說』三卷 內府藏本

|번역| 『횡거역설』3권. 내무부 소장본.

19.12 宋張子撰. 『宋』「志」著錄作十卷, 今本惟「上經」一卷, 「下經」一卷, 「繫辭傳」以下至「雜卦」爲一卷, 末有「總論」十一則, 與『宋』「志」不合. 然『書錄解題』已稱『橫渠易說』三卷, 則『宋』「志」誤也. ⁽¹⁾楊時喬『周易古今文』稱"今本祇六十四卦, 無「繫辭」, 實未全之書", 則又時喬所見之本偶殘闕耳. 是書較『程傳』爲簡, 往往經文數十句中一無所說, 末卷更不復全載經文, 載其有說者而已. ⁽²⁾董眞卿謂"『橫渠易說』發明二程所未到處", 然考『宋史』, 張子卒於神宗時, 程子『易傳』「序」則作於哲宗元符二年, 其編次成書則在徽宗崇寧後, 張子不及見矣, 眞卿謂發明所未到, 非確論也. 其說乾「象」用"迎之不見其首, 隨之不見其後", 說「文言」用"谷神"字, 說"鼓萬物而不與聖人同憂"用"天地不仁, 以萬物爲芻狗"語, 皆借老子之言而實異其義, 非如魏晉人合『老』『易』爲一者也. 惟其解復卦"后不省方", 以后爲繼體守成之主, 以不省方爲富庶優暇, 不甚省事, 則於義頗屬未安, 此又不必以張子故而曲爲之辭矣.[114]

『四庫全書總目提要』卷二.

---

[114] (1)楊時喬: 양시교(1531~1609)는 자가 의천(宜遷)이고 호는 지암(止庵)이다. 저서로 『周易古今文全書』가 있다. (2)董眞卿, 동진경은 원대의 경학자이며 주자학을 계승한 자이다. 자는 계진(季眞)이다.

|번역| 송대의 장재가 지었다.『송사』「예문지」기록에는 10권으로 되어 있으나 오늘날 판본은 「상경(上經)」1권, 「하경(下經)」1권, 「계사전」에서 「잡괘전」까지 1권, 그리고 말미에 「총론」11조가 있어『송사』「예문지」와는 합치되지 않는다. 하지만『서록해제(書錄解題)』에서 이미『횡거역설』3권이라 칭했으니,『송사』,「예문지」가 잘못된 것이다. 양시교(楊時喬)는『주역고금문(周易古今文)』에서 말하기를 "현행본은 64괘뿐이고「계사전」이 없으니, 실로 완전한 책이 아니다"라고 했으되, 양시교가 본 판본이 우연히 일부가 빠진 것일 따름이다. 이 책은『정이천 역전』에 비해 간략하여 종종 경문의 수십 구절 가운데 한마디도 한 것이 없고, 더욱이 마지막 권은 더 이상 경문을 다 싣지 않고, 자신이 말한 것에 해당하는 것만 실었을 따름이다. 동진경(董眞卿)이 말하기를 "『횡거역설』은 이정이 이르지 못한 지점을 밝혔다"고 했지만,『송사(宋史)』를 살펴보면 장재는 신종(神宗) 때 돌아가신 데 비해, 정이천의『역전』「서문」은 철종(哲宗) 원부(元符) 2년에 지었고, 그 차례를 엮어 책을 완성하는 것은 휘종(徽宗) 숭녕(崇寧) 이후인지라, 장재는 그것을 보지 못했을 것이니, 이정이 이르지 못한 지점을 밝혔다는 동진경의 말은 적확한 주장이 아니다. 그는 건괘「단전」을 설명할 때 "앞에서 맞이해도 그 처음이 보이지 않고, 뒤에서 따라가도 그 끝이 보이지 않는다"는 말을 사용했고,「문언전」을 설명할 때는 '계곡의 신(谷神)'이라는 글자를 사용했으며, "만물을 두드리되 성인과 함께 근심하지 않는다"는 말을 설명할 때 "천지는 불인하니 만물을 제사가 끝난 뒤 버려지는 추구쯤으로 여겼다"는 말을 사용했다. 이것들은 모두 노자의 말을 빌린 것이지만 실제로 그 의미는 다르니, 위진시대의 사람들이『노자』와『주역』을 합쳐 하나로 만든 것과는 같지 않다. 오직 복괘(復卦)의 "군주가 사방을 시찰하지 않는다(后不省方)"는 구절을 해석할 때 '후(后)'를 왕위

를 계승하고 선대의 업적을 지켜 나가는 군주라고 여겼고, '사방을
시찰하지 않음'을 물산이 풍부하고 인구가 많으며 여유가 있어 그다
지 일을 살피지 않는 것이라고 여겼으니, 이는 의미에 자못 합당하
지 않다. 장재라 하여 일부러 곡진하게 그를 위해 말할 필요는 없는
것이다. 『사고전서총목제요』 권2.

19.13 『張橫渠崇文集』十卷

| 번역 | 『장횡거숭문집』 10권

19.14 右皇朝張載字子厚, 京師人, 後居鳳翔之橫渠鎭, 學者稱曰橫渠
先生. 呂晦叔薦之於朝, 命校書崇文, 未幾, 詔按獄浙東, 旣歸,
卒. 『郡齋讀書志』卷四下.

| 번역 | 이상은 본 왕조 장재로, 자는 자후요, 수도 사람이되, 후에는 봉상
(鳳翔)의 횡거진(橫渠鎭)에서 거주했다. 학자들은 횡거 선생이라 칭
했다. 여회숙이 그를 조정에 천거하니 숭문교서로 명했다. 얼마 지
나지 않아 절동 지역의 옥사를 살피도록 명하였는데, 돌아온 후에
사망했다. 『군재독서지』 권4하.

19.15 『橫渠先生語錄』三卷

19.16 右張獻公載字子厚之語也. 公秦人, 擧嘉祐二年進士, 歷崇文檢
書, 同知太常禮院, 議禮不合, 復以病請歸, 卒. 門人諡爲明誠夫
子. 呂大臨爲[1]諡議. 有『正蒙』『理窟』二書行于世. 嘉定中有旨
賜諡, 禮官議諡曰達, 或者不以爲然, 改議曰誠, 或者又以諡法至
誠感神爲疑, 久之乃諡曰獻. 淳祐初從祀于學, 封郿伯云. [2]趙希
弁『郡齋讀書志』「附志」.[115]

|번역| 위의 책은 헌공 장재(자는 자후)의 말씀이다. 공은 진(秦) 지역 사람
으로, 가우 2년(1057)에 진사과에 급제하고 숭문원교서와 태상예원
(太常禮院)의 동지(同知)를 역임했는데, 예를 논의할 때 의견이 합치
되지 않아 다시 병을 핑계로 귀향하다가 사망했다. 문인들은 명성
부자(明誠夫子)라고 불렀고, 여대림이 시호를 내려 주기를 주청했다.
『정몽』과 『경학리굴』이라는 두 종의 책이 세상에 퍼지게 되었다.
가정 연간에 시호를 내리겠다는 어지가 있어, 예관이 시호를 기초
한 뒤 주청하면서 달(達)이라고 했다. 하지만 어떤 이가 합당하지 않
다고 여겨 다시 논의하여 성(誠)이라 했다. 하지만 어떤 이가 다시
시호를 짓는 법칙으로 지성으로 신을 감동시킨다는 것은 의심스럽
다고 여기니, 오래 논의한 후에 시호를 헌(獻)이라 했다. 순우 연간
(1241~1252) 초기에 공자 사당에 배향되었고 미백(郿伯)으로 봉해졌

---

[115] (1)諡議, 제왕, 대신, 사대부 등이 사망한 뒤에 그의 생전 업적을 평가하고 시호에 관한
법에 근거해 시호를 기초한 후에 제왕이 정해 주기를 주청하는 것을 뜻한다. (2)趙希弁,
자는 군석(君錫)이다. 남송 시대의 역사학자이다.

다. _{조희변,『군재독서지』,「부지」}

19.17 『理窟』二卷

|번역| 『경학리굴』 2권.

19.18 右題曰金華先生, 未詳何人, 爲程張之學者. _{『郡齋讀書志』卷三上.}

|번역| 위에는 금화 선생이라고 되어 있는데 어떤 사람인지 알 수 없으나 이정과 장재의 학생인 것 같다. _{『군재독서지』 권3상.}

19.19 『橫渠先生經學理窟』一卷

|번역| 『횡거선생경학리굴』 1권

19.20 右張獻公載之說也. 『讀書志』云: "『理窟』二卷, 右題金華先生, 未詳何人, 爲程張之學者." 希弁所藏橫渠先生『經學理窟』一卷, 其目有所謂「周禮」·「詩書」·「宗法」·「禮樂」·「氣質」·「義理」·「學大原」·「自道」·「祭祀」·「月令統」·「喪紀」, 凡十二云. _{趙希弁『郡齋讀書志』「附志」.}

|번역| 이상은 헌공 장재의 설이다. 『독서지』에 이르기를 "『경학리굴』2권의 위에는 금화 선생이라고 되어 있는데 어떤 사람인지 알 수 없으나 이정과 장재의 학생인 것 같다"라고 했다. 조희변이 소장한 횡거 선생의 『경학리굴』1권 목차에는 「주례」, 「시서」, 「종법」, 「예악」, 「기질」, 「의리」, 「학대원」, 「자도(自道)」, 「제사」, 「월령통」, 「상기」 등 12편이 있다. 조희변, 『군재독서지』, 「부지」

19.21 『繫辭精義』二卷

|번역| 『계사정의』2권.

19.22 ⁽¹⁾呂祖謙集程氏諸家之說, 『程傳』不及「繫辭」故也. 『館閣書目』以爲托祖謙之名.[116] 『直齋書錄解題』卷一.

|번역| 여조겸은 정이천과 여러 학자의 설을 집결했으니, 『정이천 역전』이 「계사전」을 언급하지 않았기 때문이다. 『관각서목(館閣書目)』에서는 여조겸의 이름을 가탁한 것이라 여겼다. 『직재서록해제』, 권1.

---

[116] (1)呂祖謙: 여조겸(1137~1181)은 자가 백공(伯恭)이다. 남송 시대의 이학자이다. 박학다식하였고, 이치를 밝혀 힘써 행할 것을 주장했고 심성만을 헛되이 논하는 것에 반대하였다. 당시에는 주희, 장식 등과 어깨를 나란히 했다. 주희와 함께 저술한 『근사록』이 있다.

19.23 『周易繫辭精義』二卷, ⁽¹⁾雨淮馬裕家藏本¹¹⁷

|번역| 『주역계사정의』2권, 양회(雨淮) 마유(馬裕) 집안 소장본

19.24 舊本題宋呂祖謙撰. 祖謙有『古周易』, 已著錄. 初程子作『易傳』,
不及「繫辭」, 此書似集諸家之說補其所缺. 然去取未爲精審, 陳
振孫『書錄解題』引『館閣書目』, 以是書爲托祖兼之名, 殆必有據
也. 『四庫全書總目提要』卷七.

|번역| 옛 판본에는 송대의 여조겸이 지었다고 표제어가 달려 있다. 여조
겸에게는 『고주역(古周易)』이 있다고 이미 기록되어 있다. 애초에
정이천이 『역전』을 지을 때 「계사전」을 언급하지 않았으니, 이 책
은 여러 학자의 설을 집결해 그 결여된 부분을 보완한 것 같다. 하지
만 취사선택한 것이 정밀하고 상세하지 않고, 진진손(陳振孫)의 『서
록해제』에서는 『관각서목』의 말을 인용하여 이 책은 여조겸의 이
름을 가탁한 것이라고 여겼으니, 이는 틀림없이 근거가 있을 것이
다. 『사고전서총목제요』 권7.

19.25 附⁽¹⁾楊守敬『古逸叢書』易程傳周易繫辭精義跋節錄¹¹⁸

---

117 (1)雨淮馬裕家, 양주(揚州) 마씨 집안은 상인이지만 장서가이기도 했다. 이들이 수장하
고 있던 책들 가운데 『사고전서』에 수록된 것들은 모두 이 글자가 새겨져 있다. 양회(雨
淮)는 오늘날 강소성(江蘇省) 장강 이북과 회하(淮河) 남북 지역을 가리킨다.

118 (1)楊守敬『古逸叢書』: 양수경(1839~1915)은 역사지리학자이고, 서지학자이며, 장서가
이다. 『고일총서』는 양수경이 일본에서 수집한 중국의 일서(逸書)들을 당시 주일본 공
사였던 여서창(黎庶昌)이 출간한 것이다.

|번역| 양수경 『고일총서』중 『주역정씨전』, 『주역계사정의』의 발문을 덧붙인다. 부분 발췌

19.26 右元至正己丑積德書堂刊本, 中缺宋諱, 當爲重翻宋本. 唯首載朱子九圖, 又『精義』題"晦庵先生校正", 恐皆是坊賈所爲. … 至『繫辭精義』, 『書錄解題』稱"『館閣書目』以爲托祖謙之名." 今按所載諸家之說, 翦截失當, 謂爲僞托似不誣. 然此書流傳尤少, 其中所載『龜山易說』, 久已失傳, 存之亦未必不無考證焉. 光緒癸未 (1)嘉平月, (2)宜都楊守敬記. [119]

|번역| 이상은 원대 지정(至正) 기축년(1349)에 적덕서당(積德書堂)에서 간행한 판본이다. 그 가운데에는 송대에 피한 글자들이 빠져 있으니 송대의 판본을 다시 만든 것일 터이다. 다만 서두에 주자 『주역본의』의 9개 그림이 실려 있고, 또 『계사정의』에 "회암 선생이 교정했다"는 표제어가 달려 있는데, 그것들은 아마도 모두 책장사가 한 행위일 것이다. … 한편 『계사정의』에 대해 『서록해제』에서는 "『관각서목』에서는 그것을 여조겸의 이름을 가탁한 것이라고 여겼다"고 했다. 지금 실려 있는 여러 학자의 설을 살펴보건대 삭제된 것이 합당함을 잃었으니, 가탁한 것이라고 말하는 것도 무고가 아닌 듯하다. 그런데 이 책은 유포된 것도 아주 적고, 그 가운데 실려 있는 『구산역설』은 이미 전해지지 않으니, 이를 보존하면 고증할 것이 없지는 않을 것이다. 광서(光緖) 계미년(1883) 음력 12월에 의도(宜都) 사람 양수경이 기록하였다.

[119] (1)嘉平, 납월(臘月), 즉 음력 12월의 별칭. (2)宜都, 호북성(湖北省) 의도시(宜都市)이다.

저자_ 장재(張載, 1020~1077)

중국 북송 시대의 저명한 유학자로, 횡거(橫渠) 지역에서 활동하여 흔히
횡거 선생이라 불린다. 관중(關中) 지역의 학문인 관학(關學)을 창시했으
며, 송명유학의 기초를 닦는 데 큰 공을 세워 북송오자(北宋五子) 가운데
하나로 손꼽힌다. 대표적 저술로는『정몽』,『횡거역설』,『경학리굴』,『장
자어록』등이 있다.

역주자_ 황종원(黃棕源)

성균관대학교 유학과를 졸업하고 중국 베이징대학교에서 중국철학을 연
구했다. 현재 단국대학교 철학과 교수로 재직 중이다. 저서로는『장재철
학』『주제 속 주희, 현대적 주희』(공저) 등이 있고, 역서로는『법으로 읽
는 중국 고대사회』(공역),『논어, 세 번 찢다』등이 있다.